L'ART

DE

PLACER ET GÉRER

SA

FORTUNE

PAR

Paul LEROY-BEAULIEU

MEMBRE DE L'INSTITUT

Onzième Mille

PARIS

LIBRAIRIE CH. DELAGRAVE

15, RUE SOUFFLOT

INTRODUCTION

On m'a souvent prié de réunir en volume des notes que publiait de temps en temps *l'Économiste Français* sous le titre de : *Conseils généraux pour le placement d'une fortune*. En répondant à cet appel, j'ai cru devoir modifier, étendre, coordonner ces observations, leur donner plus d'ampleur d'unité et de suite.

Je diviserai ce livre en deux parties.

La première sera consacrée aux *placements* : les placements anciens, comme ceux en terres, en maisons, sur hypothèques, en prêts aux particuliers. Ces placements tiendront toujours une place importante dans l'emploi des fortunes; mais ils n'ont plus une place prédominante. Ils sont concurrencés par les placements nouveaux, qui existaient bien en germe autrefois, mais se sont prodigieusement étendus et diversifiés : fonds publics de toute nature et de tous pays; actions et obligations, parts d'intérêts, parts de fondateurs, etc.

La seconde partie du livre traitera de ce que

j'appelle : *la Méthode*. J'entends par là les règles
les meilleures, suggérées par l'observation et l'expérience, pour répartir sa fortune entre les différents
placements, pour effectuer ceux-ci, les réaliser,
les modifier, suivant les cas; les principaux procédés techniques qui les concernent; tout l'ensemble
de préceptes, enfin, qui peuvent être utiles à une
personne désireuse d'améliorer son avoir et surtout
d'en prévenir le déclin.

PREMIÈRE PARTIE

LES PLACEMENTS

LIVRE PREMIER

LES PLACEMENTS ANCIENS

CHAPITRE PREMIER

Les placements en terres.

Grande faveur dont jouissaient autrefois les placements en terres. — Comment cette faveur était justifiée jusque vers 1875 ou 1880, point de départ de la grande crise agricole récente. — Les causes multiples, économiques et sociales, de cette crise. — Les déductions à faire subir au revenu brut d'une terre pour en avoir le revenu vraiment net. — Nécessité, dans le cas d'achat d'une terre, d'amortir, en une période de vingt ans au plus, les frais d'achat. — Les placements en terres ne peuvent plus convenir à la généralité des personnes riches ou aisées. — Ils peuvent être encore recherchés par les habitants aisés des campagnes ou des villes de province dans un rayon modérément étendu de celles-ci. — Un avantage appréciable des placements en terres : ils ne sont pas sujets aux conversions. — L'avenir des terres comme placement.

Le placement favori et le plus habituel des anciennes classes opulentes ou largement aisées était les achats de terres. Toute la vieille aristo-

cratie française et la plus grande partie de la
haute bourgeoisie, jusque vers le milieu du
XIXe siècle et même au delà, avait le gros bloc de
sa fortune en biens-fonds ruraux.

Jusque vers 1875, époque où commença la crise
agricole qui sévit encore, ce genre de placements
donna peu de mécomptes. Outre la considération,
l'influence et certaines jouissances esthétiques ou
morales, il procurait un revenu bien assuré, et
même graduellement, quoique lentement, croissant.

On trouvait alors facilement des fermiers; ils se
montraient peu exigeants pour le logement et les
aménagements; ils se faisaient concurrence entre
eux. A chaque bail, le fermage avait tendance à
légèrement augmenter. La hausse des denrées, le
perfectionnement des voies de communication, les
habitudes modestes de la population rurale y prê-
taient.

Les impôts s'élevaient bien un peu, mais dou-
cement, et ils avaient pour contre-partie la construction de chemins, d'écoles et autres améliorations des campagnes.

La période de 1850 à 1875, notamment, fut l'âge
d'or des placements en terres. Le propriétaire avait
peu de tracas; il touchait, régulièrement, des
revenus à tendance un peu progressive. S'il vou-
lait vendre, il trouvait facilement preneur, souvent
avec quelque plus-value. Avait-il une fille à doter,
il advenait, sinon toujours, du moins assez fréquemment, qu'une terre pouvait constituer soit l'intégra-
lité, soit une partie notable de la dot.

Le vieux dicton : « Solide comme une ferme en

Beauce, » était d'une vérité littérale et constante. Ce n'était pas seulement la Beauce qui jouissait de ce privilège; c'étaient tous les bons pays de France, même aussi les médiocres, et parfois les mauvais, parce que les procédés de culture s'y amélioraient, et que le rattachement, par les voies de communication nouvelles, aux districts plus riches et aux grandes villes, en même temps qu'il leur ouvrait des débouchés précieux, les tirait de leur torpeur et y portait la vie.

Ces heureux temps de la propriété foncière **rurale** sont passés. Le placement le plus sûr et le plus tranquille de nos grands-pères et de nos arrière-grands-pères est devenu, depuis 1880 et encore plus depuis 1890, **un des plus malchanceux et des plus préoccupants.**

Diverses causes y ont contribué : c'est précisément parce que ces causes déprimantes sont nombreuses, et de nature très multiple, qu'on est perplexe relativement à l'avenir des terres. S'il n'y avait qu'une cause unique, comme la concurrence des pays neufs (Amérique du Nord et du Sud, Australie, Nouvelle-Zélande, Sibérie, etc.), ou des vieux pays en train de rajeunissement (Inde, Égypte), on pourrait compter davantage sur l'arrêt prochain de la crise agricole et sur une nouvelle période de sécurité, sinon d'ascendance, pour la propriété rurale dans l'Occident de l'Europe.

Malheureusement, il y a bien d'autres causes à cette langueur de la propriété rurale : quasi tout notre état social en est responsable. La généralisation du bien-être, de l'ambition ou du désir de s'élever, une moindre ardeur au travail, le goût des distractions, ont changé l'âme de la population des campagnes.

Fermiers et ouvriers des champs ont une autre conception de la vie. Les uns et les autres, leurs femmes et leurs enfants aussi, sont, dans l'ensemble, plus exigeants et moins laborieux. Ils veulent gagner davantage et prendre moins de souci et moins de peine. Il leur faut des logements plus amples et plus décents, des aménagements auxquels leurs pères ne pensaient pas, une nourriture plus diversifiée, plus de loisirs aussi.

Il se fait moins de concurrence entre eux. Soit par des syndicats constitués, soit par de simples ententes, ils évitent les surenchères pour les locations; ils se refusent à accepter des conditions autres que les plus avantageuses qui soient connues dans leur classe ou dans leur cercle.

Les produits agricoles, sauf peut-être le bétail (encore le prix de la viande sur pied ne suit-il pas celui de la viande au détail), ne montrent plus aucune tendance ascensionnelle. Ils ont à lutter souvent contre la concurrence de produits minéraux ou de produits dits *synthétiques,* composés par la chimie. La science qui, dans les trois premiers quarts du xixe siècle, a si bien servi la propriété rurale paraît maintenant se retourner contre elle.

Les progrès agricoles, en se généralisant, multiplient les denrées, et, dans un pays à population stationnaire comme la France, médiocrement exportateur, causent une sorte de pléthore et déprécient les prix. On arrive à cette situation, en apparence paradoxale, que plus la production agricole générale augmente, et plus le revenu du propriétaire tend à se réduire.

Sans doute, à ces causes déprimantes on peut en opposer d'autres qui ont une action contraire. Les machines, par exemple, facilitent certaines opérations agricoles; les fumures nouvelles, engrais chimiques et autres, améliorent les rendements; les procédés culturaux se perfectionnent; certains produits accessoires augmentent beaucoup de valeur; quelques sous-produits en prennent une, qui n'en avaient pas.

Ces substitutions d'un matériel nouveau à un matériel ancien et d'une nouvelle à une ancienne technique ne sont, toutefois, pas partout applicables. Ils exigent le plus souvent des installations dispendieuses ou des agencements coûteux. Les machines ne peuvent toutes servir dans des exploitations modestes, dans des champs restreints et entrecoupés, dans les terrains en forte pente. Puis, pour loger les machines, il faut parfois construire de nouveaux bâtiments. D'autres ne peuvent être employées et tenues en état que par un personnel dégrossi, un peu habile et assez soigneux.

Le profit financier des machines et des procédés perfectionnés se trouve ainsi, pour le propriétaire, notablement plus réduit dans la plupart des cas que ne le ferait croire l'accroissement de la production brute ou l'économie des frais directs qui en résultent.

Enfin, cette transformation même ne va pas sans effort, sans études et sans surveillance, c'est-à-dire sans peine ni tracas. Le rôle du propriétaire rural, même de terres affermées, doit donc, pour éviter le dépérissement graduel de son bien, être beaucoup plus actif qu'autrefois. La propriété rurale n'est plus une tente dressée pour le sommeil.

Les propriétaires non résidents, ceux qui demeurent au loin, ceux aussi qui sont absorbés par des occupations professionnelles d'une autre nature, ne pouvant visiter leurs terres de temps à autre, en contrôler l'exploitation et les transformations, se trouvent dans une situation fâcheuse.

Il faut qu'ils s'en remettent à des régisseurs : ceux-ci perçoivent, en général, de 4 à 5 % sur le montant brut des fermages, avec en plus quelques frais de voyage ou de tournée; cela représente un prélèvement moyen de 7 à 8 % sur le revenu absolument net, impôts, frais d'entretien déduits, ainsi que les non-valeurs accidentelles. Ces régisseurs, en outre, ne sont pas tous habiles et délicats; si l'on a la main malheureuse dans le choix de ces mandataires, la ferme en pâtit, et souvent aussi les revenus du propriétaire : une partie peut lui en être ravie par les mauvaises opérations personnelles et l'insolvabilité de ses représentants.

On ne se rend pas compte, en général, de toutes les réductions qu'il faut faire subir au revenu brut des terres pour avoir le revenu vraiment net.

Une ferme louée 4 000 francs bruts supporte, d'ordinaire, 5 ou 600 francs d'impôts de toutes sortes : et ceux-ci tendent toujours à s'accroître, sans aucune contre-partie en améliorations, sauf dans les pays reculés, où les chemins vicinaux ne sont pas assez étendus.

Pour cette ferme de 4 000 francs bruts également, il est rare qu'il n'y ait pas un chiffre moyen de 250 à 300 francs de réparations ordinaires; puis, à presque chaque renouvellement d'un bail de six ans ou de neuf ans, le fermier, soit restant, soit entrant, réclame une installation nouvelle, justifiée par la nouvelle technique agricole ou les changements de culture, ou encore par les nouvelles habitudes sociales, qui représente entre 1 500 et 2 000 francs. En répartissant sur dix années, ne fût-ce que le premier de ces chiffres, qui est modeste, c'est 150 francs à ajouter aux 250, chiffre minimum moyen des réparations courantes; cela porte à 400 francs par an tout à fait au minimum le total des frais d'entretien et de mise en état des bâtiments, des installations diverses à la charge du propriétaire.

Qu'on ajoute une trentaine de francs, sinon plus, pour l'assurance des constructions.

Récapitulons : 600 francs d'impôts, 400 francs pour l'entretien et les améliorations graduelles indispensables, 250 francs pour les frais de régie, 30 francs pour les assurances, voilà un minimum d'environ 1 300 francs à déduire du revenu brut de 4 000 francs ; il reste 2 700 francs nets. Encore les déductions ont-elles été très étroitement calculées; souvent elles sont plus fortes, et il n'a rien été porté pour les non-valeurs accidentelles, comme l'insolvabilité de certains fermiers ou les remises que l'on est parfois contraint de leur faire, dans les cas de calamité exceptionnelle.

C'est donc à 2 700 francs nets, parfois à 2 500, que se réduit, comme fermage net, pour le propriétaire non résident, recourant à un régisseur, un fermage brut de 4 000 francs.

La déduction à faire du revenu brut des terres

pour avoir le revenu vraiment net, oscille, en général, suivant le poids des impôts et les exigences sociales des fermiers, entre 30 et 35 %; elle ne descend, pour ainsi dire jamais, d'une façon normale et durable au-dessous de 25 %.

Il en résulte que le placement en terres est fort onéreux et fort aléatoire pour un propriétaire non résident, tout au moins n'habitant pas une ville du voisinage, ou pour un propriétaire, même voisin, mais étranger aux choses agricoles.

Si l'on ajoute que, de plus en plus, les familles se déplacent et que leurs membres se dispersent, qu'on ne peut plus être assuré aujourd'hui, comme il y a un siècle ou deux, de la permanence d'une même famille pendant une série de générations dans la même province, encore moins dans le même district, on arrivera à cette conclusion que les placements en terres ne conviennent plus à la généralité des personnes aisées ou opulentes.

Il n'y a d'exception que pour une propriété où l'on réside, au moins une partie de l'année, par hygiène, par distraction, par convenance sociale; c'est là une haute jouissance, mais comme toutes les jouissances il faut la payer, et cela n'a plus le caractère d'un simple placement.

Celui qui achète une terre comme placement simple ne peut plus compter qu'elle restera indéfiniment dans la famille. Si l'on veut la donner en dot à une fille, on mettra en fuite la plupart des gendres. Dans le cas de succession, elle ne se prête pas toujours aisément sans dépréciation, sans tracas surtout, à des partages.

Il faut prévoir que la terre que l'on achète a bien

des chances d'être remise en vente au bout d'une
période moyenne d'une vingtaine d'années. Comme
les droits et frais de mutation représentent 10 $^0/_0$
que, toutes circonstances restant égales, on ne retrou-
vera pas à la vente, il est prudent d'amortir ces
10 $^0/_0$ dans ce laps de temps de vingt ans ; cela
représente un prélèvement moyen annuel de $^1/_2$ $^0/_0$
sur le fermage.

Pour avoir donc un revenu vraiment net de
3 $^1/_4$ $^0/_0$ en terre, il faut réellement que la terre
produise à l'acheteur 3 $^3/_4$ $^0/_0$ nets du prix total
d'achat, à cause de ce prélèvement de $^1/_2$ $^0/_0$ pour
reconstituer en vingt ans la somme payée en frais.
D'autre part, pour le vendeur, qui ne touche guère
que les neuf dixièmes du prix de vente (frais
compris), le reste allant au fisc et aux gens d'affaires,
le prix de la vente dans les conditions qui précèdent
représente seulement vingt-quatre fois le revenu
absolument net qu'il touchait. Les énormes frais
des ventes de terre pèsent terriblement sur cette
nature de propriétés et s'ajoutent à tous les inconvénients qu'elle comporte.

Bref, une terre est pour un non-résident et un
non-agriculteur un embarras : elle constitue un
placement aléatoire et plein de souci.

Il peut en être différemment pour ceux qui résident sur leurs propriétés ou en sont voisins, surtout s'ils ont, en même temps que du jugement,
quelques connaissances agricoles et quelques loisirs,
de façon à en surveiller avec compétence et effi-
cacité l'exploitation, fût-elle aux mains de fermiers.
Ceux-là peuvent faire des placements en terres,
avec beaucoup de réflexion toutefois, et sans y

mettre tout leur avoir. Il est prudent qu'ils conservent des capitaux, pour un tiers tout au moins de
leur fortune, sinon pour la moitié.

Comme contre-partie des graves inconvénients
que nous avons décrits, les terres, outre les jouissances esthétiques et morales qu'elles procurent au
propriétaire, ont certains avantages. On peut penser que la plus grande partie de la moins-value, due
aux changements économiques et sociaux, est aujourd'hui effectuée, du moins dans les bons pays et
pour les propriétés rurales convenablement agencées.
Dans notre département du Nord, et en Belgique
depuis quelques années, on signale une tendance à un
léger relèvement du revenu et de la valeur du sol.

Comme la majorité des habitants des petites villes
et des campagnes est fort ignorante des placements
mobiliers et que, quand elle en fait, elle devient
facilement la proie des intrigants, les placements
en terres, pour une partie de son avoir, sont assez
indiqués pour elle : elle y trouve, quand elle les
choisit bien, un revenu aussi élevé que celui des
placements mobiliers de premier ordre, les seuls à
peu près qu'elle puisse faire sans imprudence.

Les placements en terres ont aussi ce mérite
qu'ils sont, contrairement aux fonds d'État et aux
obligations des sociétés anonymes, à l'abri des conversions. Cet avantage sera peut-être assez appréciable au cours du premier quart ou de la première
moitié du présent siècle.

Un second avantage des terres, c'est qu'elles
constituent une catégorie de fortune qui prête moins
aux entraînements et aux mécomptes que les placements mobiliers. A moins de grandes prodigalités,

il reste toujours quelque chose d'une fortune en terres; de simples imprudences ne la font pas disparaître ou ne la réduisent pas fortement en quelques mois ou en peu d'années.

Ce sont des avantages appréciables.

Nous ne pouvons quitter ce sujet sans aborder en quelques mots la question de l'avenir de la propriété rurale.

Sauf les exigences qui, sans doute, ne sont pas encore à leur terme, des fermiers et de la main-d'œuvre, et les nécessités, éventuelles peut-être en nombre de cas, d'agencements nouveaux, plus ou moins coûteux, les terres, les bonnes du moins et en état convenable, ne semblent pas dépourvues de certaines chances favorables à l'avenir.

La concurrence des pays neufs, des États-Unis surtout, et celle de quelques vieux pays récemment réveillés, comme l'Inde, paraissent destinées à s'atténuer graduellement, peut-être rapidement. Il restera, il est vrai, celle du Canada, de l'Amérique du Sud et de l'Afrique; mais les cultures de la dernière contrée ne portent pas en général exactement sur les mêmes produits, et sa concurrence est moins directe. D'autre part, quoique la population n'augmente plus en France et que le taux de la natalité tende à baisser dans l'ensemble du monde civilisé, la population continue, néanmoins, de s'accroître sensiblement dans l'ensemble de l'Europe, et la demande de produits alimentaires et de toutes les denrées agricoles y augmente graduellement. La population aussi devient de plus en plus exubérante en Asie.

Dans ces conditions, il semble que la baisse des

produits agricoles pourra s'arrêter, malgré les progrès continus de la culture, et peut-être faire place, pour certains d'entre eux, à une légère mais graduelle reprise.

Une autre circonstance y pourrait contribuer : l'énormité de la production de l'or. Celle-ci, qui n'était que de 500 à 600 millions de francs par an de 1885 à 1890, va, dès 1906 sans doute, atteindre 2 milliards, et il est probable qu'elle se maintiendra à ce taux pendant au moins une dizaine d'années. Les 20 milliards d'or jetés si rapidement dans la circulation devront avoir quelque répercussion sur les prix, non pas, sans doute, une répercussion soudaine et très forte, mais une répercussion graduelle, modérée et soutenue, qui tendra à maintenir les prix et peut-être à les faire monter de 10 ou 15 %.

Si l'on ajoute que dans l'hypothèse d'une longue période pacifique, en opposition à la période presque décennale de guerres qui paraît sur le point de se clore, une nouvelle baisse du taux de l'intérêt semble probable, on peut tirer, de cet ensemble de circonstances, l'espérance qu'après la crise de vingt-cinq ans que l'agriculture vient de traverser il pourra y avoir un arrêt, peut-être même une légère amélioration; les terres auront certaines chances de reprendre un peu, sinon en revenu, du moins en capital.

Néanmoins la propriété rurale, suivant toutes les éventualités, ne regagnera pas, de très longtemps du moins, le caractère de solidité, la tendance universellement ascendante, qu'elle avait autrefois. Le revenu et, dans une certaine mesure même, la valeur des terres auront un caractère plus personnel et dépendront beaucoup plus des qualités de l'exploitant.

Certaines modifications, en nombre de cas, seront nécessaires dans les cadres mêmes des propriétés agricoles.

Ces considérations confirment les observations que nous faisions au début de ce chapitre : les terres ne peuvent plus être le placement général de toute la classe aisée ou opulente; il faut les laisser, sinon absolument aux agriculteurs professionnels, du moins aux hommes qui ont quelque compétence, des loisirs et le goût, ainsi que la faculté, soit de les exploiter eux-mêmes, soit du moins d'en contrôler efficacement et de près l'exploitation.

CHAPITRE II

Les placements en maisons.

Grande faveur dont jouissaient naguère, parmi la bourgeoisie opulente ou aisée, les placements en maisons dans les villes. — Raisons de cette faveur. — Ces placements sont devenus aujourd'hui beaucoup plus compliqués et plus aléatoires. — Le revenu des maisons n'a plus de force ascensionnelle générale. — Concurrence que font aux quartiers anciens les quartiers nouveaux et aux maisons d'un certain âge les maisons récentes agencées à la mode nouvelle. — Nécessité de tenir compte des 10 %/$_0$ de frais d'achat et de les amortir. — Le capitaliste, sans connaissances spéciales, est peu qualifié pour édifier ou acheter des maisons de location. — Les catégories particulières de capitalistes auxquelles ce genre de placement peut convenir. — De quelques enquêtes administratives, en France et à Paris, sur les rapports du revenu brut, du revenu net et de la capitalisation des maisons.

Dans les temps anciens et encore pendant tout le cours du XIXe siècle, les placements en maisons dans les villes ont joui de la même faveur, pour les mêmes raisons, que les placements en terres. Cette faveur s'est maintenue même plus longtemps pour celles-là que pour celles-ci; chez certaines catégories de capitalistes, elle dure encore.

Presque toute la riche bourgeoisie des villes, la classe financière et commerciale opulente ou très aisée, y possédait des maisons, non pas uniquement ni principalement pour l'habitation personnelle, mais pour la location. Sous Louis-Philippe et dans la première partie du second Empire notamment, ce fut, pour ces classes, le placement favori.

Des maisons convenablement placées à Paris et dans les principales villes étaient d'un bon rapport, causaient peu de tracas et se réalisaient facilement, sans perte, souvent même avec gain, au cas où l'on ne désirait plus les conserver. On en tirait communément 4 $\frac{1}{2}$ à 5 % de revenu net. Les vacances étaient rares, les frais d'entretien relativement peu élevés; la simplicité des installations, correspondant à la simplicité des habitudes et des goûts, la permanence des locataires, qui changeaient rarement de quartier, leurs exigences réduites, l'absence de toutes ces complications : eau, gaz, électricité, calorifère, ascenseur, conduite à l'égout, etc., les conditions aisées et stables du petit et du moyen commerce en ce qui concernait les boutiques, tout cet ensemble de circonstances faisait de la possession, et de la gestion d'une maison à Paris ou dans une grande ville une affaire peu absorbante. Les impôts comme les charges diverses changeaient peu; s'ils montaient légèrement, l'allure ascensionnelle en était lente.

C'était le plus souvent le propriétaire, négociant enrichi ou capitaliste vigilant, ayant l'un et l'autre l'habitude des commandes, de la surveillance, familier avec les travaux, les entrepreneurs et les ouvriers, qui gérait son immeuble; il entrait en rapports directs avec les locataires, veillait aux dépenses d'entretien ou de consolidation. Cette tâche, d'ailleurs peu minutieuse, lui agréait, lui prenait peu de temps ; il y avait, par ses occupations primitives ou par la tradition, une certaine compétence.

Il touchait sans grand souci. Souvent même les loyers augmentaient, et, comme aux plus beaux temps de la propriété rurale pour le propriétaire campagnard, il arrivait au propriétaire urbain de profiter d'une plus-value.

Cet âge d'or de la propriété urbaine se place surtout dans la première partie du second Empire.

Les conditions de cette propriété, à l'heure actuelle, se sont sensiblement modifiées.

De nouveaux quartiers se sont créés ; de nouveaux types de maisons se sont formés. Les installations se sont singulièrement compliquées : la clientèle des locataires d'appartements est devenue beaucoup plus instable, infiniment plus exigeante ; celle des boutiques a le plus souvent une situation très tendue et précaire. Les vacances ou non-valeurs sont beaucoup plus nombreuses. Les impôts et les charges croissent et se diversifient ; on est à la merci de toutes les conceptions hygiéniques des municipalités et de tous les caprices des Chambres en fait de réformes fiscales.

La propriété urbaine n'a plus la simplicité, la solidité, l'élasticité dont elle jouissait autrefois. La concurrence est très vive entre les maisons ; les plus nouvelles déprécient la situation et la valeur des plus anciennes ; on veut des agencements de plus en plus perfectionnés et minutieux : une maison commence à être considérée comme vieille et à se démoder au bout de vingt ans. La concurrence s'accentue aussi entre les quartiers. Ceux du centre périclitent, contrairement à l'opinion d'autrefois qui entrevoyait pour eux un développement continu de vie et de valeur. On voit, au beau milieu de Paris, des sortes de cadavres de pierre, d'où la vie qui y était intense naguère s'est complètement retirée : le Palais-Royal, les divers passages et certaines rues même.

Les villes, en outre, s'étendent de plus en plus; les métropoles finissent par occuper des provinces entières : « une province couverte de maisons, » disait déjà de Londres M. Guizot. Le mot est bien plus exact aujourd'hui, et il s'applique à toutes les grandes villes.

« Le petit hôtel que vient de construire mon fils dans cette grande avenue vaut 600 000 francs; on peut faire du papier (des titres) indéfiniment; on ne fait pas de terrains. » Ainsi me parlait, il y a près de trente ans, un capitaliste opulent et actif qui faisait partie de cette pléiade avisée, laborieuse et entreprenante, que le second Empire a considérablement enrichie. Et cela paraissait vrai : on peut faire du papier (actions et obligations); on ne fait pas de terrains. Et cela, cependant, devait devenir bientôt complètement faux; on fait des terrains, on en fait même en quantité.

Les tramways, d'abord à chevaux, puis à vapeur, puis électriques, aux prix les plus minimes, les métropolitains souterrains ou aériens, la bicyclette et l'automobile, celle-là pour les petites gens, celle-ci pour les riches, « font des terrains. » Ils ont produit et produiront de plus en plus une véritable diffusion des grandes villes; on ne sait où cette diffusion s'arrêtera, surtout si une fiscalité excessive vient aider au goût de la campagne pour accentuer chez les générations nouvelles la préférence qu'elles sont portées à donner aux banlieues dispersées dans les champs.

Un homme sans compétence spéciale ne peut plus gérer une maison de rapport. L'entretien, de même que les locations, en sont trop compliqués. Il faut recourir à un gérant, architecte ou homme d'affaires. C'est 5 % du revenu brut qui passent aux mains de cet intermédiaire, outre qu'il n'est pas toujours habile et foncièrement loyal. Ou bien, par intérêt ou fausse conception, il pousse à des travaux inutiles ; ou inversement, par les mêmes causes, il ajourne les travaux nécessaires. La perte est parfois encore plus grande dans le second cas que dans le premier.

On ne peut plus compter, pour les immeubles urbains, sur des revenus progressifs. La concurrence est trop vive entre les constructions nouvelles et les anciennes, et l'ascension des charges trop accentuée. Nombre de constructions, au contraire, perdent de leur valeur, soit locative, soit vénale. En vingt ou trente ans, on a vu des maisons de rapport, en bon état, se déprécier de 20 à 30 %.

Autrefois, on croyait faire la part large aux déductions nécessaires en évaluant à 20 % les prélèvements sur le revenu brut pour les impôts, l'entretien, les réparations de toute nature, les assurances, les non-valeurs. Aujourd'hui il est rare que ces prélèvements n'atteignent pas en moyenne 30 % ; et il est souvent plus sage de les calculer, surtout en tenant compte des grosses réparations éventuelles, qui se présentent un jour ou l'autre dans une période d'une trentaine d'années, à 35 et parfois même à 40 %.

La propriété immobilière urbaine tend ainsi à prendre un caractère presque aussi compliqué et presque aussi aléatoire que la propriété immobilière rurale. Elle cause beaucoup de tracas; ce n'est plus là une tente dressée pour le sommeil, elle n'est pas exempte de menaces de perte.

La réalisation a cessé d'en être facile. Le capitaliste ordinaire, celui qui n'a aucune compétence spéciale, qui ne se connaît pas en bâtiment, qui ne sait pas traiter avec des entrepreneurs et des ouvriers, les surveiller, les contrôler, qui, en outre, a peu de loisirs et aime le repos de l'esprit, ne doit pas plus s'embarrasser d'immeubles urbains que d'immeubles ruraux.

Il peut avoir pour son agrément personnel, s'il a d'amples moyens, une maison, ce que l'on qualifie d'hôtel, qu'il habite, de même qu'une terre où il réside. Cela est, en général, fort onéreux; mais cela peut ajouter à la dignité et à l'ampleur de l'existence : on peut y trouver des satisfactions personnelles compensant la dépense. Mais il n'y a pas lieu, pour ce capitaliste ordinaire, d'acheter des immeubles urbains comme placements; la plupart du temps il en aurait du regret.

En faisant de ces achats, de même qu'en faisant bâtir, il court de gros risques. Incompétent dans les choses du bâtiment, il doit s'en remettre à des intermédiaires, architectes, agents d'affaires; les maisons qu'il achète ou celles qu'il bâtit peuvent avoir des vices de construction, des tares, qui ne seront connues qu'avec le temps.

Il faut tenir compte aussi des 10 % environ de frais d'achat : vous achetez une maison 400 000 fr.;

2

vous la payez 440.000; et cependant, le lendemain, en admettant que vous l'ayez achetée à son juste prix, elle ne vaut toujours que 400 000 francs Si vous faites exactement l'inventaire de votre fortune, vous devez rayer de votre avoir ces 40 000 francs de frais. Tout au moins devez-vous les reconstituer par un prélèvement sur le produit de la maison; pour cette reconstitution des frais en vingt ans, il faut un prélèvement d'environ $1/2$ % sur le revenu. Cette maison, achetée 400 000 fr., je suppose qu'elle rapportât net 18 000 francs; c'était, semble-t-il, un placement à 4 $1/2$ %; mais il faut ajouter les frais au prix principal : les 18,000 francs nets représentent l'intérêt, non pas des 400 000 francs seulement (prix d'achat), mais des 440 000 francs frais compris : l'intérêt ressort alors à un peu moins de 4,10 %. Ce n'est pas tout : il faut que vous reconstituiez, si vous ne voulez pas vous appauvrir, dans une période de vingt ans, ces frais de 40 000 francs qui sont perdus pour vous; c'est 2 000 francs environ à retrancher, pour les capitaliser, sur les 18 000 francs de revenu net. Le revenu net ne ressort plus ainsi qu'à 16 000 francs pour un débours de 440 000 francs, soit guère plus de 3,60 %.

C'est ainsi que tel placement en maison qui paraît donner du 4 $1/2$ net ne fournit en réalité que 3,60, en supposant que l'immeuble ait été acheté à sa valeur courante, et qu'il n'y ait pas de vice caché.

Il n'y a donc pas, dans ce genre de placement, à l'heure présente, grande séduction pour le capitaliste ordinaire.

Alors, direz-vous, qui construira les maisons dont la population a besoin, et qui achètera les maisons anciennes que leurs propriétaires ne peuvent conserver?

Nous répondrons comme pour les terres : ce n'est pas et ce ne doit pas être le capitaliste ordinaire, incompétent et paisible; ce doit être certaines catégories spéciales de capitalistes.

L'exemple en a été donné : les Compagnies d'assurances, notamment à Paris et dans les grandes villes, possèdent et ont fait construire une grande partie des immeubles de luxe destinés à l'habitation des classes opulentes. Elles ont toutes une organisation bien agencée et compétente pour ce genre d'affaires : elles y réduisent au minimum les frais généraux de surveillance, d'entretien. Quelques très importants capitalistes font de même. A l'autre extrémité du classement des constructions, des sociétés coopératives, populaires ou philanthropiques, dont il est désirable que la mission s'étende, s'occupent de l'édification et de la gestion des habitations et logements destinés aux ouvriers et à la classe petite moyenne de la population.

Les entrepreneurs de travaux publics, qui constituent une des catégories les plus actives et les plus opulentes de la production contemporaine, aiment aussi à mettre en immeubles urbains la plus grande partie, souvent la totalité, de leur fortune, et parfois ils élargissent, en recourant au crédit, leurs moyens d'action à ce sujet. Ils y sont parfaitement qualifiés, par leur connaissance des terrains, des matériaux, des ouvriers.

Nombre d'industriels et de commerçants divers, qui, sans avoir de notions spéciales en bâtiment, se connaissent d'une façon générale en affaires pra tiques, qui ont l'habitude de traiter avec des ouvriers, des entrepreneurs et des fournisseurs variés, de contrôler le travail, les comptes et les fournitures, qui, en outre, aiment, après s'être retirés des affaires, à avoir quelque emploi utile de leurs loisirs, peuvent aussi, quand ils sont assez jeunes et assez libres de toute préoccupation, se livrer à des constructions ou à des achats de maisons ou d'immeubles de rapport dans les villes ou leur banlieue.

Voilà à peu près les seules catégories de personnes qui peuvent, sans imprudence et sans se préparer beaucoup de tracas, faire des placements de cette nature.

D'autre part, les gens riches, qui, sans se trouver dans ces cas spéciaux, possèdent déjà des maisons, les connaissent, en savent le revenu et ne sont pas gênés par leur gestion, peuvent avoir raison de les conserver, puisqu'ils s'en trouvent bien ; mais il n'y a pas lieu pour eux, en général, d'étendre ce genre de propriétés assez préoccupant.

Un des arguments que l'on peut invoquer en faveur de la possession de maisons de rapport, c'est que le revenu qu'elles donnent n'est pas sujet aux conversions comme le revenu des obligations et des fonds publics ; mais il y a comme contre-partie d'autres risques.

L'Administration estimait en France, au cours de l'année 1890, après une grande enquête, à 2 milliards 811 millions le revenu brut des 8 914 000 maisons existant en France, et à 212 millions celui des 137 000 usines. C'était pour ces 9 millions 50 000 immeubles, comprenant, outre les constructions urbaines, les constructions rurales, un revenu brut de 3 milliards 13 millions de francs. En déduisant, pour les réparations de toute nature et l'entretien, le quart de la valeur locative des maisons et le tiers de celle des usines, l'Administration fixait le revenu net *imposable* à 2 milliards 90 millions de francs. L'impôt foncier sur la propriété bâtie (principal et centimes additionnels réunis) montait, en 1902, à 170 millions de francs en chiffres ronds, et l'impôt des portes et fenêtres (également principal et centimes additionnels réunis) à plus de 102 millions de francs; soit, pour l'ensemble de ces deux impôts, en laissant de côté la contribution mobilière, 272 millions. Si l'on déduit ces 272 millions du chiffre de 2 milliards 90 millions qui, d'après l'Administration, représente le revenu net *imposable* des propriétés de toute nature, on n'a plus qu'un revenu net de 1 818 millions.

L'Administration évalue, néanmoins, à 48 milliards 563 millions la valeur vénale des constructions en France, ce qui ferait ressortir une capitalisation à 3,74 $\%$ du revenu vraiment net.

Si l'on suppose une personne achetant une maison dans ces conditions moyennes, comme elle devra payer 10 $\%$ de frais, le revenu net ci-dessus sera réduit relativement à ses déboursés d'achat de 10 $\%$ et tombera à 3,37 $\%$ seulement.

Il est probable que l'enquête administrative de 1890 exagérait l'importance du revenu net des constructions de toute nature en France; il est certain, en tout cas, qu'elle exagérait notablement leur valeur vénale. Comme, depuis 1890, il y a eu un mouvement assez accentué de l'industrie du bâtiment, on peut admettre que peut-être l'estimation de 48 milliards et demi, à laquelle l'Administration arrivait il y a quinze ans, s'écarterait moins de la réalité présente tout en lui étant probablement un peu supérieure.

Quoi qu'il en soit, il ressort de cette enquête administrative que, tous frais et tous impôts déduits, les maisons rapporteraient, dans l'ensemble et comme moyenne, 3,74 % au détenteur actuel et 3,37 % à un nouvel acquéreur qui aurait à supporter les frais d'achat de 10 %.

Ce ne sont donc pas là, étant donnés les tracas et les aléas divers de ce genre de propriété pour les gens non spécialisées, un placement bien attrayant.

Les frais d'achat des propriétés immobilières, soit 7 % de droits d'enregistrement et 3 % environ d'autres débours, sont monstrueux et scandaleux; ces impôts et débours divers devraient être réduits d'au moins moitié, sinon des deux tiers, pour donner quelque séduction et quelque animation aux placements en immeubles.

Le *Livre Foncier de Paris*, publié en 1902, fixe à 13 milliards 813 millions la valeur du capital des 80319 maisons et usines existant à Paris au 31 janvier 1901., et il leur attribue un revenu brut de 878 millions de francs. Dans l'ensemble, si ces renseignements administratifs étaient exacts, les maisons à Paris se vendraient entre 15 1/2 et 16 fois le montant de leur revenu brut Naturellement, il ne s'agit ici que d'une moyenne : les maisons vieilles et celles situées dans des quartiers peu fortunés se vendent à un multiple moins élevé du revenu brut les neuves, au contraire, et celles situées dans un quartier opulent, à un multiple plus élevé. Il est à supposer, toutefois, que l'estimation administrative de la valeur en capital des immeubles de Paris est, dans une certaine mesure, exagérée.

On a là, néanmoins, une règle empirique qui peut guider pour les achats d'immeubles dans la capitale.

Le revenu brut moyen, d'après ce document administratif, serait de 6,36 $\%$ et oscillerait entre un maximum de 7,76 $\%$ dans le XXe arrondissement et un minimum de 5,13 $\%$ dans le XVIe et 5,33 dans le VIIIe. Les charges diverses, réparations, impôts, non-valeurs, doivent bien prélever, en général, entre 33 et 40 $\%$ de ce revenu brut.

Tout considéré, il est prudent de laisser aux catégories spéciales de capitalistes sus-indiquées l'édification ou l'achat de maisons de rapport et de toutes autres constructions. Les personnes non compétentes qui se hasardent à ce genre de placement ont, en général, plus de chances de le regretter que de s'en féliciter.

CHAPITRE III

Les terrains dans les villes ou leur banlieue.

Caractère aléatoire de ces placements. — Ils ne constituent le plus souvent qu'une tirelire ou une opération de capitalisation automatique. — Examen de quelques cas de hausse de terrains et rapprochement avec un placement en rentes dont les revenus auraient été constamment capitalisés. — Le prix de détail et le prix de gros des terrains. — Influence de leur configuration régulière.

Une des natures de placements qui a parfois, dans le passé, procuré le plus de bénéfices, c'est les terrains urbains ou suburbains.

L'expansion des villes dans le dernier demi-siècle a transformé en terrains à bâtir des chantiers de bois, des jardins potagers, parfois de simples fermes. La valeur a alors décuplé, quelquefois même centuplé. On cite à ce sujet des multiplications de capital qui frappent les imaginations.

Il faut, toutefois, se rendre compte de ce que, dans la généralité des cas, les terrains qui ont bénéficié de cette énorme plus-value n'ont pas été achetés en vue de celle-ci. De riches et anciennes familles détenaient une maison de campagne avec vaste jardin ou parc, parfois même une petite ferme aux environs d'une ville. Ces espaces leur avaient coûté peu de chose, quelques milliers de francs l'hectare, c'est-à-dire quelques dizaines de centimes le mètre. Graduellement ou soudainement la ville s'étant développée, ces espaces ont pris une valeur à laquelle on n'avait jamais pensé ; on les a réalisés avec un énorme profit. Le prix de vente presque entier a constitué un bénéfice. Une aussi ample aubaine, car c'en est une, n'échoit qu'aux personnes qui se trouvent en possession de terres de culture ou de plaisance que l'événement transforme fortuitement en terrains à bâtir.

Tout autre est la situation d'un homme qui, par un acte de spéculation, achète des terrains dans l'espérance de les revendre ultérieurement avec plus-value. Il paye ces terrains déjà cher, non plus à l'hectare, comme dans le cas précédent, mais au mètre. Ils ne lui sont, en outre, d'aucune utilité et d'aucune jouissance. Pendant des années et des années, la somme ainsi placée ne rapporte aucun intérêt. Si le spéculateur en terrains est riche et qu'il ait des habitudes d'économie, ce placement peut être pour lui une sorte de tirelire, qui, dans la plupart des cas, conservera bien la mise et, dans quelques-uns, l'accroîtra.

Les spéculations de cette nature sont, toutefois, très aléatoires ; la perspicacité est souvent en défaut sur la direction où se développera une ville et sur la rapidité de ce développement. Un quartier qui paraissait en vogue hier est délaissé de main. Il y a des périodes de très rapide expansion d'une ville, il y en a d'autres de très lente. Des événements impossibles à prévoir, guerres, révolutions politiques, économiques ou industrielles, transformations mondaines, modifient l'avenir des terrains urbains et suburbains.

En attendant, les intérêts courent. Si l'on tient compte de ceux-ci, les affaires de terrains qui réussissent sont moins brillantes en réalité qu'en apparence.

Prenons des cas spéciaux qui sont des cas réels et concrets. Un propriétaire achète vers 1860, à 170 francs le mètre, des terrains dans une des plus belles des avenues parisiennes, alors en création ; la guerre de 1870-71 arrive qui arrête l'essor des terrains. Vers 1881, avant le krach de la Bourse, ces terrains acquièrent, toutefois, une grande valeur ; ils atteignent environ à 500 francs le mètre. Ils auront donc ainsi presque triplé en vingt et un ans ; mais, d'autre part, l'intérêt à 4 % (taux d'alors) pendant ces vingt et un ans a plus que doublé la valeur d'achat. En second lieu, vers 1860, la rente française valait 64 ou 65 francs ; en 1881, elle en valait 85 ou 86, soit 30 % de plus. Il en résulte que la personne qui avait fait ce placement heureux en terrains n'avait guère sensiblement plus gagné que celui qui, à la même époque de 1860, aurait placé le même capital en rente 3 % et en aurait toujours capitalisé les intérêts de 1860 à 1881. Le placement en terrains dans ces conditions avait donc surtout l'utilité d'une capitalisation automatique d'économies.

De 1881 à 1904, en vingt-trois ans, la valeur de ce même terrain s'est élevée de 4 ou 500 francs le mètre à 800 ou 1 000, ayant tout au plus doublé ; mais la rente 3 %, dans le même intervalle, a monté de 85 ou 86 francs à 99 ou 100 francs, et le spéculateur en terrains n'aura touché aucun intérêt ; sa situation n'est donc pas meilleure que s'il avait fait un placement en rentes françaises et capitalisé tous les revenus.

Un autre exemple qui correspond aussi à un fait concret : toujours dans le quartier de l'Arc-de-Triomphe, et au delà de ce monument, un capitaliste, vers 1860, achète dans une rue secondaire un terrain de grandeur moyenne et bien configuré au prix de 70 francs le mètre. En 1880, il le revend 170 francs le mètre. Ici encore, il est visible que le gain ne représente guère que l'intérêt et que la progression générale des valeurs mobilières dans le même intervalle. Au taux de 4 %, en ces vingt années, les 70 francs ont doublé ; il reste une prime de 30 francs représentant 40 % du prix d'achat et qui, en soi, serait satisfaisante. Mais si, vers 1860, le capitaliste, au lieu d'acheter ce terrain, eût placé la même somme en rente française 3 %, laquelle se tenait aux environs de 64 à 66, tandis que cette même rente valait 84 à 85 francs en 1880, il eût bénéficié sur cette somme de 25 à 30 % environ. Ainsi, l'opération en terrain sus-désignée, tout en ayant bien tourné, n'est que très légèrement plus avantageuse qu'un simple placement en rente française, qui eût été fait à la même date, et la capitalisation des intérêts de cette rente pendant la même période : les intérêts ainsi capitalisés eussent, eux aussi, bénéficié successivement de la plus-value acquise à la rente française dans cet intervalle.

Le principal avantage aura été que le capitaliste aurait peut-être été induit à dépenser une partie des intérêts de son placement en rentes, tandis qu'il aura fait, par son placement en terrain, une opération de capitalisation automatique ne nécessitant pas, de sa part, d'autre effort, d'autre acte positif du moins, que l'achat initial.

Sans doute, les fonds publics ne haussent pas dans toutes les périodes, comme de 1860 à 1880 ou de 1880 à 1904; sans doute, aussi, il peut se rencontrer des plus-values de terrains plus fortes et plus rapides que celles des deux cas que nous venons d'indiquer. Mais elles sont rares.

D'autre part, il y a souvent des déceptions et des mécomptes dans les achats de terrains : l'avenir qu'on leur suppose tarde parfois à venir, et il peut arriver que, après avoir attendu quinze, vingt ou trente ans, on ne retrouve pas à revendre le terrain beaucoup plus cher que le prix qu'on avait payé.

Ces sortes de placements ne conviennent donc qu'aux personnes fort riches et surtout très à l'aise, c'est-à-dire faisant de grandes économies.

Quant au choix des terrains qui se prêtent le mieux à la spéculation, les deux catégories suivantes paraissent offrir les meilleures chances : ou bien des terrains placés sur une grande et belle voie et payés cher, mais que l'on peut espérer revendre assez rapidement avec un certain bénéfice; ou bien des terrains à très bas prix, quelques francs le mètre, sinon même moins de 1 franc, acquis dans des banlieues vers lesquelles des circonstances bien observées font supposer que la population se portera. Comme ces terrains, à avenir très incertain, ont été acquis pour peu de chose, on peut

attendre vingt ou trente ans une plus-value, et si,
par exemple, un bloc de terrain acquis ainsi 1 fr. 50
ou 2 francs le mètre arrive, au bout de vingt ans,
à valoir 7 ou 8 francs, à plus forte raison 10 ou 12,
l'affaire est excellente.

Il ne faut pas se dissimuler, toutefois, qu'il y a
beaucoup d'aléas dans l'un et l'autre cas.

Dans l'achat et l'estimation des terrains, le public,
en général, juge hâtivement, sommairement, sans
tenir compte de circonstances importantes qui modifient beaucoup la valeur des différentes surfaces.

En premier lieu : il y a pour les terrains nus un
prix de gros et un prix de détail; entre ces deux
prix, pour des terrains de même situation, l'écart
est énorme. Le prix de détail ou prix courant s'applique aux terrains nus, de petite dimension, qui se
trouvent placés entre des terrains construits. Les
surfaces régulières, formant un rectangle avec le plus
grand côté sur la voie publique et ayant entre 300
et 600 ou 700 mètres de superficie, sont presque les
seules qui puissent être considérés comme ayant la
pleine valeur de détail, la pleine valeur courante.
Dès qu'un terrain dépasse 6 ou 700 mètres ou au
maximum un millier de mètres, il n'a plus, en
général, cette pleine valeur, à moins parfois qu'il
ne soit un terrain d'angle ayant deux façades.

La valeur d'un terrain d'angle excède facilement
de 25 %, parfois de 40 %, celle d'un terrain de
même superficie n'ayant de façade que sur une voie
publique.

Quand un terrain a plusieurs milliers de mètres,
à plus forte raison 4 ou 5000, 8 ou 10000 mètres
et surtout plusieurs hectares, il ne peut plus aucu-

3

nement être question de l'évaluer au prix de détail,
c'est-à-dire au prix courant habituel. Il ne vaut
plus a'**ors** que le prix de gros, qui est souvent
moitié moindre que le prix de détail. Et cela se
comprend facilement : si l'on peut espérer réaliser
avec rapidité un terrain bien conformé de 300 à
800 mètres, situé sur une voie publique déjà couverte de constructions et entouré lui-même de maisons ou de bâtiments de production, on ne peut
pas avoir le même espoir de réalisation rapide pour
un terrain de 4 à 5 000 ou de 8 à 10 000 mètres,
de sorte que, sur la même voie, si le premier terrain peut être estimé à 200 francs le mètre, il est
difficile d'évaluer le second, beaucoup plus ample, à
plus de 150 francs; et plus le terrain est grand,
plus la valeur du mètre diminue en général, sauf
des circonstances exceptionnelles, parce qu'il faudra
un temps considérable, plusieurs années, parfois
beaucoup d'années, pour le réaliser complètement.
De ce que, dans un quartier, le terrain vaut 200 fr.
le mètre pour les lots bien conformés de 300 à
800 mètres, il serait donc extravagant d'en conclure
qu'un terrain de 10 000 mètres, à plus forte raison
de 20 000 ou 30 000, aura en bloc cette même valeur
par unité métrique : le premier s'évalue au prix de
détail; le second au prix de gros, inférieur, suivant
les circonstances, d'un quart, d'un tiers ou de
moitié au prix de détail.

Même pour les terrains d'étendue moyenne, le
prix de détail ou prix courant ne vaut que pour les
terrains bien conformés, c'est-à-dire ayant le rapport
habituel entre la façade sur la voie publique et la
superficie totale. Les Anglais ont pris l'habitude

de réduire les terrains à un type uniforme qu'ils appellent *stand*, et qui représente une profondeur fixe sur une façade déterminée.

Cette conception est exacte, sauf que le rapport normal entre la façade et la superficie du terrain, ou entre la façade et la profondeur, n'est pas la même dans tous les quartiers. Dans les quartiers du centre, ceux des boutiques et de la population la plus dense, la profondeur d'un terrain, si celui-ci doit conserver toute sa valeur, ne doit guère excéder une vingtaine de mètres : un terrain sera bien configuré et aura la pleine valeur du quartier, quand pour 20 mètres de façade il aura 15 ou 20 mètres de profondeur, c'est-à-dire une superficie totale de 300 ou 400 mètres. Mais si, pour cette façade de 20 mètres, il a une profondeur de 30, à plus forte raison de 40, dans ces quartiers à boutiques et du centre, l'excédent de profondeur n'aura plus qu'une demi-valeur ou parfois un tiers ou un quart de valeur.

Dans les quartiers à population plus disséminée et les quartiers riches, la profondeur du terrain peut être un peu plus grande : elle peut souvent aller jusqu'à une trentaine de mètres, mais rarement plus; l'excédent au delà de 30 mètres et surtout de 40, à plus forte raison de 50, ne se trouve plus avoir qu'une demi-valeur ou un tiers ou un quart de valeur.

La perte de valeur est encore plus grande pour les terrains formant de gros blocs, 4 à 5 000 mètres, 8 à 10 000 mètres, avec des façades insuffisantes : il faut alors percer des rues au travers du bloc, ce qui fait perdre une partie de la surface, ce qui enlève, en outre, à l'attrait de la situation et rend aussi la réalisation beaucoup plus lente.

Nombre de personnes n'attachent pas assez d'attention à toutes ces circonstances. Celles-ci expliquent des cas de mévente apparente que le public considère comme des anomalies. Tel hôtel excessivement luxueux des Champs-Élysées se vendra au-dessous de 1 000 fr. le mètre ou à peine à ce prix, parce que pour 1 300 ou 1 400 mètres de superficie il n'a qu'une vingtaine de mètres de façade : on peut dire de cet hôtel que la partie qui est sur les Champs-Élysées est représentée seulement par les 35 premiers mètres de profondeur, ce qui ne constitue que 700 mètres, et que les 600 ou 700 mètres au delà ne forment qu'une surface ayant une valeur modique, puisqu'ils ne sont situés sur aucune voie publique et servent seulement à donner plus d'air aux pièces de derrière, plus de place aux dégagements et aux constructions accessoires, communs, etc.

Tel autre terrain magnifique de 5 500 mètres, situé au beau milieu et sur le meilleur côté de l'avenue du Bois-de-Boulogne et sur deux autres voies, dont l'une magistrale, n'arrive pas à trouver preneur à 650 fr. le mètre, parce qu'il n'a que 25 à 30 mètres de façade sur l'avenue du Bois et que la largeur est telle dans le bout de ce terrain, que, malgré les façades qu'il a dans cette partie sur deux voies, une fraction de la surface reste trop éloignée d'une voie publique pour avoir une utilité sérieuse.

Dans ces divers cas, on ne peut appliquer à ces terrains le prix courant du mètre pour les lots d'étendue modique et bien conformés.

Il nous a semblé utile de donner ces renseignements au sujet de la valeur des terrains : les gens
du métier, architectes, entrepreneurs, ne les ignorent pas. Mais les simples capitalistes n'en tiennent
pas toujours assez de compte; et, d'ailleurs, les
achats ou spéculations en terrains ne conviennent
guère à la plupart d'entre eux. Le meilleur procédé pour un homme riche de s'intéresser aux terrains, c'est quand ses moyens lui permettent d'avoir
soit un hôtel dans une grande ville, soit une maison de campagne dans une banlieue, d'acheter un
peu plus de surface qu'il ne serait nécessaire, s'il
ne doit en éprouver aucune gêne. Il peut ainsi
parfois ménager quelque plus-value à ses héritiers.

CHAPITRE IV

Les placements hypothécaires.
Les prêts aux particuliers.

Inconvénients et dangers de ces prêts dans l'état social et économique actuel; on doit les laisser aux sociétés ou aux capitalistes spécialistes en cette matière.

Un des anciens modes favoris de placement était les placements sur hypothèque. Ils jouissaient d'une grande réputation de solidité.

Un certain nombre de capitalistes, en province notamment, est resté fidèle à cet emploi de leurs fonds. Mais la concurrence des établissements de crédit spéciaux, le Crédit foncier notamment, et la propagation de plus en plus générale, la pénétration dans les campagnes des valeurs mobilières, ont rendu ce genre de placements moins habituel aux particuliers.

Il subsiste encore, toutefois. Jadis les placements hypothécaires produisaient 5 $\%$ nets. Depuis quelques années, le Crédit foncier ayant abaissé à 4 $\%$, puis relevé à 4 $1/2$ le taux de ses prêts (amortissement non compris), les capitalistes qui font ce genre de placements n'obtiennent plus, sur de bons gages, que 4 $1/2$ ou même 4 $\%$.

Un intérêt, fût-ce de 4 $\%$, dans des conditions de sécurité, est assez séduisant. Il dépasse de 3/4 $\%$ ou même de près de 1 $\%$ celui des valeurs de tout premier ordre.

Les placements hypothécaires présentent, d'autre part, relativement à celles-ci, divers inconvénients : en premier lieu, ils ne sont pas facilement réalisables ; ils ne sont pas non plus divisibles. La cession d'une créance hypothécaire est assez difficile et coûteuse. Ce genre de placements ne peut plus convenir qu'aux personnes ayant une fortune très bien établie et très stable, une existence qui ne comporte pas d'imprévu et qui ne doive pas mettre dans la nécessité de réalisations. Ou bien, ce n'est que pour une partie secondaire de son avoir que l'on peut recourir à cet emploi.

D'autres circonstances, propres à la vie économique contemporaine, ont fait perdre de leur faveur et de leur attrait aux prêts hypothécaires.

En premier lieu, les propriétés foncières, soit rurales, soit urbaines, comme on l'a pu voir dans les chapitres précédents, ont une valeur beaucoup moins stable qu'autrefois. Nombre de propriétés rurales ont perdu depuis vingt-cinq ou trente ans le tiers, parfois les deux cinquièmes et, dans certains cas, la moitié de leur valeur au temps de la grande prospérité agricole. Bien des propriétés urbaines ont subi aussi une dépréciation notable, allant parfois au quart ou au tiers. Il suffit de citer comme exemple typique les immeubles du Palais-Royal de Paris ; à Lyon aussi, par suite de la construction des nouveaux quartiers au delà du Rhône, on a vu les immeubles de la vieille ville fléchir d'un bon tiers.

Il en résulte que prudemment il ne faudrait prêter sur hypothèque qu'une fraction n'excédant pas la moitié de la valeur de l'immeuble. Cette proportion devrait être d'autant plus observée qu'on ne peut exproprier et réaliser les formalités d'expropriation et la vente le jour même de l'impayement d'un terme d'intérêts. On considère que le gage doit, en pratique, représenter réellement, au jour de la réalisation éventuelle, non seulement le principal de la somme prêtée, mais deux années d'intérêts et les frais d'expropriation et de vente, ces derniers ne descendant jamais au-dessous de 10 % et allant parfois à 12 ou 15. Il résulte, du chef de ces deux années d'intérêt et de ces frais, un surcroît de 20 à 25 % qui vient s'ajouter éventuellement, en pratique, au montant de la somme prêtée.

Si donc un particulier prêtait sur hypothèque à concurrence des trois quarts de la valeur de l'immeuble, il suffirait que celui-ci eût fléchi d'un quart pour que, au cas d'une réalisation, il ne fût pas intégralement couvert : 1o de sa créance principale; 2o des deux années d'intérêts représentant la période d'expropriation et de réalisation; 3o des frais. Il serait en perte des deux années d'intérêts et des frais, ce qui représenterait 15 à 20 % du total de sa créance, principal et intérêts compris. En supposant qu'il parvînt à raccourcir la période des formalités de l'expropriation et de la réalisation du gage, il serait toujours en perte de 10 à 12 %. Or il advient assez fréquemment que la valeur d'un immeuble soit dépréciée d'un quart au bout de dix, douze, quinze années, soit par des circonstances permanentes, soit par des circonstances accidentelles.

A plus forte raison, si la dépréciation entre l'acte de prêt et le moment de la réalisation du gage atteint le tiers, soit 33 $^0/_0$, ce qui advient parfois aussi, la perte de celui qui a prêté à concurrence de 75 $^0/_0$ de la valeur est très considérable : ces 75 $^0/_0$ du principal se trouvent accrus de deux années d'intérêt, supposons à 4 $^0/_0$, soit 6 francs pour les 75 francs supposés prêtés, puis des frais spéciaux montant à 5 ou 6 $^0/_0$ sur le prix de vente obtenu, supposé être de 66 fr. 66 (les deux tiers de la valeur initiale qui était de 100); ces frais représentent ainsi 3,50 à 4 francs venant se joindre aux 75 du principal et aux 6 d'intérêts, ensemble 84,50 à 86 francs. La réalisation n'ayant donné, par hypothèse, que 66,66, la perte est de 18 à 20 fr., soit environ de 20 $^0/_0$ du principal et des intérêts du prêt.

Il est rare que, pendant la durée habituelle des prêts hypothécaires entre particuliers (soit dix ans), la dépréciation des immeubles puisse atteindre 40 et surtout 50 $^0/_0$; encore, cependant, cela peut-il arriver parfois; alors celui qui aurait prêté 75 $^0/_0$ de la valeur perdrait, en tenant compte des deux années d'intérêts et des frais, le tiers de l'ensemble de sa créance (principal et intérêts courus et frais spéciaux) dans le premier cas, et environ 40 $^0/_0$ dans le second cas.

Les prêts hypothécaires, dans la situation économique contemporaine, comportant d'amples et rapides modifications de la valeur foncière tant rurale qu'urbaine, ne peuvent donc pas être considérés comme absolument exempts d'aléas.

Pour réduire ces aléas au minimum, il faudrait d'abord ne prêter qu'en première hypothèque, ensuite limiter le prêt à 50, ou, au grand maximum, à 60 $^0/_0$ de la valeur très exactement constatée.

Dans la pratique, il est rare de pouvoir effectuer des prêts dans ces conditions. Les emprunteurs tiennent, en général, à obtenir en prêt plus de la moitié ou de 60 $^0/_0$ de la valeur réelle de l'immeuble. Cette valeur est, d'ailleurs, très difficile à estimer exactement. Les intermédiaires, gens d'affaires ou notaires, qui tiennent à toucher des commissions ou des honoraires, sont trop souvent disposés, fût-ce inconsciemment, à majorer la valeur des immeubles; c'est là un gros danger.

S'ils font, en effet, prêter 75 $^0/_0$ d'une valeur fictivement enflée de 33 $^0/_0$, il en résulte qu'on a, sans le savoir, prêté la totalité de la valeur de l'immeuble; et s'ils font prêter 50 $^0/_0$, sur une valeur majorée de 25 $^0/_0$, il se peut que l'écart entre le montant du prêt et la valeur réelle ne soit pas suffisante pour garantir les deux années d'intérêts, qui seront probablement échus au moment de la réalisation du gage, ainsi que les frais spéciaux, pour peu que des circonstances adverses, survenant après la passation de l'acte, aient réduit, même dans une mesure modique, la valeur réelle de l'immeuble.

En réalité, il est fréquent que les prêteurs hypothécaires qui exproprient leurs débiteurs se voient obligés de garder l'immeuble, après une expropriation qui ne couvre pas la somme due, principal, intérêts et frais. Le prêteur hypothécaire est alors un acheteur à date indéterminée, pour une somme fixée plusieurs années d'avance et dépassant vraisemblablement la valeur qu'aura l'objet au moment où l'on en prendra possession. Ces surprises et ces mécomptes sont fréquents en cette matière.

Outre la réduction du prêt à 50 ou 60 $^0/_0$ de la valeur réelle, bien constatée, de l'immeuble, outre l'inscription en première hypothèque, d'autres conditions seraient à observer : le prêt ne devrait jamais être consenti que sur des immeubles productifs d'un revenu certain et régulier; on ne devrait prêter que sur des terres affermées à long bail et à bon fermier, ou sur des maisons de rapport bien louées et sans vacances, jamais sur des terrains nus, sur des maisons habitées entièrement ou principalement par les propriétaires, ni sur les natures d'immeubles particulièrement aléatoires : bois, vignes, usines.

Les domaines importants qu'ont été obligés de se constituer à la suite d'expropriation certains gros prêteurs ne donnent, comme revenu, que des résultats insignifiants; les grands établissements, tels que le Crédit foncier, connaissent ces aléas des opérations hypothécaires.

En plus des risques, qu'on peut réduire par beaucoup de prudence et de compétence, sans réussir à les éliminer complètement, les prêts hypothécaires comportent d'autres désagréments : il faut donc bien vérifier la valeur de l'immeuble avant d'effectuer le prêt, ce qui comporte du travail et des connaissances techniques; il est imprudent de s'en remettre complètement à un intermédiaire sur ce point important. Il faut veiller aussi au payement régulier des intérêts; il est rare qu'on puisse obtenir, en cette matière, surtout pour les prêts mo-

diques en province, la régularité absolue qu'on a
pour les coupons des fonds publics ou des obligations de premier ordre; on doit faire renouveler
l'inscription hypothécaire tous les dix ans, faute de
quoi l'on perd son privilège.

Il est prudent enfin, dès le moindre retard de
payement, d'entamer la procédure d'expropriation;
pour peu que l'on accorde des délais, on ajoute aux
risques de n'être pas couvert par la réalisation du
gage. Or ces sévérités sont grandement pénibles à la
plupart des personnes; il en coûte, même quand
on a pour soi le droit absolu, de consacrer la ruine
de l'emprunteur.

Dans certains cas, exceptionnels il est vrai, outre
les dangers de l'insuffisance du gage dans l'éventualité de réalisation pour couvrir la créance, il peut y
avoir d'autres périls du fait des hypothèques occultes
de la femme mariée, des enfants mineurs, des pu-
pilles, etc. Dans ces cas spéciaux, les notaires sont
en général responsables; mais il peut arriver,
quoique ce soit rare, que leur fortune ne puisse
répondre suffisamment et qu'on soit en perte.

De tout ce qui précède, il résulte que les prêts
hypothécaires ne sont plus, dans tous les cas, le
placement absolument sûr qu'ils étaient autrefois.
L'avantage de 1 $^0/_0$ en moyenne d'intérêt qu'ils
offrent relativement aux bonnes valeurs mobilières
ne suffit pas pour induire les capitalistes paisibles
et non spécialistes à ce genre de placement.

Il se rencontre, en effet, des capitalistes spécialistes, attentifs et compétents, qui pratiquent ce
genre de prêts et s'en trouvent bien : on doit les
leur laisser.

A peine est-il utile de parler des prêts faits sans garantie entre particuliers. Neuf fois sur dix ils entraînent une perte soit totale, soit partielle, plus généralement totale. Autrefois ils étaient moins dangereux. Aujourd'hui, les particuliers offrant quelques garanties ont des moyens aisés et discrets de se procurer des fonds. S'ils possèdent quelques valeurs mobilières, il leur est facile de les réaliser, ou, s'ils y répugnent, de se faire faire des avances en les donnant en gage à des établissements de crédit ou de les mettre en report, quand elles rentrent dans la catégorie des titres susceptibles de ces opérations. (Voir plus loin.)

S'il s'agit d'un industriel ou d'un commerçant, il trouve, quand il jouit de l'estime professionnelle, à faire escompter sa signature ou à se faire commanditer par un banquier, tout au moins à obtenir des avances sur des billets.

Il faut donc qu'un particulier soit bien dénué de ressources et de chances apparentes d'avenir pour qu'il ait besoin d'emprunter à d'autres particuliers ne faisant pas profession de prêteur. Les prêts faits dans ces conditions relèvent de l'amitié ou de la charité; ce ne sont pas des opérations économiques et financières.

Un rentier avisé évite donc les prêts à des particuliers : outre qu'il y a, en général, la brouille au bout, ils comportent des aléas trop manifestes et trop nombreux. Quand il en fait, il doit le plus souvent se dire que c'est une œuvre pie qui n'aura sa récompense, suivant toute la vraisemblance, que dans l'autre monde.

CHAPITRE V

Les participations directes dans les entreprises industrielles, commerciales ou agricoles.

Inconvénients de ce genre de placements pour les capitalistes inexpérimentés et sans connaissances spéciales. — Imprudence de confier la gestion de sa fortune à une personne même réputée très probe et très compétente.

En dehors des prêts, hypothécaires ou non, dont il a été question au chapitre précédent, il advient assez fréquemment que des rentiers se laissent entraîner à prendre des participations directes dans des entreprises industrielles, agricoles ou commerciales.

On connaît quelque ingénieur ou quelque entrepreneur : il vante une affaire qu'il a en vue, qu'il a, dit-il, étudiée, qui promet, assure-t-il, de gros bénéfices, et pour laquelle il ne possède pas les capitaux nécessaires : affaire de mine (cuivre, plomb, fer, peu importe); affaire de brevet pour un article ayant un grand débouché; construction d'usine, création d'une entreprise agricole ou coloniale, etc.

Séduit par l'honorabilité de cet homme à projet, par les diplômes qui semblent garantir sa compétence, on prend une pàrticipation de 50 000 ou 100 000 francs dans l'entreprise. Le plus souvent, c'est un engrenage. Le capital primitivement prévu apparaît comme insuffisant; on double sa mise ou on la triple, parfois on la décuple.

Il n'est, sans doute, pas impossible qu'une affaire ainsi constituée par des participations de particuliers, qu'ont groupés des relations communes, réussisse; mais c'est un cas exceptionnel. Le plus souvent elle sombre plus ou moins rapidement. Il est si difficile de combiner tous les éléments d'une entreprise et de s'assurer toutes les conditions de succès !

Les rentiers prévoyants doivent éviter de se lancer dans des participations de cette nature ; s'ils le font, ce ne doit être qu'à bon escient, en se rendant compte qu'ils courent les plus gros risques. Il est possible, parfois, qu'un homme riche soit amené, par situation sociale, à risquer quelque mise modeste dans des affaires de ce genre; c'est alors une sorte de sacrifice qu'il fait à sa position dans le monde ou à sa position locale, mais il ne doit pas considérer de l'argent ainsi engagé comme un placement.

On dira qu'en écartant les rentiers de toute participation directe à des entreprises industrielles, commerciales, agricoles, coloniales, constituées en dehors des maisons de banque et de l'appel au gros public, on étouffe l'esprit d'entreprise et l'on empêche de naître nombre d'affaires à un capital modéré, qui seraient intéressantes.

L'objection n'a pas de portée; il ne s'agit pas d'empêcher de naître les affaires de cette nature,

mais simplement de les laisser aux spécialistes qui
ont seuls qualité pour s'en occuper. Les capitalistes
très opulents et très attentifs, qui font de la conduite de leur fortune la préoccupation principale de
leur existence, qui ont d'ailleurs, pour tel genre
d'affaires, des notions techniques, une préparation,
une expérience, peuvent prendre des participations
de la nature dont il s'agit : cela comporte toujours,
même pour ces hommes relativement compétents,
quelques aléas; mais ceux-ci sont beaucoup plus
réduits pour eux que pour le gros public ignorant
et étourdi. Ils suivent et surveillent ces affaires et
peuvent davantage en éliminer les périls ou les
arrêter et les liquider à temps. Comme, en outre, ils
fractionnent leurs placements de cette nature, si l'un
tourne mal, ils ont une compensation dans d'autres
qui tournent bien.

Toute différente est la situation d'un rentier qui
se laisse entraîner par le bagout d'un ingénieur ou
d'un entrepreneur de ses amis à prendre une participation dans une affaire dont il ignore absolument
les conditions, et qu'il ne peut aucunement suivre ni
surveiller. Innombrables sont les ruines qu'a cau-
sées, dans les familles de rentiers paisibles, la participation imprudente à une entreprise de mine ou
à la création d'une usine pour l'exploitation d'un
brevet par de petits groupes de particuliers réunis à
cet effet autour d'un ami commun.

D'autres ruines, nombreuses aussi, se sont produites par l'excès de confiance en une personne
réputée honnête et supposée avoir une aptitude
financière ou industrielle. De très dignes gens, em-
barrassés de gérer leur fortune, en remettent le

maniement total ou partiel, moyennant la promesse d'un intérêt de 4 ou 5 %, à quelque parent ou ami, associé ou employé d'agent de change ou de maison de crédit, ou occupant une situation quelconque qui leur semble révéler une compétence.

Le plus souvent les capitaux ainsi confiés sont perdus : l'homme crédule apprend, un triste jour, que son avoir s'est évaporé dans les mains malhabiles ou imprudentes auxquelles il l'avait remis. Il n'est pas besoin de supposer d'indélicatesse pour que cette perte se produise. Très rares sont les gens qui ont la tête assez forte pour n'être pas grisés par la disposition des capitaux appartenant à autrui : leur goût d'aventure, sinon de jeu, s'en trouve développé. Ensuite l'homme, même naturellement honnête, quand il se voit acculé à des difficultés inextricables, perd souvent de sa probité native, devient sournois, dissimulé et indélicat.

Nous pourrions citer tel haut magistrat, tel grand artiste, tel médecin en renom, qui ont perdu, par une confiance de ce genre, tous les fruits d'une laborieuse et brillante carrière.

C'est un principe sans exception qu'il ne faut confier à personne le maniement et la disposition de sa fortune. Il faut la gérer soi-même : cela comporte quelque souci et quelque application ; mais c'est bien le moins qu'on ait cette charge quand on jouit du bonheur de posséder la richesse ou l'aisance.

Nous avons étudié les modes principalement anciens de placement : terres, maisons, terrains, prêts hypothécaires, prêts entre particuliers, participation directe à des entreprises industrielles, commerciales, agricoles, coloniales, constituées par de petits groupes le rentiers ou de capitalistes réunis autour d'un ami commun.

Ces modes principalement anciens de placement ne conviennent plus actuellement qu'à des capitalistes spécialistes, ayant des aptitudes particulières, mettant de l'application à suivre et à contrôler ce genre d'emploi de leur avoir.

Le gros public des rentiers, gens riches ou simplement aisés, soit hommes de loisirs dont les moments sont pris par les distractions mondaines ou par des goûts individuels, soit hommes professionnels dont le temps est accaparé par des occupations spéciales, doit aujourd'hui se porter sur d'autres genres de placements, demandant moins de notions techniques et exigeant moins d'application.

C'est l'étude de ces placements, pour la plupart nouveaux, et de la méthode à suivre pour les effectuer, qui va absorber la plus grande partie de cet ouvrage. Il était indispensable, néanmoins, de commencer par traiter brièvement des placements anciens qui continuent à exercer une séduction, non seulement sur les spécialistes, lesquels peuvent y trouver avantage, mais sur d'autres personnes y ayant moins d'aptitude.

LIVRE II

LES PLACEMENTS MODERNES

------ ⁕ ------

CHAPITRE PREMIER

Généralités sur les valeurs mobilières.

Elles constituent les placements essentiellement modernes. — Les sept avantages notables qu'elles présentent par rapport aux autres placements. — Un possesseur de bonnes valeurs mobilières peut connaître exactement sa fortune ; un possesseur de biens-fonds ou un homme intéressé dans des entreprises privées ne peut connaître la sienne qu'approximativement. — Renversement, vers la fin du XIXᵉ siècle, de l'ordre de capitalisation des biens-fonds et des bonnes valeurs mobilières. — Difficulté du choix entre les 5 ou 6 000 valeurs mobilières diverses qui sollicitent les capitalistes. — L'inconvénient des valeurs mobilières : elles comportent plus d'entraînements que les placements en biens-fonds, et les erreurs, en ce qui les concerne, sont plus graves. — Utilité générale de placer immédiatement ses fonds disponibles et ses économies, sans attendre de prétendues occasions. — Distinction entre le capitaliste et le rentier.

Les placements essentiellement modernes sont ceux qui s'effectuent en valeurs mobilières.

Les avantages de ces titres sont considérables.

En *premier lieu,* ils consistent en coupures de

moyenne et parfois de petite importance : on y peut placer aisément non seulement 1 000 ou 1 500 fr., mais 4 ou 500 francs et même 100 ou 150 francs.

Ces titres correspondent donc à toutes les diver-sités de fortune. On y peut employer ses écono-mies au fur et à mesure qu'elles se forment, sans attendre.

En *second lieu,* la plupart de ces titres sont cotés dans des marchés appelés bourses, dont le principal chez nous est la Bourse de Paris.

Les valeurs les plus importantes, les plus no-toires, y sont l'objet de cotes quotidiennes, repro-duites immédiatement par la plupart des journaux : le capitaliste ou le rentier, même le plus petit, peut ainsi suivre les fluctuations de sa fortune et les sur-veiller. Il est averti, par les modifications des cours, de l'opinion où le public capitaliste tient les valeurs auxquelles il est intéressé.

En *troisième lieu,* grâce à ces cotes quotidiennes ou fréquentes en bourse, le capitaliste ou rentier peut, à chaque instant, quand il en éprouve le besoin ou le désir, négocier ses titres à des cours qui n'ont rien de mystérieux ni, pour les valeurs principales du moins, d'incertain. Il ne peut guère être trompé, pour ces valeurs principales du moins, par des intermédiaires. Si les fluctuations de ces valeurs sont fréquentes, du moins *dans une brève période et en temps normal,* toujours pour les valeurs principales ces fluctuations n'ont pas une grande amplitude.

En *quatrième lieu,* les frais d'achat ou de réali-sation des titres en bourse sont très modiques, 1 franc pour 1 000 francs en général, **grossi de** quelques frais accessoires de timbre, qui deviennent tout à fait insignifiants dès que l'opération de vente ou d'achat porte sur plusieurs milliers de francs, et ne sont même pas bien lourds pour les petites sommes.

En *cinquième lieu*, les revenus des valeurs mobilières, toujours des principales du moins, sont payés à des époques régulières, en des guichets nombreux; les banquiers ou succursales des sociétés de crédit se chargent de les payer sur tous les points du territoire.

En *sixième lieu*, le propriétaire peut détenir ces titres chez lui, ayant tout son avoir dans son coffre-fort, à l'abri des regards indiscrets. S'il juge qu'il encourt ainsi des risques de vol ou d'incendie, il lui est aisé, si sa fortune a quelque importance, de louer, pour une somme minime, un coffre-fort dans un grand établissement de crédit, ce qui réduit presque à néant les risques d'incendie ou de vol.

Ou bien encore il peut remettre ces titres, en en indiquant la nature et le nombre, à un établissement de crédit qui, moyennant une petite commission, 10 centimes en général par titre et par semestre, en devient responsable, pourvoit, en outre, à l'encaissement des revenus et veille au remboursement quand il s'en fait par tirages périodiques ou par tout autre mode.

Ou enfin, le propriétaire de ces valeurs peut, moyennant 0 fr. 50 par 100 francs de la valeur cotée en bourse, faire mettre ces titres à son nom, les rendre nominatifs, comme on dit, ce qui le garantit du risque de perte, de vol et d'incendie.

En *septième lieu*, les valeurs mobilières, du moins

toujours les principales, sont en général acceptées en dot par les gendres ou par les familles des belles-filles, à l'égal de l'argent comptant. De même, dans une succession, les héritiers, quand ils n'ont pas besoin d'espèces, se les partagent en nature sans les réaliser.

Ces sept avantages donnent aux valeurs mobilières un attrait particulier et en font les placements les plus modernes et les plus généraux dans le monde contemporain.

Les bonnes valeurs mobilières réduisent au minimum, car on ne peut les supprimer complètement, les peines et les soucis des gens ayant de la fortune et des épargnants.

Un propriétaire de bonnes valeurs mobilières connaît sa fortune; il peut, comme le font quelques individus qui portent la surveillance de leur avoir jusqu'à la manie, en faire le compte chaque soir.

Un propriétaire de terres ou de maisons, au contraire, ne sait jamais exactement ce qu'il a, et, dans la plupart des cas, sa fortune réelle est de 10 à 20 $\%$ au-dessous des chiffres auxquels il l'évalue.

S'il veut la réaliser en tout ou en partie, il doit le plus souvent chercher preneur non seulement pendant quelques semaines, mais pendant quelques mois, parfois pendant des années.

Quand il a enfin trouvé preneur, le propriétaire de terres ou de maisons est obligé de subir, sans récupération possible, des frais de transfert énormes, allant jusqu'à 10 $\%$ de la valeur et quelquefois dépassant ce quantum. C'est bien l'acheteur qui, dans la pratique, paye ces frais; mais la valeur de la terre ou de la maison s'en trouve diminuée.

Une terre ou une maison ne se peut aisément morceler; si le propriétaire a besoin de se faire de l'argent, à concurrence d'un dixième ou d'un cinquième de la valeur de l'immeuble, il est obligé de vendre l'immeuble entier, ou bien il le faut hypothéquer, ce qui constitue une sorte de tare plus ou moins publique.

Les candidats gendres ou les familles des futures brus se méfient des immeubles comme apports dotaux, et, sauf dans des familles de propriétaires cultivateurs ou dans des catégories spéciales de capitalistes, le spectre d'immeubles constituant la dot met en fuite les épouseuses et les épouseurs.

Dans les successions, les terres et les maisons, étant beaucoup moins divisibles que les valeurs mobilières, ne peuvent pas toujours être conservées et obligent souvent à des liquidations coûteuses.

On conçoit donc la préférence donnée par les générations nouvelles aux placements en valeurs mobilières.

Les avantages que nous avons relatés s'appliquent surtout aux valeurs mobilières principales, aux plus connues, aux mieux assises, aux mieux gagées, à celles qui composent une fraction de créance ou de propriété d'un ensemble très important et très apprécié du public.

Naturellement, toutes les valeurs mobilières ne sont pas dans ce cas : il en est de moindre qualité; d'autres qui, sans être peut-être de moindre qualité, sont, par des circonstances diverses, moins connues du grand public et donnent lieu à des transactions moins fréquentes.

Ces catégories de valeurs mobilières, autres que les principales et les plus habituelles, possèdent, à un degré moindre, les sept avantages que nous avons indiqués plus haut. Cela ne veut pas dire qu'on doive systématiquement les dédaigner ou les écarter ; il est possible, en effet, qu'elles aient des avantages spéciaux, compensant largement certaines infériorités. Mais elles conviennent moins à l'ensemble du public. On ne peut les rechercher que dans certaines conditions d'aisance et de compétence.

Quant aux valeurs mobilières principales, leur supériorité sur les autres placements, en ce qui concerne la grande masse des capitalistes et des épargnants, est telle qu'on a modifié, en leur faveur, toutes les conditions de capitalisation antérieure.

Dans la première moitié et même dans les trois premiers quartiers du XIXe siècle, on demandait aux terres un moindre revenu qu'aux valeurs mobilières, même de premier ordre, c'est-à-dire qu'on achetait le même revenu notablement plus cher en terres qu'en fonds publics de premier ordre ou en bonnes obligations ; pour un placement de 100 000 francs, on se contentait d'un revenu net de 3 à 3 $^1/_4$ $^0/_0$, c'est-à-dire de 3 000 à 3 250 francs en terres, tandis qu'on exigeait un revenu de 3 $^1/_2$ à 4 $^0/_0$ en titres de premier ordre, soit, pour les 100 000 francs susdits, un revenu de 3 500 à 4 000 francs.

Aujourd'hui on a précisément renversé ces proportions : on exige des terres un revenu de

3 $\frac{1}{2}$ à 4 $^0/_0$ nets, et l'on se contente pour les titres de tout premier ordre d'un revenu de 3 à 3 $\frac{1}{2}$ $^0/_0$.

La partie de la fortune de la France, et encore plus de l'Angleterre, des États-Unis, de la Belgique ou de l'Allemagne, constituée en valeurs mobilières, forme ou tend à former le principal bloc de la fortune de ces pays.

On peut estimer à 70 ou 75 milliards de francs, tout au plus, depuis la crise agricole qui a sévi à partir de 1880, l'ensemble de la valeur des terres de France qu'on évaluait antérieurement à une centaine de milliards : il y a bien eu une chute d'au moins 25 $^0/_0$, sinon de 30 $^0/_0$, de la valeur du sol.

Les constructions de toute nature, maisons d'habitation, usines, ateliers, autres que les bâtiments faisant partie des fermes et déjà compris dans l'évaluation ci-dessus de la propriété rurale, ne peuvent être estimées à plus de 40 ou 45 milliards au grand maximum.

Les valeurs mobilières de toute nature, possédées par des Français, ne sont pas évaluées à moins de 100 ou 110 milliards. Il faut ajouter que, en beaucoup de cas, les valeurs mobilières sont des titres représentatifs d'immeubles ou de droits fonciers, ce qui est le cas, par exemple, pour les actions et obligations des sociétés immobilières, pour les actions et obligations des sociétés hypothécaires, pour les actions et obligations des sociétés de voies ferrées, métallurgiques, minières, industrielles ou autres, qui détiennent nombre d'immeubles, notamment de constructions, pour les sociétés d'assurances aussi et bien d'autres compagnies qui sont dans le même cas[1].

Il ne faudrait donc pas additionner les chiffres de la propriété rurale, ceux des constructions de toute nature et ceux des valeurs mobilières; il y aurait là des doubles et parfois des triples ou quadruples emplois.

Quoi qu'il en soit, le chiffre total de la fortune mobilière en France, soit plus de 100 milliards de francs, excède le chiffre de la valeur des terres, qui est d'environ 70 milliards, ainsi que celui de la valeur des constructions, qui monte à 40 ou 45 milliards : il atteint même presque et il dépassera bientôt ces deux chiffres réunis.

Si l'on considère que les 100 milliards de valeurs mobilières existant en France sont, pour la plupart, morcelés en titres d'une importance moyenne de 500 francs, descendant fréquemment jusqu'à 100 ou 200 francs et exceptionnellement jusqu'à quelques dizaines de francs, que tous ces titres sont très mobiles, l'objet de mutations incessantes par suite des modifications qui surviennent à chaque instant dans les besoins, les situations ou les goûts des milliers de personnes qui les détiennent, on comprendra quelle immense quantité de placements les valeurs mobilières offrent au public.

On calcule qu'environ 3 000 titres différents sont cotés à la Bourse de Paris ou en banque à Paris, c'est-à-dire, dans ce dernier cas, sur le marché qui

[1] C'est ainsi que le plus bel immeuble privé de Paris, celui qui a le plus de valeur, le siège central du Crédit Lyonnais, du boulevard des Italiens à la rue du Quatre-Septembre, appartient à une maison de banque et fait partie de l'avoir d'une société mobilière.

se tient en dehors des agents de change; on peut y joindre 2 ou 3000 titres cotés seulement aux bourses étrangères, mais qui ont une notoriété suffisante et assez d'attrait pour intéresser certaines catégories de capitalistes français.

Voilà, au bas mot, 5000 titres divers qui se disputent l'attention du public. Celui-ci aurait tort de se préoccuper de tous; mais un grand nombre le sollicitent par des circulaires, par des réclames, quelquefois par des démarches personnelles.

Le grand embarras, en fait de valeurs mobilières, c'est le choix. Le choix, c'est-à-dire le placement, c'est l'affaire la plus délicate.

Le principal inconvénient des valeurs mobilières consiste en ce qu'une erreur grossière dans le choix ou le placement peut amener la ruine presque totale, parfois même la ruine totale. Le danger est moindre avec les terres ou les maisons; une erreur grossière dans l'achat d'immeubles entraîne rarement une perte de plus de moitié.

Le risque, en cas d'erreur grossière, de perte presque totale ou totale est le principal inconvénient à mettre en regard des sept avantages que nous avons énumérés plus haut.

Un autre inconvénient, c'est que les valeurs mobilières comportent plus d'entraînements : la facilité de les réaliser par fractions ou d'emprunter sur elles clandestinement donne plus de tentations aux personnes qui n'ont pas beaucoup d'énergie et qui ne se sont pas habituées à des économies régulières : il est plus facile, avec ces valeurs, d'écorner peu à peu son bien et de se réveiller, un triste jour, avec une fortune très atténuée.

Ces inconvénients sont faciles à éviter; il faut, toutefois, quelque prévoyance, quelque fermeté, quelque vigilance.

Le plus grand nombre des rentiers et des capitalistes demandent qu'on leur indique une méthode pour s'enrichir rapidement et sûrement : la plupart auraient déjà un grand intérêt à ce que l'on leur en enseignât une, pour ne pas dissiper inconsciemment leur avoir.

Les principales valeurs mobilières comportent peu de risques. Les capitalistes ou rentiers, dès qu'ils ont des épargnes, montant, suivant leur situation, à quelques centaines et surtout à quelques milliers de francs, doivent les employer, sans attendre de prétendues occasions.

L'argent est aussi en sécurité, dans la généralité des cas, converti en bonnes valeurs qu'immobile dans un secrétaire ou un coffre-fort. Il est, d'ailleurs, des placements temporaires divers, donnant quelque rémunération et aisément réalisables pour ceux qui prévoient avoir prochainement besoin, au bout de quelques mois ou d'un an ou deux, des sommes qu'ils détiennent.

Le placement presque immédiat des économies ou des sommes disponibles excédant les besoins présents ou tout prochains est la règle la plus sage.

Nombre de personnes, à caractère incertain, défiant ou exigeant, hésitent à placer les sommes qu'elles ont en main, prétendant qu'il se présentera ultérieurement des occasions meilleures; c'est là une faute qui les induit presque toujours en perte.

J'ai connu, au lendemain de la guerre de 1870-1871, alors que l'on pouvait avoir du 5 % français à 80 ou 85 francs, du 3 °/₀ français à 65 ou 70 francs et les autres valeurs à des cours proportionnels, des gens, se croyant prudents, qui voulaient « voir venir » et se réservaient, avec des liasses de billets de banque ou de grosses sommes d'or en caisse dans leur secrétaire : la plupart ont perdu, en absence d'intérêts ou en manque à gagner sur le capital, la moitié des sommes ainsi retenues.

Même dans les temps calmes, il y a presque toujours avantage à placer les fonds disponibles sans retard.

Nous userons souvent, dans cet ouvrage, des mots *rentier* et *capitaliste*. Ils se réfèrent l'un et l'autre aux personnes qui ont une fortune mobilière : le mot rentier s'applique, en général, à une situation plus modeste et de moindre envergure, surtout à des habitudes plus passives et plus paisibles; le mot capitaliste désigne des personnes qui non seulement ont une plus grande masse de valeurs mobilières, mais qui surtout s'en occupent davantage, y consacrent plus de temps, ont plus de connaissances techniques et se préoccupent de faire valoir leur capital, de l'accroître, en y donnant leurs soins, en variant assez fréquemment leurs placements et en faisant de ce souci presque une profession.

L'état de capitaliste peut devenir une profession réelle : elle exige alors de l'étude, de l'assiduité, beaucoup d'esprit d'observation, une grande domination sur soi-même pour résister aux entraînements qui sont nombreux, pour se préserver des illusions périlleuses. Le capitaliste, s'il a le désir de s'enrichir, ne doit jamais bannir de ses pensées la crainte salutaire de perdre, l'idée qu'il peut se tromper ou qu'on peut le tromper; une grande prudence s'impose à lui, une prudence de tous les instants.

Le simple rentier, lui aussi, quoique modifiant plus rarement ses placements et cherchant moins le gain, ne peut toujours se passer d'observation et de réflexion sur ces valeurs mobilières dont dépend son existence et celle des siens.

CHAPITRE II

Les différentes catégories de valeurs mobilières.

Les fonds publics, nationaux ou locaux. — Les obligations de différentes natures. — Les actions de sociétés : actions de capital et actions de jouissance; parts d'intérêt. — Les parts de fondateurs ou parts bénéficiaires. — Caractères et droits de ces diverses natures de titres. — Leurs avantages et inconvénients respectifs. — Toutes les natures de titres ne conviennent pas à toutes les situations de capitalistes ou de rentiers. — Les capitalistes spécialistes.

On a vu que les placements essentiellement modernes sont ceux qui s'effectuent en valeurs mobilières.

Celles-ci sont de catégories très diverses :

1o Fonds publics, nationaux ou locaux (provinciaux et municipaux);

2o Obligations d'entreprises garanties par l'État; obligations d'entreprises non garanties par l'État, mais ayant une concession des pouvoirs publics; obligations de sociétés exerçant une industrie ou un commerce sans concession, ni privilège;

3o Actions (de capital ou de jouissance) de ces mêmes diverses catégories de sociétés, soit ayant une garantie de l'État, soit jouissant d'une concession des pouvoirs publics sans garantie, soit exerçant à leurs risques et périls une industrie ou un commerce quelconque sous le régime de la libre concurrence ;

4o Parts de fondateur ou parts bénéficiaires.

Ces quatre catégories principales, ces quatre types de valeurs mobilières répondent à des besoins différents et aussi à différentes situations.

Les fonds publics et les obligations sont en général des placements à revenu fixe, non susceptibles d'accroissement, sauf le bénéfice qui peut leur échoir parfois du chef de remboursement au-dessus du cours coté ou du cours d'achat, quand ces remboursements s'effectuent par tirages au sort, comme c'est le cas pour un assez grand nombre de titres.

Les fonds publics et les obligations qui n'ont ainsi, sauf le cas précédent, aucune chance d'augmentation de revenu, sont exposés, au contraire, à des diminutions occasionnelles de revenu du chef des conversions ; ces opérations, en temps très prospère et sauf suspension stipulée, pour un certain temps, de la faculté de remboursement, consistent dans la mise en demeure pour le porteur de titres d'accepter une réduction d'intérêts ou d'être remboursé de son capital.

Les fonds publics et les obligations ont donc ce double inconvénient : d'une part, de comporter un revenu fixe maximum ; d'autre part, d'être exposés à une réduction d'intérêts ou au remboursement quand la prospérité du pays débiteur ou des sociétés débitrices se développe.

Le remboursement ne peut être imposé qu'au pair,

c'est-à-dire à un taux connu d'avance et qui correspond à la capitalisation naturelle du taux de l'intérêt stipulé[1] : les fonds publics 3, 3 $\frac{1}{2}$, 4, 5 $^0/_0$ sont tous remboursables à 100 francs, s'ils ont été constitués en titres rapportant 3, 4 et 5 francs, ou à 500 francs, s'ils ont été constitués en titres rapportant cinq fois ces sommes, c'est-à-dire 15, 17,50, 20 ou 25 francs.

En général, le pair du titre est un peu supérieur au cours où les titres ont été émis par l'État emprunteur ou les sociétés emprunteuses. En général aussi, les États et les sociétés qui empruntent stipulent un certain délai pendant lequel ils renoncent à la faculté d'imposer le remboursement; ce délai varie, d'ordinaire, entre huit et quinze ans.

Comme compensation à l'inconvénient d'avoir un revenu qui ne peut augmenter et qui est susceptible de réduction par des conversions, les fonds publics et les obligations sont les titres les plus sûrs, toutes autres circonstances étant égales. Ils constituent, en effet, quant aux fonds publics, une dette de la nation que celle-ci, pour peu qu'elle ait le sentiment de l'honneur et le désir d'assurer son crédit, doit tenir à payer exactement en intérêts et en capital, quand le remboursement du capital a été stipulé. Quant aux obligations des entreprises diverses, elles ont un privilège sur les bénéfices et sur l'actif des sociétés qui les ont émises. Elles viennent avant les actions, et celles-ci ne doivent rien toucher en intérêt

---

[1] En Angleterre et aux États-Unis, parfois les sociétés stipulent que leur titre serait remboursable un peu au-dessus du pair, par exemple à 104 ou 105 $^0/_0$; mais cela ne se fait guère en France.

ou en capital avant que les obligations n'aient été satisfaites[1].

Les actions sont des fractions de propriété de l'avoir des sociétés. Elles ont droit aux bénéfices quand le service des obligations est effectué. Comme la prospérité des différentes sociétés est très variable, il arrive que des actions ne reçoivent aucun dividende, tandis que d'autres en reçoivent de très considérables, quelquefois d'énormes. On trouve entre les sociétés les mêmes inégalités en degré de prospérité ou de gêne qu'entre des négociants ou des industriels individuels. De là ces écarts colossaux dans la rémunération annuelle des actions diverses, certaines n'en recevant aucune et quelques-unes en recevant une qui parfois, très exceptionnellement, atteint ou dépasse même la valeur du capital.

Les actions, toutes autres circonstances restant égales, sont donc beaucoup plus aléatoires que les fonds publics et les obligations, ce qui ne veut pas dire qu'une action d'une société bien assise et prospère ne soit pas beaucoup plus sûre que les fonds

---

[1] Il peut bien arriver, comme pour nos compagnies de chemins de fer, que l'on rembourse des actions par tirages au sort, alors que les obligations ne sont pas toutes remboursées; mais cela ne doit se faire que quand on juge qu'il est absolument certain que le remboursement de toutes les obligations pourra s'effectuer dans les conditions stipulées lors de leur émission.

Quand des actions ont été remboursées, par exemple par tirages au sort, au cours de la durée d'une société, on délivre, outre le remboursement en espèces, des actions de jouissance qui ont droit, non à l'intérêt, mais aux bénéfices distribués dépassant l'intérêt et au partage ultérieur, en liquidation de la société, de l'actif dépassant le capital des actions.

Ces actions de jouissance confèrent aussi le droit à prendre part aux assemblées générales d'actionnaires et à y voter, tout comme les actions ordinaires, dites actions de capital; elles ne peuvent pas, toutefois, constituer le cautionnement des administrateurs.

publics d'un État en détresse ou que les obligations d'une société malchanceuse ou mal conduite.

Parfois, dans les sociétés civiles, comme celles de certains charbonnages du Nord, les fractions de la propriété de l'entreprise sont dénommées *parts d'inté-rêt;* mais ce sont, en réalité, des actions ou elles n'en diffèrent qu'en ce qu'on n'a pas stipulé le montant du capital auquel elles répondent ni de taux de remboursement, et qu'elles représentent seulement un quantum déterminé, un millième, un dix millième, un cent millième de l'actif de l'entreprise, actif qui n'est pas évalué et formulé en monnaie.

Tout autres que les actions ou que les parts d'intérêt sont les *parts de fondateur* ou *parts bénéficiaires.* Ces titres, autrefois assez rares et aujourd'hui beaucoup plus fréquents, représentent des avantages, sans aucun versement de capital et sans aucun droit à un remboursement, qui ont été consentis aux fondateurs ou aux premiers collaborateurs d'une entreprise. Ces *parts de fondateur* ou *parts bénéficiaires,* qui ne doivent pas être confondues avec les *parts d'intérêt,* dont il vient d'être question, ne donnent précisément droit à aucun intérêt; elles confèrent seulement un droit à un certain quantum des bénéfices au delà de l'intérêt servi aux actions. Quand les *actions de Suez,* par exemple, ou les actions des *Phosphates de Gafsa* ont reçu un intérêt de 5 $^0/_0$ le surcroît des bénéfices est divisé entre les actions et les *parts de fondateur* ou *parts bénéficiaires*[1]; de

---

[1] Parfois, et c'est le cas pour ces deux sociétés, il est alloué aussi, dans les bénéfices dépassant l'intérêt des actions, une part déterminée aux administrateurs ou à d'autres personnes spécifiées.

même, pour la *Compagnie Edison*, avec cette différence que les actions de celles-ci ont droit à un intérêt de 30 francs avant tout partage avec les *parts;* de même pour quantité d'autres sociétés.

Les parts de fondateur ou parts bénéficiaires ont droit, dans la proportion déterminée aux statuts, non seulement aux bénéfices qui seront mis en distribution au delà de l'intérêt du capital des actions, mais encore, dans le cas de liquidation de la société par anticipation ou lors de l'expiration statutaire, à la répartition de l'actif excédant le capital des actions.

Les parts de fondateur ont, en général, à ce point de vue, dans la proportion toujours fixée par les statuts, des droits analogues à ceux des actions de jouissance. Mais, à la différence de celles-ci, elles ne peuvent participer aux assemblées générales et sont dépourvues de tout droit de vote. Elles n'interviennent pas dans la détermination des bénéfices mis en distribution; elles recueillent seulement ce qui leur revient dans les bénéfices distribués en vertu des votes des assemblées des seuls actionnaires.

A ce point de vue, elles sont inférieures aux actions de jouissance.

Les parts de fondateur et les actions de jouissance représentent la catégorie la plus aléatoire, mais aussi la plus élastique, des valeurs mobilières, la plus séduisante pour les gens audacieux; elles ont parfois procuré de gros gains.

Elles conviennent plus aux riches capitalistes, observateurs attentifs, ayant de l'esprit d'entreprise, ne dépensant pas tous leurs revenus et pouvant encourir des risques, qu'aux rentiers paisibles, qui ne peuvent supporter, pour une partie de leur porte-feuille, de longues années sans revenu, ni affronter des chances de perte.

Une maxime qu'il faut bien se graver en tête, c'est que tous les titres mobiliers, nous entendons parler de ceux qui sont bons ou tout au moins inté-ressants, ne conviennent pas à tout le monde.

Certains hommes, par l'ampleur de leurs ressources alliée à une relative modestie de vie, qui permet des économies régulières et importantes, par leur esprit d'observation et le temps qu'ils consacrent à l'étude des phénomènes financiers, par leurs con-naissances techniques aussi, peuvent avoir, plus que la généralité des rentiers, de l'esprit d'entreprise, même un peu d'esprit d'aventure.

Leurs erreurs, s'ils en commettent, sont compen-sées en premier lieu par des succès dans les pla-cements nombreux qu'ils font; en second lieu, et surtout, par des économies.

Il existe, d'autre part, des capitalistes spécia-listes, qui sont familiers avec telle catégorie d'en-treprises, celles des mines par exemple, ou de la métallurgie ou de l'électricité, ou toute autre catégorie; ils peuvent réussir là où le gros public perdrait.

C'est une erreur de la part de la généralité des ren-tiers, c'est-à-dire des hommes sans préparation, sans connaissances spéciales, à l'étroit dans leurs revenus et ne pouvant, sans compromettre leur si-tuation, encourir des risques assez sérieux, de croire qu'ils peuvent faire toute la variété de placements convenant aux capitalistes à la fois très avisés, très compétents et très renseignés.

5

Une grande partie des 4 ou 5 000 valeurs mobilières existantes doivent être laissées à ceux-ci ou à des spécialistes ; c'est le cas, certainement, de plus de la moitié.

CHAPITRE III

Les valeurs fondamentales.
Les valeurs accessoires ou d'appoint.
Les valeurs spéculatives.
Les valeurs réservées aux spécialistes.

Les valeurs fondamentales offrent le maximum de sécurité quant au revenu, de stabilité quant au capital. — On les appelle aussi parfois valeurs de père de famille. — Elles doivent constituer la base principale des placements du rentier paisible. — Ces qualités : maximum de sécurité et maximum de stabilité, ne sont que relatives. — Ces valeurs doivent posséder une autre qualité : la facilité de négociation sans fluctuations sensibles, du moins dans les temps normaux.

Nomenclature des principales valeurs fondamentales à l'heure actuelle.

Les inconvénients de ces valeurs : faiblesse du revenu; absence de chances de plus-value; risques de conversion. — La proportion que l'on doit avoir de ces valeurs dépend de la situation des diverses classes de capitalistes.

Les valeurs accessoires ou d'appoint. — Ces valeurs, tout en présentant quelques aléas, constituent une catégorie très vaste et intéressante. — Exemples de ces valeurs d'appoint. — Part qu'on peut leur faire.

Les valeurs proprement spéculatives. — Elles ne peuvent convenir qu'aux capitalistes qui font de grosses économies et qui ont quelque compétence. — La période spéculative n'est parfois qu'une des étapes de la vie d'une entreprise.

Valeurs à réserver aux spécialistes.

Nous avons classé, dans le chapitre précédent, les valeurs mobilières **suivant** leur nature légale et leurs droits. Il faut procéder maintenant à un autre classement, suivant leur bonté et leur attrait.

La classification ne peut se faire simplement, à ce point de vue, par des distinctions sommaires, en valeurs bonnes, valeurs médiocres ou douteuses, valeurs mauvaises. Ce classement enfantin serait d'abord très difficile à établir, et ensuite ne répondrait pas aux besoins des diverses classes de capitalistes ou rentiers.

Telle valeur, qui est ou du moins que l'on peut juger, dans les conditions actuelles, excellente en soi, comme telle action d'une grande ancienne société d'assurance ou d'un important charbonnage, peut ne pas convenir à la grande masse des rentiers, laquelle a besoin de valeurs d'un capital moyen ou modique, facilement réalisables et exemptes des grandes fluctuations en revenu ou en capital coté que comportent, par exemple, les actions de charbonnages.

La classification la plus naturelle au point de vue du placement, celle qui offre les indications les plus utiles aux capitalistes et aux rentiers, est la classification suivante : 1º *valeurs fondamentales;* 2º *valeurs accessoires ou d'appoint;* 3º *valeurs de spéculation.*

Les *valeurs fondamentales* sont celles que l'on appelle encore souvent *valeurs de père de famille,* entendant, par ce mot, d'abord qu'elles offrent le plus haut degré de sécurité, et en second lieu le plus haut degré de stabilité; c'est-à-dire que le revenu en est peu susceptible de baisser ou d'être irrégulièrement servi, et que la valeur en capital réalisable, à savoir les cours en bourse, n'en subit que des fluctuations modérées.

Le père de famille, dont la prévoyance doit s'étendre non seulement sur la durée de sa vie, mais sur celle de ses enfants et petits-enfants, doit composer son portefeuille, particulièrement, sinon même exclusivement, de ces valeurs réunissant le plus haut degré de sécurité quant au revenu et le plus haut degré de stabilité quant au capital

A cette expression : valeurs de père de famille, nous préférons toutefois celle de *valeurs fondamentales ;* ce n'est pas seulement le père de famille qui doit voir au loin, c'est tout le monde. D'autre part, il serait excessif que la généralité des pères de famille, surtout parmi ceux qui ont d'amples fortunes et revenus et qui font des économies importantes et régulières, s'interdît tout autre placement qu'en valeurs offrant le maximum de sécurité et le maximum de stabilité. Cette rigueur pourrait être exagérée et avoir des inconvénients.

Au contraire, on peut parfaitement admettre que la masse des rentiers et des capitalistes doive faire de ces valeurs la base principale de ses placements.

Il faut remarquer, d'ailleurs, que ces qualités : le maximum de sécurité et le maximum de stabilité, sont des qualités, non pas absolues, mais relatives, susceptibles de subir des modifications et des altérations suivant les événements.

Les valeurs qui les possèdent ou paraissent les posséder à un moment déterminé sont surtout les fonds publics (d'État, de provinces ou de villes) de premier ordre et les obligations des grandes sociétés principales, ayant une base très solide, notamment des grandes compagnies florissantes de chemins de fer, ou des sociétés de crédit foncier privilégiées, ou de quelques autres grandes sociétés industrielles, investies d'une concession de service public pour un temps assez long.

Les obligations de ces diverses sociétés, quand elles ne sont pas garanties par l'État, doivent, pour entrer dans la catégorie des valeurs fondamentales, avoir comme supplément de gage pour leur service une marge assez importante, consistant dans des dividendes notables servis régulièrement et depuis longtemps aux actions de ces sociétés.

Outre les deux grands mérites de maximum de sécurité et de maximum de stabilité, ces valeurs fondamentales en joignent un autre qui est *la facilité de négociation, sans fluctuations sensibles, provoquées par l'offre ou la demande d'un certain nombre de titres.*

A vrai dire, les valeurs fondamentales, au sens complet du mot, sont seulement celles qui joignent cette facilité de négociation aux deux autres qualités sus-indiquées.

Les fonds publics britanniques et français ; dans une moindre mesure, à cause d'une moindre facilité de négociation, les fonds publics belges, suisses, hollandais, scandinaves, égyptiens ; les fonds coloniaux français garantis par la France, les obligations des grands chemins de fer français, celles des villes françaises, notamment de la ville de Paris, celles aussi du Crédit foncier de France, celles de la Compagnie dite des chemins de fer autrichiens (*Staatsbahn*); celles, mais avec un peu moins de facilité de négociation, des quatre ou cinq plus grandes compagnies de Chemins de fer des États-Unis, constituent à l'heure présente, pour les Français, les principales valeurs fondamentales.

L'inconvénient de ces valeurs est la modicité du revenu : 3 à 3,05 $\%$ en ce qui concerne les rentes françaises, 3 $^1/_3$ à 3 $^1/_2$ ou 3,60 pour les autres fonds publics ci-dessus énumérés, 3,15 à 3,20 pour les obligations de chemins de fer français mises au nominatif, 3,50 à 3,80, très exceptionnellement 4, pour les obligations des trois ou quatre plus grandes compagnies de chemins de fer des États-Unis.

Encore ces derniers titres ne sont-ils accessibles qu'à des capitalistes déjà importants et dégourdis.

Nous reviendrons sur toutes ces valeurs.

Le simple aperçu qui précède permet de se rendre compte que, en prenant un assortiment un peu varié de valeurs fondamentales, on ne peut obtenir qu'un intérêt moyen, non pas de 3 $\%$, comme on le dit avec exagération, mais de 3,20 à 3,30 $\%$.

Ces valeurs fondamentales ont quelques autres inconvénients : ainsi, elles ne sont pas susceptibles de plus-value, étant pour la plupart aux environs du pair ou au pair (prix de remboursement); elles sont, en outre, parfois susceptibles de conversions plus ou moins prochaines, ce qui peut en réduire le revenu déjà mince.

La proportion de valeurs fondamentales que doit contenir un portefeuille varie notablement suivant la situation de celui qui le possède. La masse des petits et des moyens rentiers, qui a peu de moyens d'information, peu de connaissances techniques et qui fait peu d'économies, qui, par conséquent, ne peut encourir aucun risque, fait bien de placer en valeurs fondamentales, sinon la totalité, du moins les quatre cinquièmes de son avoir.

Un certain nombre de commerçants et d'industriels agit de même pour les fonds qui ne sont pas absorbés dans leurs affaires. Ils désirent, en effet, avoir des valeurs qu'ils puissent déposer à la Banque de France et sur lesquelles celle-ci consent des avances à un taux d'intérêt très modique (généralement 3 $\frac{1}{2}$ %), s'il advient que temporairement ils aient besoin d'accroître leurs fonds de roulement.

Les catégories de capitalistes qui n'ont pas ce souci et qui, possédant d'amples fortunes, jouissant de gros revenus, faisant des économies régulières et notables, peuvent varier davantage leurs placements et affronter quelques aléas, n'agissent pas déraisonnablement en réduisant, au lieu des quatre cinquièmes, aux deux tiers ou à la moitié, parfois même, quoique plus exceptionnellement, au tiers, la proportion de valeurs fondamentales que contient leur portefeuille.

La seconde catégorie de valeurs est celle des *valeurs accessoires ou d'appoint.*

Nous nous sommes servi de ce mot pour la première fois il y a une quinzaine d'années, dans notre journal *l'Économiste français*, et depuis il a fait fortune.

Nous entendons par ce mot de *valeurs d'appoint* les valeurs qui, sans être de tout premier ordre sous le triple rapport de la sécurité, de la stabilité et de la facilité de négociation, sont néanmoins des valeurs assez recommandables, autant qu'on en peut juger, dont le revenu paraît convenablement établi et qui parfois semblent avoir certaines chances d'amélioration.

Ces titres, dont les aléas sont un peu moins restreints que ceux des valeurs fondamentales, sans être cependant très étendus, peuvent entrer dans les portefeuilles pour une part modique, chacune de ces valeurs d'appoint pour 4 ou 5 $\%$ par exemple du montant d'une fortune. C'est pour cette raison que nous les considérons comme un appoint, un accessoire, par opposition aux valeurs fondamentales.

La catégorie de ces valeurs d'appoint est des plus fournies; elle offre la plus grande variété, elle comprend peut-être la moitié des valeurs cotées en bourse.

Les principales valeurs d'appoint, au moment actuel, sont les fonds publics autres que ceux de tout à fait premier ordre : notamment les fonds autrichiens, russes, italiens, roumains, espagnols (l'Extérieure 4 $\%$), helléniques, mexicains, brésiliens, argentins, japonais, chinois, etc.

Valeurs d'appoint aussi sont les obligations des sociétés industrielles prospères et distribuant des dividendes aux actions; valeurs d'appoint, les obligations de la plupart des chemins de fer étrangers, autres que la compagnie des chemins de fer autrichiens et que les cinq ou six principales compagnies ferrées des États-Unis; valeurs d'appoint, les obligations de diverses sociétés foncières ou industrielles étrangères prospères; valeurs d'appoint même, les actions des grands chemins de fer français, dont il sera parlé plus loin, et que l'on ne peut plus considérer aujourd'hui, par diverses raisons, comme valeurs fondamentales.

L'ample catégorie des valeurs d'appoint contient certainement plusieurs milliers de titres. Ils rapportent net, en général, entre 3 $\frac{1}{2}$ et 4 $\%$; parfois, dans des circonstances anormales pour certaines de ces valeurs, 4 $\frac{1}{4}$ à 4 $\frac{1}{2}$ $\%$, comme les fonds russes à l'heure présente.

Le revenu moyen d'un portefeuille se trouve ainsi un peu relevé par l'acquisition de valeurs d'appoint; et pour peu que l'on pratique les règles essentielles de la division des placements qui seront exposées plus loin, que chacune d'elles ne représente pas plus de 4 ou 5 $\%$ de l'avoir total, les risques sont limités; ils se compensent mutuellement, en ce sens qu'à la détérioration éventuelle de l'une de ces valeurs d'appoint dans un portefeuille peut correspondre l'amélioration d'une autre.

L'expérience prouve que ces valeurs d'appoint, dans les dix, quinze ou vingt dernières années, offrent d'assez nombreux cas de développement en revenu et en capital (cours cotés).

Il y a donc de l'exagération, surtout pour les personnes qui sont un peu au large, à proscrire toutes ces valeurs d'appoint.

Quelle place doit-on faire à l'ensemble des titres de cette nature dans un portefeuille? Cela dépend de la situation du rentier ou du capitaliste. Les petits ou moyens rentiers, faisant peu d'économies, feront bien de ne pas dépasser 20 à 25 $\%$ dans l'acquisition de ces valeurs d'appoint, et de ne prendre parmi elles que celles dont le revenu paraît le mieux établi.

Les capitalistes très au large et qui font des économies régulières peuvent aller au tiers, parfois même à la moitié.

Un portefeuille uniquement composé de valeurs fondamentales variées ne peut guère rapporter plus de 3,20 à 3,25 $\%$ nets. Un portefeuille mixte, admettant, pour un tiers ou moitié, des valeurs d'appoint, peut rapporter sans risques sérieux 3 $\frac{1}{2}$ à 3 $\frac{3}{4}$.

Un autre avantage des valeurs d'appoint, notamment pour les fonds d'État de cette nature, et aussi pour les obligations, c'est que, à l'inverse des valeurs fondamentales, elle sont susceptibles de plus-value et elles ne se trouvent pas exposées, en général, à des conversions prochaines. Cela se comprend puisque, étant moins prisées et moins recherchées de la généralité des épargnants, elles sont, en général, cotées assez sensiblement au-dessous du pair. Or il arrive souvent que ces valeurs d'appoint, ainsi que l'on peut le voir par celles qui sont indiquées ci-dessus, prennent de l'essor, la situation des États et des entreprises qu'elles représentent s'améliorant, avec le temps, par une bonne administration ou par des circonstances diverses.

Il advient parfois, — et ce fut le cas dans les dix ou quinze dernières années, — qu'un portefeuille qui contient 50 $\%$ de valeurs fondamentales et 50 $\%$ de valeurs d'appoint, non seulement rapporte $\frac{1}{4}$ ou $\frac{1}{3}$ $\%$ de plus qu'un portefeuille uniquement composé de valeurs fondamentales, mais encore gagne une plus-value, de 10 ou 12 $\%$ environ par exemple dans les dix ou quinze dernières années, tandis que le portefeuille uniquement composé de valeurs fondamentales, dites de père de famille, reste stationnaire, si même il ne lui arrive pas de se tasser un peu.

Ainsi, les personnes qui sont au large, et surtout celles qui font des économies régulières et notables, agissent sagement en ne se contentant pas des valeurs fondamentales et en faisant une part de 25 à 50 $^0/_0$, dans leur portefeuille, aux valeurs d'appoint. Il s'agit seulement de les bien choisir et d'abord de les diversifier.

Vient ensuite la troisième catégorie de valeurs, *les valeurs de spéculation* ou valeurs spécialement aléatoires. Nous classons dans cette catégorie celles qui, soit à cause des conditions générales du pays auquel elles se rattachent, soit par les conditions mêmes de l'entreprise, comportent des aléas nombreux. Ces valeurs sont à éviter par les personnes qui sont à l'étroit dans leurs revenus. Elles ne peuvent convenir, et en quantités limitées, qu'aux capitalistes ou aux rentiers qui font relativement de grosses économies et qui surveillent de près leur portefeuille.

Un certain nombre d'emprunts d'État doivent être en général, actuellement, rangés parmi les titres de spéculation : les serbes, bulgares, ottomans, haïtiens, péruviens, etc. Certains de ces États sont assujettis, comme la Turquie, à des risques de guerre et de démembrement. D'autres n'ont pas encore des finances bien en ordre et une situation politique ou économique bien assise.

La plupart des valeurs industrielles doivent être considérées comme des titres en partie de spéculation, en ce sens que leur situation peut se trouver soudainement et profondément modifiée par divers événements impossibles à prévoir, des découvertes ou des applications industrielles suscitant aux entreprises établies sur des procédés anciens des concurrences contre lesquelles les premières peuvent difficilement lutter : c'est ce qui arriva aux *Omnibus* et aux *Voitures* de Paris dans la dernière période quinquennale.

On doit aussi ranger dans cette catégorie les différentes entreprises dont les résultats annuels dépendent de commandes très changeantes ou de prix très variables, de sorte que leurs dividendes ou revenus, et également leurs cours en bourse, subissent d'une année à l'autre des oscillations d'une assez grande amplitude.

Ce groupe des valeurs de spéculation ou particulièrement aléatoires, à revenu et à cours offrant de grands écarts suivant les circonstances économiques, est, en soi, très intéressant : outre la plupart des valeurs industrielles, il renferme un bon nombre des sociétés de crédit, surtout celles qui ne font pas seulement la banque, mais font, en général, des « affaires ».

Leurs dividendes et leurs cours ne suivent pas d'allure régulière : ils comportent des périodes d'ascension et des périodes de dépression. Une année le dividende sera de 60 francs; puis il descendra à 40, parfois à 35, sauf à revenir ultérieurement à 50 ou à 60 ou à s'élever à 70. Les administrations des sociétés bien conduites s'efforcent bien de régulariser autant que possible le dividende; mais elles n'y arrivent pas toujours complètement. Les titres des sociétés de métallurgie, de mines diverses et de charbonnages sont notamment dans ce cas.

Ce groupe, très important et très diversifié, des valeurs spéculatives ou contenant un fond spécial d'aléa, est intéressant pour les capitalistes qui sont au large et font des économies : il ne convient pas aux autres.

Parfois, la période spéculative n'est qu'une des étapes de la vie d'une société : voici, par exemple, l'entreprise de Suez ; les titres purent en être considérés comme spéculatifs pendant les dix ou douze premières années de la concession, en ce sens que le trafic du canal n'était pas encore bien établi, que l'on ne pouvait se rendre compte exactement de l'allure qu'il aurait, de l'effet des détaxes obligatoires, etc. Commencé en 1859, ouvert à la circulation en 1869, le canal de Suez, jusque vers 1880 ou 1885, peut-être même 1890, conserva le caractère d'une œuvre dont les résultats futurs étaient diversement évalués. Peu à peu, la régularité et le développement graduel du trafic s'affirmant, les titres de Suez perdirent du caractère spéculatif, et ils ne l'ont plus maintenant qu'à un degré modique, sous la réserve d'observations que nous présenterons plus loin.

Ainsi, certaines entreprises industrielles évoluent au cours de leur existence : presque toutes sont hautement spéculatives à leur naissance et dans leur jeunesse, quelques-unes cessent graduellement de l'être avec la maturité ; mais toutes, même les meilleures, par exemple les grands charbonnages, les sociétés métallurgiques et les mines de métaux communs, gardent toujours, au point de vue du placement, un certain caractère spéculatif, en ce sens qu'elles présentent, pour les revenus et pour les cours en bourse, des fluctuations plus fortes que celles des deux catégories de valeurs précédentes, fluctuations dont le sens varie, non seulement d'après la qualité de la direction, mais d'après des circonstances extérieures, des inventions, etc.

Il faut ajouter que si diverses valeurs industrielles, après avoir eu un caractère très spéculatif à leur naissance et dans leur jeunesse, le perdent ensuite pendant leur maturité, elles le reprennent dans leur vieillesse, qui aboutit parfois à la caducité et à la dissolution.

Cette catégorie énorme, pleine de vie et de mouvement, des valeurs spéculatives et aléatoires est celle qui exerce le plus de séduction sur le public. Elle enrichit quelques-uns; elle ruine, d'autre part, beaucoup d'étourdis ou d'imprudents.

Seuls, les capitalistes qui sont très au large, c'est-à-dire qui font des économies régulières et un peu amples, peuvent aborder cette nature de valeurs. Pour eux, il n'y a pas d'imprudence à le faire, du moins dans la mesure de leurs économies. Encore faut-il beaucoup de discernement pour un choix judicieux et heureux.

Telles sont les trois grandes catégories de valeurs :

1o Les valeurs fondamentales convenant à tout le monde et devant notamment former, sinon la totalité, du moins les trois quarts ou les quatre cinquièmes du portefeuille des rentiers et des capitalistes qui sont à l'étroit et ne peuvent faire aucune économie;

2o Les valeurs d'appoint, qui conviennent également à tout le monde, mais dans une proportion qui varie suivant que le capitaliste ou le rentier est plus ou moins au large ;

3º Les valeurs spéculatives ou spécialement aléatoires, qui ne méritent aucunement une condamnation générale, puisqu'elles représentent, à chaque instant, les instruments les plus récents du progrès industriel ou économique, mais qui ne peuvent être abordées sans imprudence que par des capitalistes fort au large, en état d'affronter des risques divers, pourvus en outre de quelques connaissances techniques et surtout de quelque esprit d'observation et de quelque esprit d'étude pour réduire ces risques au minimum.

Parmi ces valeurs spéculatives il en est d'assez nombreuses, qui, sans être nécessairement mauvaises en elles-mêmes, doivent, par certaines circonstances, l'excessive spécialité de l'entreprise, son éloignement, les conditions occultes de son fonctionnement, être réservées à de véritables spécialistes.

CHAPITRE IV

Le principe du morcellement des placements.
La division et la distribution géographique des placements.

Nécessité du morcellement des placements, comme procédé compensateur des risques et des moins-values. — Opinion du milliardaire américain Carnegie, contraire à ce principe. — Pourquoi elle ne peut prévaloir. — Situations très différentes d'un industriel ou d'un capitaliste et d'un rentier. — Exemples donnés par de grandes administrations ou sociétés : le fonds de garantie des obligations du Congo belge; la Banque de Paris et des Pays-Bas; les grandes sociétés d'assurances. — La division ou la distribution géographique des placements; son excellence démontrée par la comparaison des fluctuations d'un portefeuille sagement composite et de celles d'un portefeuille unitaire.

Un principe domine toute la matière, c'est celui de la division des placements.

Supposez un homme qui place toute sa fortune en rente française, réputée la meilleure valeur dans notre pays; cet homme-là n'est nullement un sage, c'est un engourdi et un maladroit. Il s'évite, sans doute, de la peine; mais 1o il se prive de toute espérance de plus-value, puisque la rente française est au pair ou à peu près ; 2o il s'expose à des risques notables de conversion, au cas où la paix et la prospérité se maintiendraient indéfiniment, puisque la rente française 3 $^0/_0$ est convertible à partir de 1911 et qu'il n'est nullement improbable, si la paix dure, qu'elle ne soit effectivement convertie en 2 $^3/_4$ $^0/_0$ vers cette époque; 3o pour le cas contraire, où la paix ne se maintiendrait pas, il s'expose à une très grande dépréciation, tout au moins temporaire, de son avoir, puisque l'on a l'exemple du recul de la rente française 3 $^0/_0$ à 49 francs en 1870-1871. Sans doute, en supposant le retour de catastrophes analogues, la rente française 3 $^0/_0$ pourrait peut-être fléchir un peu moins, s'arrêter à 55 ou, ce qui semblerait un maximum, à 60. La perte n'en serait pas moins énorme, et le retour à des cours approchant de ceux d'à présent exigerait peut-être plus d'une dizaine d'années.

Si, au lieu de la rente française, on prend comme type d'un placement unique en valeurs réputées de première solidité les Consolidés britanniques, on voit que ces fonds, de 1897 à 1899, avant la guerre sud-africaine, se tenaient entre 110 et 114; pendant et après la guerre de l'Afrique du Sud, ils ont fléchi jusqu'à 85, perdant ainsi près du quart de leur valeur, et au moment actuel (novembre 1905) ils se tiennent entre 88 et 89.

Sans doute, la généralité des valeurs de bourse, de celles surtout à revenu fixe, ont fléchi de 1895-1898 à 1905, mais nullement dans ces proportions; et certaines, en nombre non négligeable, parmi les valeurs dites d'appoint, ont, au cours de la même période, assez sensiblement monté.

L'expérience prouve donc que c'est une imprudence de placer tout son avoir en une seule valeur, celle-ci fût-elle considérée comme étant de la plus grande solidité. Celui qui fait un placement unique de cette nature paye son repos d'esprit par une diminution de revenu d'abord, et, aussi, en réalité, par un accroissement de risques.

La division des placements est un principe qui s'impose. Ce principe a, sans doute, quelques adversaires. On a invoqué contre lui, notamment, l'autorité du célèbre milliardaire américain, M. Carnegie. Celui-ci, ayant accumulé son milliard et plus principalement dans la métallurgie, après de gros gains primitifs dans le pétrole, ce qui a été son point de départ, s'élève vivement contre la maxime qu'il ne faut pas mettre tous ses œufs dans le même panier.

Il convient, au contraire, dit M. Carnegie, de mettre tous ses œufs dans le même panier, à la condition, ajoute-t-il expressément, de très bien surveiller ce panier. Cette maxime peut être bonne en ce qui concerne un industriel; il est certain qu'un industriel a tort de trop se disperser, d'embrasser à la fois dix genres d'industrie différents : les nouveautés, par exemple, et le sucre. La concentration sur un seul genre d'affaires, pour un industriel, se recommande par toute l'expérience du passé.

Mais la même expérience conseille, au contraire, la division des placements au capitaliste et au rentier, à ce dernier surtout. Capitaliste et rentier ne sont aucunement dans la situation d'un industriel. Ils ne peuvent consacrer leur vie et tous leurs instants à l'étude d'une ou deux valeurs ; ils n'ont ni les loisirs ni la compétence nécessaires ; les chances d'erreur en matière de valeurs mobilières dépassent de beaucoup les chances d'erreur dans une industrie que l'on s'est mis à pratiquer de bonne heure, que l'on exploite avec application et prudence, et que l'on connaît bien.

La division des placements agit comme une assurance contre les risques : si l'on a dix, quinze ou vingt valeurs, surtout qui ne soient pas de nature similaire et qui concernent des pays variés, il est bien rare, il n'arrive même jamais qu'elles soient toutes atteintes, au même moment, par un cataclysme. Il y a, dans ce cas, une compensation de risques qui fait qu'un portefeuille ainsi diversifié n'éprouve pas le recul violent qu'a éprouvé la rente française pendant la guerre franco-allemande, et dont il lui a fallu une série d'années pour se relever complètement ; ni même le recul, moins accentué, mais encore très notable et partiellement très durable, qu'ont subi les Consolidés britanniques à la suite de la guerre de l'Afrique du Sud.

Outre qu'elle agit ainsi comme une assurance et un parachute, la division des placements a ce grand mérite de préparer une réserve et des moyens d'arbitrage au cas où l'une des valeurs du portefeuille serait gravement atteinte. Ainsi, lors de la paix, en 1871, les capitalistes français qui, au lieu d'avoir toute leur fortune en fonds publics français et autres titres nationaux, détenaient aussi des fonds italiens, autrichiens, ottomans même, des obligations de

chemins de fer lombards et autres, ont vu ces
valeurs étrangères ne baisser que très légèrement,
pendant que les valeurs françaises baissaient profondément. Il leur a été facile alors de vendre, à
des cours relativement élevés, ces valeurs étrangères pour souscrire à nos grands emprunts nationaux ou pour acheter des titres français que les circonstances dépréciaient. Ils ont réalisé ainsi de gros
bénéfices.

Pareille aubaine est arrivée en Angleterre, pendant et après la guerre de l'Afrique du Sud, aux
gens prévoyants qui, au lieu d'avoir un portefeuille
rempli uniquement de Consolidés anglais et de
valeurs britanniques, avaient un portefeuille composite.

La division des placements est, d'ailleurs, pra-
tiquée méthodiquement par tous les grands organismes financiers bien conduits et florissants, qui
donnent ainsi une leçon salutaire aux particuliers.

Dans l'*Économiste français,* nous avons cité plusieurs exemples topiques en ce sens, celui d'abord
du comité chargé d'administrer le fonds de garantie des obligations du Congo belge. Ce fonds de
garantie comprend une centaine de valeurs appartenant aux pays les plus divers.

Voici d'autres exemples précis :

La *Banque de Paris et des Pays-Bas* est une des
institutions les plus prospères, l'une de celles qui,
sans courir d'aventures, sait le mieux profiter des
périodes favorables. A l'occasion d'une de ses récentes
assemblées générales (printemps de 1903), on a relevé
que son portefeuille de titres contient trente-quatre

fonds d'État différents, deux cent soixante dix-
huit espèces d'actions et quarante-six catégories
d'obligations; cela représente trois cent cinquante-
huit placements divers.

Certes, un particulier ne peut agir exactement
comme une grande banque, et il y aurait excès,
pour lui, à posséder une aussi grande variété de
valeurs. Mais une personne ayant une grande fortune peut parfaitement placer son avoir en une centaine de valeurs différentes ; à plus forte raison est-
elle justifiée d'en avoir une cinquantaine.

Les grandes et anciennes compagnies d'assurances, dans la mesure où cela leur est permis par
la nature de leur industrie, cherchent aussi à diversifier considérablement leurs placements.

On a, dans l'été de 1904, publié la répartition,
en ses lignes générales, des placements de l'une de
ces sociétés, *la Nationale* (*vie*); nous la reprodui-
sons à l'appui de notre thèse, et bien que les compagnies d'assurances, surtout sur la vie, d'après la
loi ou d'après leurs statuts, ou même simplement
d'après les devoirs spéciaux que comporte la nature de leur industrie, n'aient pas toute la liberté
d'allures dont jouissent les particuliers aisés et intelligents.

Au 31 décembre 1903, la compagnie d'assurances
la Nationale (*vie*) possédait :

En valeurs immobilières. . . Fr.	105 562 542,77
— mobilières	359 042 647,98
Total. . . . Fr.	464 605 190,75

Les valeurs mobilières se divisaient comme suit :

Fonds d'État français . . . . Fr.	71 863 258,94
Emprunts des Colonies.	462 500, »
Annuités garanties par l'État. . .	5 026 522,80
Emprunts communaux et départementaux	3 515 390,29
Valeurs françaises garanties par l'État.	222 741 472,41
Valeurs françaises diverses. . . .	10 525 779,57
Fonds d'État étrangers.	35 938 645,44
Valeurs étrangères diverses . . .	8 969 178,53
Total. . . . Fr.	359 042 747,98

Les *fonds d'État français* consistent en 3 % perpétuel, 3 % amortissable et annuités de canaux.

Les *emprunts des colonies* comprennent des obligations 3 % 1902 de l'Indo-Chine; les emprunts communaux et départementaux renferment des bons de liquidation du canal de l'Ourcq, des obligations des départements de l'Oise, des villes de Poitiers et d'Ajaccio.

Dans les *valeurs garanties par l'État* sont comprises les obligations des six grandes compagnies de chemins de fer, des obligations du Yunnan 3 % et, parmi les actions, des actions Midi, Orléans, Est, puis des obligations foncières 1879, 1883, communales 1880.

On voit que les compagnies d'assurances préfèrent, en général, les obligations, notamment celles des chemins de fer, aux rentes sur l'État. Cela est très naturel, les premières, mises au nominatif, étant, comme nous l'avons fait souvent remarquer dans l'*Économiste français*, sensiblement plus avantageuses comme revenu fixe et comme prime de remboursement que nos rentes sur l'État.

Il est intéressant de connaître sur quels *fonds étrangers et valeurs étrangères* s'est porté le choix de la compagnie *Nationale vie*. Les voici; nous ne pouvons qu'indiquer les différentes valeurs, n'ayant pas les chiffres des quantités pour lesquelles chacune d'elles entre dans ledit portefeuille :

Rentes italiennes $5\,^0/_0$ et $3\,^0/_0$; florins d'Autriche $4\,^0/_0$ or; obligations Daïra-Sanieh; Russe $4\,^0/_0$ 1867-1869; Russe consolidé $4\,^0/_0$ 1re, 2e, 3e séries; $4\,^0/_0$ Russe consolidé 1901; Russe intérieur $4\,^0/_0$; $4\,^0/_0$ Suédois 1900 et $3\,^1/_2$ Suédois 1899; $4\,^0/_0$ Unifiée ottomane convertie; $3\,^1/_2$ Ottomane 1894; $4\,^0/_0$ Priorité ottomane 1900; $5\,^0/_0$ Ottoman 1896; $3\,^1/_2$ Norvégien 1894 et 1898; $3\,^1/_2$ Fédéral suisse 1899; $4\,^0/_0$ Roumain 1898; obligations Chemins de fer russes $4\,^0/_0$ 1903 Riazan-Ouralsk, Moscou-Kiew; obligations $3\,^0/_0$ Lombardes *anciennes et nouvelles*, $4\,^0/_0$ nouvelles; $3\,^0/_0$ Priorités Nord de l'Espagne; $3\,^0/_0$ Saragosse 1re hypothèque; $3\,^0/_0$ 2e hypothèque; $4\,^0/_0$ 1894 Smyrne à Cassaba.

Il y a là un assez grand nombre des titres que nous avons souvent signalés dans l'*Économiste français*, comme valeurs d'appoint.

Un particulier avisé peut, naturellement, et même doit faire une plus grande part relative aux valeurs étrangères.

Sans doute, un simple rentier paisible, ayant peu de connaissances techniques et peu de temps à consacrer au contrôle de son portefeuille, ne peut pousser la division des placements jusqu'à l'émiettement et la pulvérisation; mais il est rare qu'il ne puisse avoir une vingtaine de valeurs diverses. Un capitaliste actif peut en posséder un plus grand nombre.

Cette division des placements n'est ce qu'elle doit être que quand elle comprend un nombre assez notable de placements étrangers appartenant à des pays divers.

Il s'agit ici de la division géographique des placements. Tant au point de vue de la sécurité, de l'assurance contre les risques par la compensation des mises, qu'au point de vue des plus-values possibles, la division géographique des placements s'impose.

Un grand journal anglais dont l'autorité est universellement reconnue, le *Times*, dans son supplément financier du 12 septembre 1904, publiait un article qui fit sensation sur la distribution géographique des placements. Il faisait remarquer que les associations qui existent en Angleterre pour l'achat en commun de valeurs britanniques, Consolidés, emprunts municipaux, etc., avaient été, dans la période de 1897 à 1904, très affectées et avaient subi des pertes notables. Il n'en eût pas été ainsi, disait-il, si l'on avait placé une partie des fonds en valeurs étrangères embrassant l'ensemble du globe.

Le *Times* fait observer que les valeurs de *trustees* (sortes d'associations britanniques pour les placements), étant toutes des valeurs nationales, oscillent dans le même sens et qu'il n'y a pas de compensation pour la dépréciation des unes dans la hausse des autres. Si quelqu'un a acheté, en 1897, dit-il, en faisant un lot des principales valeurs britanniques, 2 000

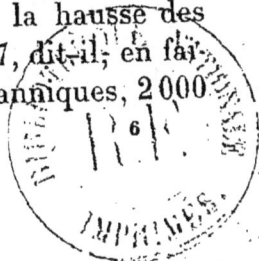

livres sterling *Consolidés* 2 $^1/_2$, 1 000 livres sterling 4 $^0/_0$ *Ville de Leeds,* 1 000 livres sterling 3 $^0/_0$ *Metropolitan,* 2 000 livres sterling *London and South-Western* 3 $^0/_0$, 1 000 *Great Eastern* 4 $^0/_0$, 1 000 livres sterling 3 $^0/_0$ *South Metropolitan Gas* pour un revenu de 250 livres sterling, il aura déboursé 9 587 livres sterling. La valeur de son portefeuille aura été successivement de 9 288 en 1898, 8 929 en 1899, 8 450 en 1900, 8 318 en 1901, 8 312 en 1902, 7 994 en 1903, 7 817 en 1904, soit une perte de 1 770 livres sterling ou 17,9 $^0/_0$ sur le capital nominal. Cependant, le choix avait été fait avec une extrême prudence.

D'autre part, si le même capitaliste, usant de discernement, avait voulu sortir du cadre tracé plus haut, répartir plus largement ses risques, diviser ses capitaux en dixièmes, en consacrer trois au Royaume-Uni, deux aux colonies anglaises, un au continent d'Europe, un à l'Asie, un à l'Afrique, un aux États-Unis et le dernier à l'Amérique du Sud, il aurait fait une meilleure opération. Il aurait pu, par exemple, acheter 1 000 livres sterling *Local Loans* 3 $^0/_0$, 1 000 livres sterling *London Tilbury Railway,* 500 livres sterling *Telegraph Construction and Maintenance* 4 $^0/_0$, 1 000 livres sterling *Canadian Pacific* 4 $^0/_0$, 800 livres sterling 4 $^0/_0$ *Queensland,* 1 000 livres sterling 4 $^0/_0$ *Suédois,* 1 000 livres sterling 5 $^0/_0$ *Chinois,* 1 000 livres sterling *Égypte* 4 $^0/_0$, 1 000 livres sterling *Illinois* 4 $^0/_0$, 1 000 livres sterling *Argentin* 5 $^0/_0$, il se serait procuré ainsi 404 liv. 10 shellings de revenu; l'achat de ces dix valeurs lui aurait coûté 9 631 livres sterling en 1897, et aurait représenté successivement une valeur vé-

nale de 9 812 en 1898, 9 879 en 1899, 9 706 en
1900, 9 825 en 1901, 9 961 en 1902, 9 966 en 1903.
9 813 en 1904, soit, en dernier lieu, une hausse de
182 livres ou près de 2 $^c/_0$.

Les fluctuations de l'ensemble sont bien moindres, on le voit, que dans le premier cas, et le
résultat final eût été bien plus favorable. Les
1 000 livres sterling *Local Loan* ont été payées
1 130 en 1897 et valent 970 en 1904; les *London
Tilbury Railway* ont progressé de 1 320 à 1 440;
le *Telegraph Construction* a fléchi de 517 à 512; le
Canadian Pacific 4 $^0/_0$ a progressé de 905 à 1 020;
le *Queensland* a baissé de 864 à 802; le 4 $^0/_0$ *Suède*
a baissé de 1 025 à 990; le *Chinois*, de 980 à 970;
le 4 $^0/_0$ *Unifié* a passé de 1 065 à 1 050; l'*Illinois*
a monté de 955 à 1 057; le 5 $^0/_0$ *Argentin* s'est
élevé de 870 à 1 002. Au point de vue de la sécurité intrinsèque, la qualité du second lot de placements est moindre que celle du premier, et cependant
les oscillations en ont toujours été beaucoup moindres,
et le résultat final, de 1897 à 1904, se traduit par
une plus-value du portefeuille de près de 2 $^0/_0$
contre une moins-value de 17 $^0/_0$ dans le cas du
portefeuille composé uniquement de valeurs britanniques de premier ordre; en outre, le revenu du
portefeuille comprenant des valeurs étrangères aura
toujours été sensiblement plus élevé. L'avantage
de ce lot de placements composites ressort donc
comme considérable.

Le *Times* recommandait à l'attention la leçon pratique qui se dégage de la comparaison de ces deux
ordres de placements, et il conseillait, autant que
possible, d'user davantage de la *distribution géogra-*

phique des placements, sans négliger de tenir compte du caractère des valeurs choisies. L'expression de « distribution géographique » ou plutôt de « division géographique » des placements est une formule frappante et excellente.

CHAPITRE V

Une autre raison de la division géographique des placements.
L'écart entre les taux d'intérêt en différents pays pour des valeurs de même sécurité.

Différence sensible du taux de l'intérêt, à égalité de risques et à égales perspectives d'avenir, entre les divers pays. — Cause principale de cette différence. — Exemples qui ressortent, à ce sujet, de la comparaison de la France d'une part, de l'Allemagne et des États-Unis de l'autre. — Les capitalistes avisés doivent tenir compte de cette différence et effectuer certains placements dans les pays à intérêt moins élevé avec même sécurité.

La division géographique des placements, qui se trouve recommandée comme un procédé d'assurance pour une fortune mobilière, trouve encore une autre raison, des plus importantes, dans un phénomène notable qu'on ne doit pas laisser passer inaperçu.

Le taux de l'intérêt ou, ce qui revient au même, le taux de capitalisation est sensiblement différent dans les divers pays pour des valeurs que l'on peut considérer comme offrant les mêmes degrés de sécurité et les mêmes perspectives de plus-values.

Considérons trois pays de premier ordre : la

France, l'Allemagne, les États-Unis. Le taux de l'intérêt est, d'une façon permanente, plus bas en France que dans les deux autres pays ; ce qui veut dire que, pour un même capital et dans des conditions identiques de sécurité, on obtiendra un revenu plus élevé en Allemagne ou aux États-Unis qu'en France.

La démonstration de cette vérité de fait est très facile à faire. Depuis une dizaine d'années environ, la *Rente française* 3 % oscille autour du pair, ayant coté un moment jusqu'à 105, n'étant pas descendue, au cours du présent siècle, au-dessous de 97, et au moment où nous revoyons ces lignes (novembre 1905) cotant 99,75.

Si l'on considère les fonds publics allemands, on voit que le 3 $\frac{1}{2}$ *allemand* s'est toujours coté très peu au-dessus du 3 % français, et que le 3 % *allemand* a toujours été d'une dizaine de points environ au-dessous du 3 % français. Au moment où nous revoyons ces lignes, le 3 $\frac{1}{2}$ allemand, qu'il n'est nullement question de convertir, cote 100,90 ; c'est à peine 1 % de plus que le 3 % français ; c'est-à-dire que, en plaçant 101 francs en 3 $\frac{1}{2}$ % allemand, on obtiendrait 3 fr. 50 d'intérêt, au lieu que, en plaçant 100 francs en 3 % français, on n'obtient que 3 francs. Ainsi le franc surérogatoire du premier placement rapporterait 0 fr. 50 par an, soit 50 %.

Si, au lieu du 3 $\frac{1}{2}$ allemand, on considère le 3 % allemand, il cote, au mois de novembre 1905, 88,90, tandis que la Rente française 3 % cote 99,75. Au cours de 88,90, le 3 % allemand rapporte 3,37 % ; par conséquent, en plaçant une somme de 100 000 francs en 3 % allemand, on obtient un revenu de 3 370 francs, au lieu qu'en plaçant la même somme en 3 % français, l'on n'a que 3 005 francs. La différence de revenu est ainsi de 11 %.

Et ce n'est pas là le seul avantage : tandis que le 3 % français peut être converti à partir de 1911 et le sera, en effet, probablement vers cette époque en 2 3/4 %, si la paix et la prospérité se maintiennent, on n'entrevoit que dans un avenir très lointain une conversion du 3 % allemand. D'autre part, cette conversion ne serait possible que si les cours arrivaient au pair, ce qui procurerait une plus-value de 11 % en capital, tandis que l'on ne peut espérer aucune plus-value sensible pour le 3 % français.

Voilà des avantages bien considérables pour le 3 % allemand. Peut-on dire, cependant, que les rentes allemandes soient inférieures en sécurité aux rentes françaises? Evidemment, cette assertion ne serait pas soutenable. La dette publique allemande est beaucoup moins forte que la dette publique française : la population de l'Allemagne est moitié plus nombreuse; l'activité industrielle du pays est très grande, et la richesse générale y est en pleine ascension. La puissante constitution du pays fait qu'il a peu à redouter les chocs internationaux et également les troubles intérieurs.

Les rentes allemandes peuvent donc, au point de vue de la sécurité, supporter la comparaison avec les rentes françaises, et cependant le 3 % allemand rapporte 11 % de plus que le 3 % français, avec comme autre avantage la chance de 11 % de plus-value.

C'est que le taux de l'intérêt est plus élevé en

Allemagne qu'en France. Sans entrer dans de grandes dissertations à ce sujet, disons que la principale cause de cet écart du taux de l'intérêt dans les deux pays vient précisément de la supériorité d'activité industrielle de l'Allemagne. Les capitaux sont plus demandés dans ce pays qu'en France, parce que l'industrie y est beaucoup plus active et plus prospère : les capitaux y sont donc plus productifs et plus rémunérés.

Ce que nous avons dit du 3 % allemand et du 3 % français s'applique à toutes les valeurs allemandes par comparaison aux valeurs françaises similaires. Le taux de capitalisation est inférieur de $1/2$ % environ en Allemagne au taux de capitalisation en France dans toutes les natures de placements, ce qui fait qu'un même capital placé en valeurs industrielles allemandes rapporte $1/2$ % de plus que s'il était placé en valeurs françaises de même sécurité.

Ainsi, les charbonnages allemands égalent bien les charbonnages français : dans l'ensemble, on produit en Allemagne cinq à six fois plus de houille qu'en France. Or, il y a trois ou quatre ans encore, les actions des grands charbonnages allemands, tels que Harpener, Hibernia, Gelsenkirchen, se capitalisaient entre 4 $1/2$ et 5 % ; à l'heure présente, ils se capitalisent entre 4 et 4 $1/4$ % ; les actions des grands charbonnages français, au contraire, se capitalisent entre 3 et 3 $1/2$. La même somme placée en charbonnages allemands de premier ordre rapporte donc au moins $1/2$ % de plus que la même somme placée en charbonnages français.

Il en est de même pour les sociétés d'électricité et pour toutes autres d'ailleurs. La grande société allemande *Allgemeine Electricitäts Gesellschaft* (Société générale d'électricité), au moment où nous revoyons ces lignes, cote 230 % pour un dividende de 10 %, c'est-à-dire qu'elle se capitalise à un peu plus de 4 % nets (il n'y a pas d'impôt sur les coupons en Allemagne). Au même moment, la société française *Thomson-Houston* cote chez nous 820 à 830 francs pour un dividende de 25 francs bruts, c'est-à-dire qu'elle se capitalise à moins de 3 % impôt déduit. La société allemande, qui n'apparaît nullement comme ayant moins de chances d'avenir que la société française, donne ainsi, pour une même somme, 1 % au moins de plus de revenu.

Des écarts du même genre, plus ou moins importants, mais toujours notables, se rencontrent pour les valeurs étrangères cotées uniquement sur les marchés français et les valeurs étrangères similaires cotées uniquement sur les marchés allemands. Ainsi, la compagnie des *Chemins de fer portugais* a des obligations 4 % à revenu fixe et à revenu variable cotées sur le marché français et des obligations 4 1/2 cotées uniquement sur les marchés allemands. Ces titres 4 1/2 se cotent à Francfort ou à Berlin presque exactement aux mêmes cours que les 4 % à Paris, où l'écart est insignifiant; par conséquent, ils rendent 1/2 % de plus ou à peu près pour un même capital.

Les diverses catégories d'obligations des chemins de fer ottomans, notamment de ceux de l'Asie Mineure, cotées en Allemagne, rapportent en général 1/2 % de plus ou à peu près que les obligations de chemins de fer ottomans analogues cotées sur les marchés français.

Il résulte de cette différence sensible du taux de l'intérêt en Allemagne et en France que les capitalistes français auraient avantage à faire certains placements de l'autre côté des Vosges. L'antagonisme politique qui existe entre les deux pays, et que des circonstances récentes ont encore accru, fait obstacle à l'achat de fonds publics allemands par des Français : le patriotisme en serait froissé. Cette objection, très forte dans le cas des fonds publics, a beaucoup moins de portée quand il s'agit de valeurs allemandes diverses, et elle perd absolument toute importance quand il n'est question d'acheter sur les marchés allemands que des valeurs étrangères qui y ont leur cote habituelle.

Des différences d'intérêt de même nature se présentaient entre la Suisse et la France. Ainsi, tandis que les actions des chemins de fer du Nord, ou du Paris-Lyon-Méditerranée ou de l'Orléans en France, se capitalisaient à 3 $\frac{1}{4}$ ou 3 $\frac{1}{2}$ % nets, les actions du Saint-Gothard en Suisse, titre tout aussi intéressant, se capitalisaient à 4 % ou aux environs. Depuis lors, les chemins de fer français ayant fléchi en France, par crainte de législation défavorable, cet écart a diminué.

Les États-Unis offrent un exemple non moins frappant de la différence d'intérêt pour un même degré de sécurité. Les États-Unis sont, certes, aussi prospères que la France ; au point de vue politique et social, leur avenir apparaît comme aussi assuré. Or l'intérêt est d'environ $\frac{1}{2}$ % plus élevé dans ce pays que chez nous.

On ne peut parler des fonds publics des États-Unis comme placements pour les Européens : la dette publique de l'Union américaine du Nord est, en effet, très modique et tout entière absorbée par les Banques nationales, qui sont obligées, comme garantie de leur circulation, d'en détenir des stocks considérables.

Il est, au contraire, une autre catégorie de valeurs qui est très répandue aux États-Unis et qui offre des placements de premier ordre; ce sont les obligations de chemins de fer. Or, tandis que, en France, les obligations de nos grandes compagnies de voies ferrées se capitalisent à peine à 3 % nets pour les titres au porteur et à 3,15 % pour les titres nominatifs (elles ont, il est vrai, un petit, mais actuellement très faible, supplément de revenu dans la prime de 7 à 8 % qui peut leur échoir aux remboursements par tirages au sort); aux États-Unis, ce dernier et petit avantage est inconnu, les obligations ne se remboursant pas par tirages; mais le revenu des obligations des principales compagnies de chemins de fer américaines varie entre 3 $\frac{1}{2}$ et près de 4 %, parfois même 4 %, et l'on trouve encore avec d'assez bonnes garanties des obligations de voies ferrées américaines rapportant jusqu'à 4 $\frac{1}{4}$ et parfois un peu plus. Nous traiterons ultérieurement de ces valeurs.

En s'en tenant, toutefois, au taux de 3 $\frac{3}{4}$, on voit qu'il y a un écart de $\frac{1}{2}$ % entre le revenu de ces titres américains de première sécurité et celui des obligations françaises correspondantes.

Il résulte de ces rapprochements que les habitants d'un pays à très bas taux d'intérêt, comme la France, par suite de langueur économique, auraient tort de ne pas chercher des placements dans les pays de première activité industrielle et de première prospérité économique, où un même capital, avec la même sécurité, donne $\frac{1}{2}$ % de plus de revenu.

Quelques personnes prétendent qu'il est inutile de se fatiguer le cerveau en recherches et d'acheter des valeurs de pays étrangers, pour se procurer ce surcroît de $\frac{1}{2}$ % de revenu, qu'elles considèrent comme insignifiant.

Il tombe sous le sens, cependant, que si l'on place 500 000 francs, par exemple, ce n'est nullement la même chose, quand on ne sacrifie rien du côté de la sécurité, d'avoir 3 % ou 3 $\frac{1}{2}$ % d'intérêt, ce qui se traduit par 15 000 francs de revenu dans le premier cas et 17 500 francs dans le second. L'écart n'est pas insignifiant : d'abord on pourrait épargner purement et simplement ces 2 500 francs surérogatoires, ce qui, au bout de vingt ou trente ans, ferait une somme respectable. Si l'on ne veut pas les épargner, on peut augmenter, sinon de 2 500 francs, du moins de 1 000 ou 1 500 francs son loyer d'habitation, ce qui est une amélioration notable, ou louer une maison de campagne, ou se payer des voyages annuels, ou accroître d'une façon générale sa largeur de vie.

C'est pratiquer un grand dédain des richesses que de faire la moue à une augmentation d'intérêt de $\frac{1}{2}$ %.

————

CHAPITRE VI

Les fonds publics nationaux.

Distinction à faire entre les fonds publics nationaux. — Dangers de conversion pour la Rente perpétuelle 3 %. — La Rente 3 % amortissable est exempte de ce risque. — Autre raison pour laquelle la Rente 3 % amortissable doit être préférée à la Rente perpétuelle. — Les fonds des colonies françaises garantis par la France : ils sont beaucoup plus avantageux pour les rentiers paisibles que les Rentes françaises. — Exemples. — Les fonds des colonies françaises non garantis. — Distinction à faire. — Certains sont séduisants; d'autres comportent des réserves. — Les obligations des villes et des départements français.

Il est naturel que le premier placement qui attire l'attention soit les fonds publics nationaux, à savoir : la *Rente française 3 % perpétuelle*, la *Rente française 3 % amortissable*, les diverses obligations des colonies françaises garanties par l'État français.

Les petits et les moyens portefeuilles doivent faire de ces fonds publics nationaux et des obligations des grands chemins de fer français, dont il sera question plus loin, la base principale de leurs placements. Les petits et les tout à fait moyens rentiers ne peuvent encourir, en effet, des risques qui, s'ils se transformaient en pertes, leur enlève-

7

raient l'indépendance de leur situation. D'autre part, ils n'ont pas, en général, des connaissances techniques suffisantes pour s'aventurer dans des valeurs autres que celles de première sécurité.

Il y a toutefois, parmi les fonds publics nationaux, des distinctions à faire au point de vue des avantages qu'on en peut retirer.

La *Rente française* 3 %, tant qu'elle est aux environs ou au-dessous du pair, attire naturellement l'épargne. On est sûr, avec elle, quelles que soient les circonstances, de toucher régulièrement chaque trimestre le revenu stipulé. Même la prodigalité des Chambres et les gaspillages financiers dont nous souffrons ne risquent pas de mettre en péril le payement régulier de notre dette publique. Il faudrait des catastrophes nationales, provenant de défaites écrasantes dans de grandes guerres, pour compromettre les fonds publics français. Encore est-il probable qu'ils pâtiraient plus en valeur vénale qu'en revenu. D'après l'expérience de tout le XIXᵉ siècle, les arrérages de la dette publique seront, même dans le cas de grandes infortunes nationales, toujours régulièrement payés, et c'est seulement les cours qui pourraient passagèrement plus ou moins descendre. Tout au plus pourrait-on les grever d'un impôt. Les autres valeurs françaises n'échapperaient pas au même sort.

La *Rente perpétuelle* 3 % offre, toutefois, deux inconvénients graves : d'une part, elle donne un très petit revenu : 3 %, quand les cours sont de 100 francs, et à peine 3,03 ou 3,05 % quand ils sont à 99 ou 98,50.

Ensuite, et c'est ce qui est plus grave, ce modeste revenu n'est pas indéfiniment assuré, à cause des conversions possibles. La Rente 3 % perpétuelle est convertible tout entière à partir de l'an 1911. Si l'on jouit de la paix jusqu'à cette époque et que l'ensemble de la situation du pays soit prospère, il est bien probable que l'on fera la conversion en 2 $\frac{3}{4}$ %, entre les années 1911 et 1915. Ultérieurement, soit dix à douze ans après, on voudra tenter une conversion ultérieure en 2 $\frac{1}{2}$, si les circonstances le comportent.

Le budget de l'État ne cessant de grossir, les Chambres et le gouvernement cherchent toujours des ressources nouvelles, et ils ne se laissent plus retenir, comme c'était le cas autrefois, par des égards ou des ménagements envers les rentiers.

Ainsi 3 % tout juste de revenu garanti jusqu'à 1911, ultérieurement, suivant les vraisemblances, 2 $\frac{3}{4}$ % et, un jour plus lointain, vers 1920, 2 $\frac{1}{2}$, peut-être plus tard 2 $\frac{1}{4}$ %, voilà la portion congrue actuelle et les perspectives peu riantes qui attendent le porteur de Rente française perpétuelle 3 %.

Aussi, à notre avis, doit-on lui préférer la *Rente 3 % amortissable*, qui se tient à peu près aux mêmes cours que la Rente perpétuelle, parfois quelques centimes même au-dessous.

La Rente 3 % amortissable a ce grand mérite, pour le rentier, qu'elle n'est pas convertible. Cette inconvertibilité est absolument certaine; elle résulte des déclarations officielles positives du créateur de cette rente, M. Léon Say, alors ministre des finances.

Émise pour la première fois en 1878, la Rente 3 % amortissable doit durer soixante-quinze ans, c'est-à-dire jusqu'à 1953 inclusivement. On l'amortit tous les ans par des tirages au sort.

Le porteur de Rente 3 $\%$ amortissable est donc assuré de jouir, sauf le remboursement des obligations sorties aux tirages, d'un intérêt de 3 $\%$ jusqu'en 1853, c'est-à-dire pendant quarante-huit ans encore. Il est vrai qu'une partie de ses obligations lui aura été remboursée auparavant. Toutefois, d'après les tableaux d'amortissement, ce n'est qu'à partir de 1938 que la moitié de la Rente 3 $\%$ amortissable aujourd'hui existante aura été remboursée.

Ainsi, le porteur de Rente 3 $\%$ amortissable jouira jusqu'à 1937 inclusivement, c'est-à-dire pendant trente-deux ans encore, de l'intérêt plein de 3 $\%$ sur au moins la moitié de la Rente 3 $\%$ amortissable qu'il possède. Il est, au contraire, probable, sauf grande calamité nationale à la suite de guerres européennes désastreuses, que, dès 1911 à 1915 et ultérieurement vers 1920 ou 1925, le porteur de Rente 3 $\%$ perpétuelle aura dû subir la conversion successivement en 2 $\frac{3}{4}$ et en 2 $\frac{1}{2}$.

L'avantage de la Rente 3 $\%$ amortissable relativement à la Rente 3 $\%$ perpétuelle est donc manifeste, et l'on ne s'explique pas que la généralité des rentiers ne s'en rende pas compte.

La Rente 3 $\%$ amortissable jouit encore d'un autre avantage notable : en cas de grande calamité nationale, à la suite de guerres désastreuses, la Rente 3 $\%$ perpétuelle pourrait baisser, sinon jusqu'à 49 francs, comme en 1870-71, du moins à 60 ou 55 francs, et elle mettrait un grand nombre d'années à revenir au pair. La Rente 3 $\%$ amortissable baisserait aussi en cette éventualité, mais dans une moindre mesure. Les tirages, en effet, et les remboursements au pair continueraient de s'effectuer suivant le tableau d'amortissement.

La Rente 3 % amortissable serait soutenue, dans une mesure appréciable, par la prime au remboursement, qui deviendrait d'autant plus importante que nos *Rentes* descendraient davantage au-dessous du pair. A partir de 1908, on remboursera deux séries de 3 % *amortissable* sur cent quarante-six séries qui existeront alors; il y aura par conséquent alors une obligation remboursée en moyenne sur soixante-treize obligations. La prime au remboursement représentera sur chaque 100 francs de capital nominal un surcroît d'intérêt annuel moyen de 1 centime un tiers environ par chaque écart de 1 franc de la cote au-dessous du pair, soit de 13 centimes par chaque 10 francs au-dessous du pair, ou de 26 centimes si l'on devait tomber à 20 francs au-dessous du pair. Alors l'*Amortissable* rapporterait réellement 3 fr. 26, quand la 3 % *perpétuelle* ne rapporterait que 3 francs; ce surcroît de 26 centimes de plus de rendement par 100 francs représenterait facilement 5 à 6 francs de plus pour la cote. Il serait donc naturel, si une éventualité de ce genre se réalisait, que le 3 % *amortissable* valût 5 à 6 francs de plus que le 3 % *perpétuel* et même, si les éventualités devenaient encore plus fâcheuses, 7 à 8 francs peut-être de plus.

Ainsi la Rente 3 % *amortissable* doit être préférée à la Rente *perpétuelle*, à cause de l'immunité des conversions si l'avenir apparaît comme rassurant, et à cause des remboursements au pair si l'avenir apparaît menaçant.

Il a bien été question, — et ce projet pourra revenir sur l'eau, — d'une conversion facultative, — la seule qui fût légale, — de la Rente 3 % amortissable en Rente 3 % perpétuelle; mais le porteur de titres est toujours libre de repousser une conversion facultative et de garder ses titres tels quels. Dans le passé, il s'est presque toujours trouvé bien de ce refus. Il ne devrait pas hésiter à refuser cette conversion, si elle lui était jamais proposée.

Plus intéressants et plus avantageux que les *Rentes françaises* 3 %, soit la *Perpétuelle*, soit l'*Amortissable*, parvenues aujourd'hui au pair ou aux environs du pair, sont les *Fonds coloniaux garantis par le Gouvernement français.* Ces fonds ne sont pas assez appréciés : ils rapportent entre 3,10 et 3,25 % de revenu net, avec des primes de remboursement qui sont parfois de plus de 20 % et vont jusqu'à 25 %. Ils sont d'ailleurs, comme la *Rente*, exempts de tout impôt actuel. La *Tunisienne* 3 %, l'*Annam et le Tonkin* 2 $\frac{1}{2}$, la *Madagascar* 2 $\frac{1}{2}$, ces deux derniers titres aux environs et parfois au-dessous de 80 francs, la *Madagascar* 3 % aux environs de 91 ou 92 francs, l'*Afrique occidentale française* 3 % qui s'est tenue longtemps entre 450 et 460 et est arrivée à 470 : voilà des titres garantis par le Gouvernement français et exempts d'impôts, qui sont sensiblement plus avantageux que la *Rente française* 3 %. Les pères de famille qui mettront leurs épargnes en *Tonkin* ou *Madagascar* 2 $\frac{1}{2}$ laisseront, probablement, à leurs enfants, dans vingt-cinq ou trente ans, un capital supérieur d'un quart à celui que laisseront aux

leurs les pères de famille qui auront acheté de la
Rente française, et non seulement les premiers
n'auront eu à s'imposer aucun sacrifice pour s'assurer cette majoration d'un quart de leur capital,
mais ils auront joui d'un revenu un peu supérieur
à celui que donne la *Rente française*.

On dira peut-être que ces titres n'ont pas un
vaste marché, qu'il faut du temps pour en acquérir
ou en vendre, et qu'ils ne sont pas très aisément
négociables. Cela est vrai; mais un rentier paisible
n'a nullement besoin que tout son avoir soit très
rapidement réalisable; il suffit qu'il ait une partie
de son capital qui jouisse de cette qualité. Nous
parlerons plus loin de ce sujet.

Quant aux *Fonds coloniaux non garantis par le
Gouvernement français*, leur situation est toute différente, et il faut faire de grandes distinctions
entre eux et leur demander un revenu plus élevé.
Le 3 % *tunisien*, aux environs de 450 à 455, et le
3 % *algérien* dans les mêmes cours, rapportant
ainsi environ 3,35 % nets, avec une prime de remboursement d'environ 10 %, peuvent être considérés comme de bonnes valeurs d'appoint, les dettes
de ces deux pays étant peu considérables et leur
situation étant bonne, celle de la Tunisie surtout,
dont les grandes richesses phosphatières et minières,
outre qu'elles assurent le présent, paraissent garantir complètement l'avenir, au cours du présent siècle.

Quant aux 3 1/2 et 3 % *de l'Indo-Chine*, le premier entre 480 et 490, le second à 430 ou 435,
leur situation est plus aléatoire, cette colonie, riche,
il est vrai, étant plus excentrique, et passant pour
exciter des convoitises dangereuses. Certes, rien

ne fait prévoir que nous devions perdre cette possession; mais, au cas où nous subirions cette perte,
le sort de ces emprunts pourrait être compromis.
Le nouveau possesseur reconnaîtrait-il cette dette?
Au cas où il ne la reconnaîtrait pas, la France dé-
dommagerait-elle les porteurs? Il est très peu probable qu'elle le fît intégralement; ce serait même
contraire à l'équité. Sans doute, elle ne s'en désin-
téresserait pas complètement et accorderait, à titre
de pure bienveillance, quelque allocation aux porteurs de titres; mais probablement cette allocation,
surtout si la France traversait des circonstances
très difficiles, serait modeste et ne justifierait aucunement les cours actuels.

Quoique nous considérions la perte de l'Indo-
Chine comme peu probable, c'est néanmoins une
éventualité qui n'est pas absolument impossible et
un risque qu'il faut envisager. Aussi considérons-
nous qu'il doit y avoir une différence assez notable
entre la capitalisation de ces titres et celle des
Fonds coloniaux garantis par le gouvernement
français, et que les obligations indo-chinoises, non
garanties par la France, ne peuvent être que des
valeurs d'appoint.

Les obligations des villes françaises ou des départements français peuvent, au contraire, être
regardées comme des titres parfaitement garantis,
parce que l'État ne souffrirait pas que ces villes
tombassent dans l'insolvabilité et que, soit il vien-
drait à leur secours, soit il les forcerait à prendre
des mesures pour tenir leurs engagements. Il y a
là un grand nombre de titres 3,30, 3,40, 3,50 et
3,60 %, Roubaix et Tourcoing, Saint-Nazaire,

Troyes, Périgueux, Blois, Besançon, Beauvais, Niort, etc., départements de la Sarthe, du Jura, de l'Aude, etc., qui sont à peine au pair ou se tiennent même au-dessous du pair. Ces obligations sont, il est vrai, assujetties aux divers impôts qui prélèvent 10 % sur les titres au porteur et 4 % sur les titres nominatifs. On a tout avantage à les mettre au nominatif; quand on le fait, ces titres rapportent entre 3,20 et 3,40 % de revenu net.

L'inconvénient de ces valeurs, c'est l'étroitesse de leur marché; on ne peut guère s'en procurer, pour une somme un peu importante, que lors des émissions, et alors il y a avantage à y souscrire.

Les valeurs dont nous venons de parler : Rente française 3 % perpétuelle, Rente française 3 % amortissable, Fonds coloniaux garantis par l'État français, Obligations de départements français ou de villes françaises, quand on en prend un certain assortiment, peuvent constituer un placement moyen de 3,15 % de revenu environ, avec quelque prime aux remboursements, notamment pour les Fonds coloniaux garantis.

C'est encore là un revenu modeste, mais il ne concerne que les valeurs de première sécurité; on peut relever ce placement en introduisant, à côté des titres qui précèdent, d'autres qui n'offrent pas des risques étendus.

CHAPITRE VII

Considérations techniques générales sur les placements.
Le degré de facilité de réalisation des titres.
Les valeurs au porteur et les valeurs nominatives.

Importance de la facilité de réalisation des titres. — Grande inégalité des différentes valeurs sous ce rapport. — Il ne faut, toutefois, pas exagérer ce mérite, ni lui faire de trop grands sacrifices. — La plupart des rentiers et des capitalistes n'ont pas besoin de posséder en valeurs rapidement réalisables plus de la moitié ou d'un tiers de leur avoir. — Les valeurs au porteur et les valeurs nominatives. — Leurs avantages et leurs inconvénients respectifs. — Le choix à faire entre l'une et l'autre forme dépend surtout de la situation personnelle de chacun.

Avant de poursuivre l'examen des diverses natures de placements, nous devons présenter quelques observations préliminaires générales et en quelque sorte techniques.

On considère comme le caractère le plus essentiel des placements vraiment modernes la facilité de réalisation. Qu'un titre puisse être acheté et vendu à toute heure en grandes quantités, avec très peu de fluctuations de cours, c'est là une qualité précieuse. Les fonds publics des principales nations, encore pas tous, et, à un degré un peu moindre, les obligations des entreprises gigantesques, comme celles des compagnies de chemins de fer de premier ordre, sont les valeurs qui la possèdent le plus. On peut négocier 100 000 francs ou 500 000 francs, ou même parfois un million de francs, pour la même personne, de Rente française 3 % en une seule bourse, en temps normal, sans que le marché en éprouve une impression sensible. Au contraire, il faudra parfois huit à dix jours, quelquefois davantage, pour négocier les titres de Fonds publics d'État modestes, quoique très solvables, et d'entreprises de moyenne importance, quoique bien conduites, et la négociation, en quantités notables, de titres de cette nature pourra en faire baisser les cours de 1/4 ou de 1/2 %, parfois de davantage.

On conçoit que, toutes autres circonstances étant égales, les valeurs pourvues d'un grand marché, objet constant de nombreuses demandes et de nombreuses offres, possédant ainsi une facilité de négociation assurée et une stabilité particulière des cours, soient particulièrement recherchées et qu'elles se cotent plus haut relativement au revenu que les valeurs qui ont un marché étroit et moins de stabilité. Un certain écart à l'avantage des premières est naturel et légitime.

Certaines catégories de personnes attachent une importance toute spéciale à la facilité de réalisation et sont disposées à la payer assez cher en se contentant d'un revenu sensiblement plus faible : les négociants et les industriels, par exemple, qui peuvent avoir besoin, dans des circonstances imprévues, de se faire rapidement de l'argent.

Il serait, toutefois, excessif de considérer que la masse des rentiers doive tout sacrifier à la facilité de réalisation des placements et écarter toute valeur qui ne possède pas cette qualité.

Un capitaliste non aventureux ou un rentier paisible n'est nullement dans la nécessité de ne posséder qu'un avoir très facilement et rapidement réalisable. Qu'il ait dans ces conditions le quart ou le tiers de sa fortune, c'est très suffisant pour pourvoir à toutes les éventualités, d'autant que les valeurs d'une moins facile réalisation peuvent, un grand nombre du moins, être négociées dans l'espace de quelques semaines, et avec peu de fléchissement des cours. Même au cas de dot à donner à une fille, la généralité des gendres acceptera bien des titres sérieux comme des actions métallurgiques ou industrielles de premier ordre, pourvu qu'elles ne forment pas un bloc trop considérable.

Ainsi, tout en tenant compte de la supériorité des titres rapidement réalisables, on peut admettre que la plupart des capitalistes et des rentiers paisibles peuvent parfaitement posséder la moitié, tout au moins, de leur fortune, en titres qui, sans être très difficilement vendables, n'ont pas des facilités de réalisation de premier ordre. Autrement, on écarterait presque toutes les valeurs industrielles, et ce serait très regrettable; car c'est dans le compartiment de ces valeurs que, avec du discernement, on peut trouver des titres susceptibles du plus de développement dans l'avenir.

Les observations que nous venons de présenter s'appliquent également au choix entre les valeurs au porteur et les valeurs nominatives. Les premières sont plus commodes, mais plus dangereuses, puisqu'elles sont susceptibles de vol, d'incendie et de perte. Le petit public, toutefois, ne connaît guère que les valeurs au porteur, à cause de cette commodité; les formalités à remplir pour mettre des valeurs au nominatif et éventuellement les transférer du nominatif au porteur le rebutent, d'ordinaire. Il ferait mieux parfois de surmonter cette répugnance.

Outre la plus grande sécurité, les valeurs nominatives, quand on les conserve un certain temps, offrent un avantage sensible au point de vue de l'impôt, pour tous les titres autres que les Fonds publics français et étrangers. En dehors des fonds publics, en effet, qui ne sont soumis qu'à l'impôt du timbre, payés par les États ou leurs représentants, toutes les valeurs mobilières ont à subir d'abord l'impôt sur le revenu, aujourd'hui de 4 %, qui frappe uniformément les titres au porteur et les titres nominatifs et, en plus, l'impôt de transmission.

Cet impôt de transmission est, pour les titres nominatifs, à chaque mutation, c'est-à-dire achat ou vente, de 0 fr. 50 % du prix de la valeur négociée, c'est-à-dire du cours de la négociation. Pour les titres au porteur, ce même impôt a une autre assiette; il se perçoit par abonnement, au taux de 0 fr. 20 par an de la valeur moyenne que le titre a eue en bourse dans l'année.

Il résulte de cette différence que le propriétaire de titres nominatifs ne paye l'impôt que quand il achète un titre pour le faire mettre à son nom ou quand il en vend un. S'il reste dix ans en conservant son titre nominatif sans faire de mutation, il ne paye pas l'impôt de transmission dans cet intervalle. Au contraire, le propriétaire de titres au porteur, qu'il garde ses titres ou qu'il s'en dessaisisse, paye l'impôt annuel de 0 fr. 20 % de la valeur par une réduction du montant du coupon.

Il ressort de cette situation que le porteur de titres au porteur en dix ans aura payé, pour droit de mutation par abonnement, dix fois 0 fr. 20 % de la valeur du titre, soit au total 2 %, tandis que le propriétaire de titres nominatifs, s'il garde le titre dix ans et ne le vende qu'au bout de la dixième année, aura payé seulement deux fois le montant de l'impôt de 0 fr. 50 de la valeur du titre négocié, une première fois lors de l'achat, une seconde fois lors de la vente, soit 1 % en tout. Il aura donc payé moitié moins en ces dix ans, pour impôt de transmission, que le propriétaire de titres au porteur. Le gain est de 1 % pour lui, il serait beaucoup plus considérable si le propriétaire de titres nominatifs conservait ses titres vingt ans sans s'en défaire; il ne payerait, en effet, en ces vingt années, comme droit de mutation, que toujours 0 fr. 50 % de la valeur négociée au moment de l'achat et 0 fr. 50 % au moment de la vente qui s'effectuerait par hypothèse à l'expiration de la vingtième année, soit toujours 1 % en tout. Le propriétaire de titres au porteur en ces vingt années, alors même qu'il aurait conservé ses titres, aurait payé vingt fois 0 fr. 20 % de la valeur, soit 4 %. L'écart serait donc de 3 % en faveur du propriétaire de valeurs nominatives, et cela est loin d'être négligeable.

D'une manière générale, une personne qui fait

mettre une valeur, autre que des fonds d'État, à son nom, doit les conserver cinq ans pour ne pas payer un impôt de mutation supérieur à celui qu'acquitte un propriétaire de valeurs au porteur; mais, au delà de ces cinq années, elle bénéficie, chaque année de conservation de ces titres sans mutation, de 0 fr. 20 % de la valeur de ces titres; cela n'est nullement négligeable; cela représente, en effet, un boni de 0 fr. 90 par an pour une obligation valant 450 francs, et 2 francs par an pour une action valant 1,000 francs.

Il peut arriver, et il arrive parfois, que ce boni soit encore accru. En effet, quand on émet des valeurs nouvelles (actions ou obligations), on donne, en général, au souscripteur le choix de se faire délivrer des titres nominatifs sans aucun frais ou des valeurs au porteur. Dans ce cas, le capitaliste ou rentier n'a aucun droit à payer lors de l'acquisition et de la mise à son nom du titre; il n'en a à payer qu'au moment de la vente. Il suffit alors que le propriétaire qui a fait mettre des titres à son nom lors de l'émission conserve ces titres pendant deux ans et demi, pour qu'il n'éprouve aucune perte du chef de l'impôt, relativement au propriétaire qui s'est fait délivrer, lors de l'émission, des titres au porteur. Au delà de ces deux ans et demi, il gagne chaque année, par rapport à ce dernier, 0 fr. 20 de la valeur du titre.

Comme les compagnies de chemins de fer émettent constamment à leurs guichets des obligations nouvelles et que nombre de sociétés font de même, tout au moins de temps à autre, on a avantage à prendre ces titres à l'émission plutôt que d'acheter en bourse des titres similaires, quand on veut faire mettre ces titres au nominatif.

Quant à savoir s'il vaut mieux avoir des titres au porteur qu'au nominatif, la question se ramène à celle-ci : a-t-on de grandes probabilités de conserver les titres, sans aucune mutation, pendant au moins deux ans et demi, si on les prend à l'émission, ou pendant au moins cinq ans, si on les achète en bourse? Dans le cas de l'affirmative, l'avantage à faire mettre les titres au nominatif est certain.

Il s'accroît de l'avantage de sécurité et aussi de ce que l'on n'est pas amené, comme le font, en général, les gens riches, à déposer ses titres (au porteur) dans des établissements de crédit pour les préserver du vol, de l'incendie ou de la perte, ce qui coûte une redevance, en général, de 0 fr. 10 par semestre ou 0 fr. 20 par an pour chaque titre. Cette petite charge peut être économisée, parce qu'il n'y a guère d'inconvénient à conserver des titres nominatifs dans un coffre-fort particulier ou dans un secrétaire.

D'une façon générale, on peut dire qu'il y a intérêt à mettre au nominatif toutes les *valeurs fondamentales* (Voir plus haut, p. 76), c'est-à-dire toutes celles qui par leur nature doivent être, sauf besoin urgent et changement de situation, conservées le plus longtemps : les obligations de chemins de fer français par exemple, celles du Crédit foncier et des principales sociétés.

Au contraire, il y a moins d'intérêt à mettre au nominatif les valeurs d'appoint (Voir plus haut, p. 80), dont la conservation est moins certaine, ou les valeurs spéculatives dont on peut être amené, par des circonstances diverses, à se défaire plus rapidement.

La distinction dont il vient d'être question au point de vue de l'impôt entre les valeurs nominatives et les valeurs au porteur n'existe que pour les sociétés françaises et non pour les sociétés étrangères.

Dans le cas de donation pour dot ou de succession, les valeurs nominatives peuvent être transférées au nom du nouveau titulaire (donataire ou héritier) sans aucun droit spécial, le droit habituel pour les donations ou les successions dégageant du droit spécial de mutation en cas de vente.

On objecte aux valeurs nominatives qu'il y a des délais et des formalités pour s'en défaire, ce qui fait qu'elles sont un peu moins rapidement réalisables que les valeurs au porteur; mais nous avons déjà dit que les capitalistes paisibles et les rentiers n'ont nullement besoin d'avoir toutes leurs valeurs immédiatement réalisables; il suffit qu'ils en aient un quart, un tiers ou la moitié.

On allègue, en outre, en faveur des valeurs au porteur, qu'on peut parfois les dissimuler en cas de succession et échapper ainsi aux droits. Mais outre qu'on ne peut admettre en principe qu'il faut se réserver la faculté de frauder le fisc et d'échapper aux taxes légales, les cas où l'on peut le faire effectivement et sans grand danger sont rares, comme on le verra dans un chapitre postérieur.

CHAPITRE VIII

La tendance générale à la baisse du taux de l'intérêt et les conversions. Les fonds constitués à intérêt nominalement peu élevé et les fonds constitués à intérêt nominalement plus élevé : les 3, 4 ou 5 %.

Démonstration de la tendance à la baisse du taux de l'intérêt dans les périodes calmes. — Cette baisse permet les conversions de dettes publiques. — Nombreux exemples de celles-ci dans le passé. — Probabilités de nouvelles dans l'avenir. — Le rentier, dans les périodes de tendance à la baisse de l'intérêt, a grand avantage à préférer les placements en fonds publics à intérêt nominalement peu élevé, malgré qu'ils procurent un revenu momentanément un peu moindre. — Exemple décisif des pertes notables subies en définitive par ceux qui ont préféré autrefois la Rente française 5 % ou la Rente française 4 1/2 à la Rente française 3 %. — Calculs intéressants et démonstratifs à ce sujet.

On a remarqué, au cours du XIXe siècle et plus particulièrement pendant la deuxième partie de ce siècle, une tendance à la baisse du taux de l'intérêt. L'abondance des capitaux en est une des causes, mais non la seule; il serait hors du cadre de cet ouvrage de s'étendre à ce sujet[1].

Cette baisse du taux de l'intérêt fait que la Rente française 3 % cotait 63 à 69 francs vers le milieu du second empire, 73 à 74 francs en 1869 et 1870, et qu'elle cote aujourd'hui 99 à 100; l'intérêt de cette rente était donc de 4 $\frac{1}{2}$ vers 1860, de 4 à 4 $\frac{1}{4}$ dans les dernières années du régime impérial, et elle est aujourd'hui de 3 seulement ou de 3 $\frac{1}{8}$.

Les fonds publics autres que les fonds français, et d'une façon générale toutes les valeurs, ont subi une évolution analogue.

La situation des capitalistes et des rentiers est très gravement atteinte par cet amoindrissement graduel du revenu du capital.

Depuis une dizaine d'années, divers événements, parmi lesquels on doit surtout citer la guerre de l'Afrique du Sud (1899-1902) et celle d'Extrême-Orient entre la Russie et le Japon (1904-1905), ont amené un arrêt dans la marche décroissante du taux de l'intérêt.

Il y a, toutefois, des signes nombreux qui semblent indiquer que, sauf grandes catastrophes internationales ou révolutions intérieures, la tendance à la baisse du taux de l'intérêt va recommencer à se faire sentir.

La baisse du taux de l'intérêt a cette conséquence que les gouvernements, quand leurs anciens emprunts, contractés à un taux d'intérêt plus élevé que l'intérêt actuel, dépassent le pair, s'empressent d'effec-

---

[1] Se reporter à notre *Précis d'Économie politique,* 9e édition, pages 148 à 152 (Delagrave, éditeur).

tuer des conversions. Nous rappelons qu'on appelle le pair le taux où le remboursement peut être imposé par un État débiteur ou une société débitrice à son créancier. Le pair, pour nos fonds publics, est 100 francs, et pour les obligations il est en général de 500 francs, parfois seulement de 400 francs ou de toute autre somme spécifiée lors de l'émission et inscrite sur les titres.

Une conversion est l'option que le débiteur offre au créancier entre le remboursement et une réduction d'intérêt. Dans la plupart des cas, on doit se résigner à cette réduction, parce que, si l'on préférait le remboursement, on ne pourrait pas obtenir pour la somme remboursée un intérêt supérieur, avec mêmes garanties, à celui qui est offert dans la conversion.

Parfois, en émettant des titres, un État ou une société s'engage à ne pas rembourser, par conséquent à ne pas convertir pendant une période déterminée; mais presque jamais ce délai n'est long : huit ans, dix ans, rarement quinze ans.

Les conversions de dettes publiques deviennent ainsi de plus en plus fréquentes et s'effectuent périodiquement dans les périodes prospères. C'est ainsi que, en 1883, on a converti le 5 % français, constitué par les emprunts de 1871 et 1872, en 4 $\frac{1}{2}$ %; puis, en 1894, on a converti ce 4 $\frac{1}{2}$ en 3 $\frac{1}{2}$, et de nouveau en 1902 on a converti le 3 $\frac{1}{2}$ en 3 %. Les rentiers ont donc perdu les deux cinquièmes de leur revenu.

Le 3 %, résultat de cette conversion de 1902, avec l'ancien 3 % préexistant qu'on y a assimilé, forme actuellement tout le bloc de la Rente française perpétuelle; il est garanti contre tout remboursement jusqu'à 1911 ; mais à partir de cette année tout le bloc de Rente 3 % deviendra remboursable, c'est-à-dire convertible. Si la paix se maintient jusque-là et que le marché financier soit animé et solide, il y a des chances pour que l'on convertisse ce 3 % en 2 ³/₄ et peut-être ultérieurement en 2 ¹/₂. En supposant que ces deux conversions puissent se faire l'une vers 1911, l'autre vers 1920 ou 1925, il en résulterait que, en cinquante années à peu près, les propriétaires des anciens fonds 5 % ou leurs descendants auraient vu leur revenu primitif se réduire de 50 %.

Les gouvernements modernes, très besogneux et subissant les pressions démocratiques, sont beaucoup moins que les régimes bourgeois ou semi-bourgeois, comme celui de Louis-Philippe, ménagers des intérêts des rentiers.

Tous les pays ont pratiqué les conversions de dettes publiques quand les circonstances s'y sont prêtées : l'Angleterre, l'Allemagne et la Russie, les Pays scandinaves et l'Égypte. En ce moment, il est question de la conversion de la Rente italienne 5 %, réduite déjà effectivement à 4 % par un impôt exagéré.

Les sociétés privées imitent les États et convertissent aussi leurs obligations, quand il résulte des clauses de l'émission qu'elles peuvent le faire ; et le Crédit foncier, et les principales sociétés de Gaz, et les Omnibus de Paris, et les Voitures de Paris, et nombre d'autres, ont effectué des opérations de ce genre.

Le capitaliste et le rentier ne doivent pas se contenter de gémir de cette baisse du taux de l'intérêt ;

ils doivent, autant que possible, prendre des précautions contre les conversions.

Il en est d'assez faciles. La plupart des États ont des fonds de diverse nature, constitués en taux d'intérêt divers. Ainsi, au moment où nous revoyons ces lignes (décembre 1905) la Russie a des fonds 5 % cotés un peu au-dessous du pair à 490, ce qui représente 98 %; elle a, en même temps, des fonds 4 % cotés entre 81 et 83, puis des fonds 3 $\frac{1}{2}$ aux environs de 73, et des fonds 3 % entre 67 et 69.

A ces cours, les fonds russes 5 % rapportent légèrement plus de 5 % d'intérêt; les 4 % produisent environ 4 $\frac{3}{4}$ à 4 $\frac{7}{8}$, et les 3 % ne rendent que 4 $\frac{1}{4}$ à 4 $\frac{1}{3}$. Beaucoup de personnes se laissent tenter par le plus fort revenu actuel et préfèrent les fonds 5 %, ou tout moins les 4 %.

Les gens prévoyants ont une autre opinion, notamment les pères de famille avisés : ils donnent la préférence au fonds constitué au taux d'intérêt le moins élevé et se tenant fort au-dessous du pair. Ils n'hésitent pas à acquérir le 3 % au cours de 67 à 68, rapportant 4 $\frac{1}{3}$ % seulement, plutôt que le 4 % à 82 ou 83, produisant 4 $\frac{3}{4}$, et que le 5 % aux environs du pair, rapportant 5 $\frac{1}{8}$ %. Ils abandonnent ainsi $\frac{1}{2}$ % ou $\frac{3}{4}$ % d'intérêt actuellement et pendant quelques années, mais ils s'assurent un revenu qui sera pendant très longtemps à l'abri de conversion.

Suivant toutes les probabilités, au cas où la Russie surmonterait l'anarchie intérieure dont elle souffre actuellement, le 5 % russe sera converti en 1909, année où il deviendra remboursable; les 4 % ont certaines chances d'être convertis vers 1920 ou 1922, sauf catastrophes imprévues. Il est, au contraire, très peu vraisemblable que les 3 % russes puissent être convertis avant trente ou quarante ans. En achetant de ces derniers fonds, on se prive donc d'une fraction de revenu pendant quelques années ; mais on acquiert une complète sécurité pendant toute une génération, sinon davantage. On réserve aussi à son capital des chances de monter graduellement, ce qui peut procurer des occasions d'arbitrages avantageux ; avec les fonds constitués à intérêts nominalement élevés et qui se tiennent au pair ou aux environs du pair, les chances d'ascension des cours sont très réduites ou même n'existent pas.

Ce que nous avons dit des fonds russes s'applique également aux fonds des autres pays : allemands, suisses, autrichiens, roumains, scandinaves, mexicains, argentins, brésiliens, chinois, japonais. Les 4 % de tous ces pays sont, en général, malgré un petit sacrifice sur l'intérêt, préférables aux 5 %, et les 3 % le sont tant aux 5 % qu'aux 4 %, etc. Il en est de même pour les obligations des sociétés ; celles constituées en 3 % doivent, en général, être préférées par le rentier paisible aux 4 ou 4 ½.

Il y a lieu de tenir grand compte de cette observation dans la période de baisse du taux de l'intérêt qui, sauf de grandes guerres internationales, semble devoir occuper tout au moins la première partie du xxᵉ siècle.

Un exemple saisissant relatif à la France rendra la démonstration plus sensible. Au commencement de janvier 1880, la Rente française 5 % cotait 116, la Rente française 3 % 82 : en plaçant 100 000 francs dans la Rente 5 %, on avait ainsi un revenu net de

4310 francs; en plaçant la même somme en Rente 3 %, on n'obtenait qu'un revenu de 3650 francs. Cette différence de 660 francs ou de 0,66 % dans le revenu attirait beaucoup d'acheteurs à la Rente 5 %.

C'était une grande faute que commettaient ceux qui recherchaient ce fonds. En effet, en 1883, la rente 5 % fut réduite à 4 $\frac{1}{2}$, et celui qui avait placé 100 000 francs en 5 % au cours de 116, et qui en retirait 4310 francs de revenu, n'obtint plus que 3879 francs; il ne toucha plus ainsi que 229 francs de plus que celui qui avait placé les 100.000 francs en 3 % au cours de 82.

En 1894, le 4 $\frac{1}{2}$ % fut converti en 3 $\frac{1}{2}$; le rentier qui, en 1880, avait placé 100 000 francs en 5 % au cours de 116, ne toucha plus que 3017 francs, tandis que celui qui, également en 1880, avait placé 100 000 francs en 3 % au cours de 82, continuait à toucher 3650 francs, ce dernier ayant, à partir de 1894, sensiblement plus de revenu que le premier.

En 1902, on convertit le 3 $\frac{1}{2}$ en 3 % : le rentier qui, en 1880, avait placé 100 000 francs en rente 5 % au cours de 116, ne toucha plus que 2586 fr. de rente, tandis que le rentier qui avait placé la même année 100 000 francs en Rente 3 % au cours de 82 conserve ses 3650 francs de revenu, soit 1064 francs de plus.

Ainsi, le rentier qui avait préféré le 3 % ne fit que très passagèrement un sacrifice de revenu relativement à celui qui avait préféré le 5 %, et il finit par avoir un revenu plus élevé de 40 %.

Il eut aussi un avantage notable en capital : les 100 000 francs placés en 5 % au cours de 116 ne valent plus en 1905 que 85 340 francs, tandis que les 100 000 francs placés en 3 % au cours de 82 valent aujourd'hui 120 450 francs.

Le capitaliste mal inspiré qui avait si légèrement, en 1880, préféré le 5 % à 116 au 3 % à 82, séduit par une très passagère supériorité de revenu, se trouvait, en définitive, avoir 40 % environ de moins de revenu et autant de moins de capital que le capitaliste prévoyant qui avait fait le choix inverse.

La même démonstration se ferait si, au lieu du 5 % et du 3 %, aux cours respectifs de 116 et de 82 en 1880, on prenait le 4 1/2 et le 3 % en janvier 1890, aux cours respectifs de 106 et de 88. Le capitaliste qui plaça, à ce moment, 100 000 francs en 4 1/2 % eût un revenu de 4 245 francs ; celui qui plaça, au même moment, la même somme en 3 % à 88 eut un revenu de 3 410 francs, l'avantage pour le premier était donc de 835 francs ; mais cet avantage ne dura que de 1890 à 1894, ce qui représente pour cette période un avantage total de 3 340 francs. A partir de 1894, le 4 1/2 fut réduit en 3 1/2, et le revenu du capitaliste ayant préféré la Rente 4 1/2 à la 3 % en 1890 ne fut plus, de 1894 à 1902, que de 3 302 francs, chiffre inférieur de 108 francs au revenu du capitaliste qui avait préféré la Rente 3 % ; puis, à partir de 1902, le 3 1/2 (ancien 4 1/2) ayant été converti en 3 %, le capitaliste qui avait préféré en 1890 la Rente 4 1/2 n'eut plus qu'un revenu de 2 830 francs, inférieur de 580 francs au revenu du capitaliste qui avait donné la préférence, en 1890, à la Rente 3 % ; en outre, le capital de ce dernier, au cours du pair, qui fut alors atteint, représentait 113 553 francs, tandis que le capital de celui qui

8

avait placé la même somme de 100000 francs en 4 $\frac{1}{2}$ % au cours de 106 en 1890 ne valait plus que 94240 francs. Ainsi, celui qui avait préféré la Rente 4 $\frac{1}{2}$ % n'avait bénéficié d'un supplément de revenu que pendant quatre ans et à concurrence d'une somme totale de revenu de 3340 francs, et il se trouvait finalement en perte, relativement à celui qui avait préféré le placement en 3 %, de 580 fr. en revenu pendant une période très étendue et de plus de 19000 fr. en capital, dont on peut déduire les 3340 fr. environ de gain temporaire sur le revenu, ce qui fait toujours ressortir une perte définitive de plus de 15000 francs.

On pourrait faire un calcul analogue pour des placements respectifs en 1900 en fonds 3 $\frac{1}{2}$ et en 3 % toujours à l'avantage de ce dernier.

Nous avons bien des fois, dans l'*Économiste français*, avisé nos lecteurs de préférer toujours la *Rente française* 3 % soit à la 5 %, soit à la 4 $\frac{1}{2}$, soit à la 3 $\frac{1}{2}$, malgré la légère infériorité passagère d'intérêt. Ceux qui ont suivi ce conseil ont fini par avoir et un capital et un revenu sensiblement supérieurs au capital et au revenu de ceux qui ont adopté la conduite contraire.

Ainsi, dans les périodes de tendance à la baisse de l'intérêt, et nous sommes dans une de ces périodes, on doit en général donner la préférence aux fonds constitués en un intérêt nominalement peu élevé relativement à ceux qui sont constitués en un intérêt plus élevé; moyennant un petit sacrifice momentané, on se garde des conversions à l'avenir, on maintient mieux son revenu, et l'on se réserve les chances d'une augmentation du capital.

CHAPITRE IX

Les fonds d'État étrangers.
Les fonds stipulés payables en or.
Les rentes extérieures
et les rentes intérieures.

Grande importance de la distinction entre les dettes extérieures et les dettes intérieures. — La stipulation que les intérêts et le capital seront payables en or ou, ce qui est à peu près équivalent, qu'ils seront payables en francs et en livres sterling. — Les dettes extérieures sont, plus que les dettes intérieures, à l'abri d'impôts éventuels. — Elles doivent, en général, être préférées.

Le principe de la division des placements, et encore plus celui que nous avons exposé plus haut (page 97) de la distribution géographique des placements, conseillent d'associer dans un portefeuille les fonds étrangers aux fonds nationaux.

Les Français ne peuvent plus regarder leur pays comme le centre du monde, ni considérer qu'ils soient la seule nation bien administrée et solvable. Sans parler de l'Angleterre et des États-Unis, nombre d'autres contrées sont parvenues à la prospérité ou sont en train de l'acquérir, et la maxime qu'un peuple doit rester fidèle à ses engagements

par dignité et par intérêt gagne de plus en plus
les nations diverses.

Avant de dresser une nomenclature et de faire
un classement des fonds d'État qui peuvent attirer
l'attention, il est quelques remarques préliminaires
intéressantes.

Certains États de très vieux crédit, comme la
Grande-Bretagne, ne s'adressent dans leurs emprunts qu'à leurs nationaux et ne prennent envers
eux que l'engagement général de leur servir un
intérêt déterminé avec la faculté qui existe toujours
pour eux, à moins qu'ils ne l'aient aliénée totalement
ou pour une période déterminée, de rembourser les
titres au pair, taux en général distinct et le plus
souvent un peu supérieur au taux d'émission. Si
des étrangers veulent prendre des fonds britanniques, libre à eux; mais la Grande-Bretagne n'a
jamais jugé à propos de leur faire des conditions
spéciales.

Au contraire, les États d'un crédit plus récent
et d'une moindre richesse intérieure, qui ont besoin
de s'adresser directement à l'étranger, comme l'Autriche, la Russie, les États sud-américains et beaucoup d'autres, jugent souvent à propos d'offrir aux
souscripteurs étrangers des conditions spéciales.

Ainsi, ils stipulent que les intérêts et le capital
de tel ou tel emprunt sera payé en or, non seulement dans le pays emprunteur, mais sur les principales places d'Europe, notamment à Paris en
francs, ou à Londres en livres sterling.

Toutes autres circonstances restant égales, les
emprunts stipulés payables en or doivent être préférés aux emprunts qui ne portent pas cette con-

dition. Il peut arriver, en effet, que par des révolutions ou des guerres un État, réputé très solide au moment d'un emprunt, tombe dans de graves difficultés, et que, notamment, il ait recours au papier-monnaie : ce papier-monnaie, qui devient sa monnaie nationale, se déprécie plus ou moins, parfois légèrement de 2 à 5 %, parfois notablement de 10 à 20 ou 30 %. Le porteur de titres stipulés payables en or n'a rien à redouter de cette situation, à moins que les difficultés de l'État débiteur soient telles, qu'il devienne tout à fait insolvable, ce qui est rare. Au contraire, le porteur de titres qui ne sont pas stipulés payables en or, ou en francs, ou en livres sterling, est payé en la monnaie nationale du pays emprunteur, monnaie parfois dépréciée perdant soit 2 à 5 %, soit même 10 à 30 %, suivant les cas.

Dans les temps de prospérité, l'écart est souvent très faible entre le prix des emprunts étrangers stipulés payables en or et celui des emprunts des mêmes pays n'ayant pas cette stipulation, ni celle qu'ils seront payés en francs ou en livres sterling, et qui par conséquent peuvent être payés, intérêts et capital, en la monnaie nationale du moment, quelle qu'elle soit, fût-elle dépréciée.

Ainsi, au moment où nous écrivons ces lignes, la Rente autrichienne 4 % or, à un mois du détachement d'un coupon semestriel, fait 101,80, ce qui la met presque exactement au pair; la Rente autrichienne 4 % payable en couronnes, c'est-à-dire en monnaie nationale, cote au même moment 100,75, deux mois après le détachement du coupon. Les cours sont donc quasi identiques. Il n'est pas douteux que si l'Autriche-Hongrie était en proie à une guerre, qu'elle retombât surtout dans le papier-monnaie, la Rente autrichienne or ne se tînt sensiblement plus haut que la Rente autrichienne couronnes, puisque la première, sauf le cas d'insolvabilité grave du pays, cas peu probable, serait assurée d'être payée en or, tandis que la seconde risquerait d'être payée en une monnaie nationale plus ou moins dépréciée.

Les fonds étrangers stipulés payables en or doivent donc, toutes autres circonstances étant égales, être préférés à ceux pour lesquels on n'a pas stipulé cette garantie.

Parfois, sans que cette formule de payement en or soit expressément stipulée, la dette d'un pays est divisée en Dette extérieure et Dette intérieure. C'est le cas notamment pour la dette espagnole; c'est aussi le cas pour la Russie et pour la dette de beaucoup d'autres pays. Les dettes extérieures sont stipulées payables sur les principales places, notamment Paris et Londres, en francs et en livres sterling. Ces conditions équivalent *en fait* à la stipulation, qui est absente, du payement en or.

Les dettes extérieures doivent donc, pour le public général des rentiers, être préférées aux dettes intérieures. Elles sont à l'abri des vicissitudes de la monnaie nationale. Elles sont aussi plus à l'abri des impôts, soit que des stipulations formelles lors de l'émission des titres aient stipulé cette immunité, soit que cette stipulation manque; même alors, un sentiment d'équité et d'intérêt bien entendu fait que les États prévoyants hésitent plus à grever d'impôts leur dette extérieure que leur dette intérieure.

Ainsi l'Espagne, après ses malheurs coloniaux et la guerre avec les États-Unis, laissa sa dette extérieure indemne de toute taxe, tandis qu'elle établit des taxes élevées sur ses dettes intérieures.

Tels sont les motifs de la préférence que le public général des rentiers doit accorder aux fonds étrangers payables en or et aux dettes extérieures, relativement aux dettes sans spécification ou aux dettes intérieures, quand il s'agit, du moins, de pays dont le crédit n'est pas absolument de tout premier ordre.

Il n'en résulte pas que certains capitalistes, particulièrement versés en ces matières, ne puissent, en diverses circonstances, s'occuper fructueusement de dettes étrangères intérieures ; mais il faut laisser ce soin aux spécialistes.

CHAPITRE X

Essai de
Classement des fonds d'État étrangers.

Les fonds d'Etat étrangers de premier ordre, qui peuvent servir de valeurs fondamentales. — Nomenclature des nombreux fonds étrangers qui peuvent être considérés comme des valeurs d'appoint. — Les fonds étrangers de spéculation, qui ne peuvent être abordés que par des personnes faisant des économies régulières. — Les fonds étrangers à laisser aux spécialistes.

Les fonds d'État étrangers devant entrer, en une proportion notable, quoique variable, dans les portefeuilles bien composés, surtout dans les portefeuilles d'une certaine importance, il importe d'en faire une sorte de classement.

Ce classement s'établit d'après la classification déjà indiquée en valeurs fondamentales, valeurs d'appoint, valeurs de spéculation et aussi valeurs à éviter. (Voir plus haut, pages 75 à 86.)

Un pareil classement varie d'ailleurs d'une période d'années à une autre. Tel fonds peut monter de la quatrième ou de la troisième classe à la seconde, ou descendre d'un ou deux rangs, suivant les circonstances. Ces modifications ont moins de fréquence et d'amplitude aujourd'hui qu'autrefois; il y a un peu plus de stabilité. Néanmoins, l'exemple récent de la Russie prouve que des changements profonds peuvent s'effectuer parfois en un temps assez court.

Nous rappelons que les petits portefeuilles, et ceux en général des personnes qui ne font pas d'économies régulières, doivent faire une beaucoup plus large part aux valeurs fondamentales, une moindre aux valeurs d'appoint, et écarter complètement les valeurs de spéculation.

Les portefeuilles de personnes qui font des économies considérables peuvent, au contraire, avec circonspection et discernement, faire quelque place à ces dernières, à concurrence de 10 %, par exemple, de leur avoir.

Autrefois, l'horizon des rentiers et des capitalistes se bornait à l'Europe occidentale et centrale, puis il s'est étendu à toute l'Europe; aujourd'hui il embrasse le monde entier, notamment les deux Amériques et toute l'Asie, y compris les deux nations rajeunies en marche vers des destinées nouvelles : le Japon et la Chine. On nous demande souvent, à l'*Économiste français*, d'indiquer le fonds public le plus sûr qui soit. Il semble que la réponse soit facile; elle est cependant moins simple qu'on ne le suppose. Autrefois on aurait dit, sans hésiter, que le fonds le plus sûr est le *Consolidé britannique;* mais depuis que, en une demi-douzaine d'années, ce fonds a fléchi de 114 à 85 ou 86, pour revenir maintenant aux environs de 89, le prestige du *Consolidé britannique* est un peu atteint; il a été converti, il est vrai, de 2 $\frac{3}{4}$ en

2 $\frac{1}{2}$ %, et il supporte l'impôt sur le revenu qui est
actuellement à peu près de 5 %, de sorte que le
revenu net n'est que de 2,37 au lieu de 2,50; au
cours actuel d'environ 89 le revenu net, impôt sur
le revenu déduit, est de 2,67 % en chiffres ronds;
quand on possède en Angleterre moins de 4000 fr.
de revenu, on peut se faire remettre la totalité de
l'impôt, et alors le revenu net étant de 2,50 pour
89 francs, cela représente 2,80 % environ. Le
2 $\frac{1}{2}$ *Consolidé britannique* n'est pas rachetable,
c'est-à-dire pas convertible, avant 1923; il y a donc
dix-huit ans de revenu fixe assuré.

C'est là un fonds de tout à fait premier ordre,
qui a des chances de revenir graduellement au pair.
D'autres fonds britanniques sont actuellement d'un
plus grand rendement : ainsi l'*Irish Land Loan*
2 $\frac{3}{4}$ %, garanti par le Gouvernement anglais et
irremboursable avant une trentaine d'années; ce
titre vaut 91 à 92 environ, ce qui lui fait rapporter
presque exactement 3 %, sans déduction de l'impôt
sur le revenu, et 2,85, si l'on rentre dans les cas
où l'impôt s'applique. Ce titre est tout particulièrement avantageux, car il donne à peu près le même
revenu que la Rente française, est inconvertible
pendant une période quatre fois plus longue et
jouit d'une marge de hausse de 8 à 9 %, qui sera
sans doute rapidement franchie.

Le *Transvaal* 3 %, garanti par le Gouvernement
britannique, qui cote à Londres et également à
Paris 98 à 99, est, sauf l'impôt de 5 % sur le
revenu, aussi avantageux, comme revenu, que la
Rente française; mais il n'a pas la notable marge
de hausse qu'a l'*Irish Land Loan*.

Les fonds les mieux garantis et les plus solides seraient, en définitive, les fonds des États-Unis; mais, comme ils ne rapportent guère que $2\,^1/_4$ à $2\,^1/_2$, il est sage de les remplacer par les obligations des grands chemins de fer américains : *Pensylvania, New-York Central, Illinois Central, Chicago Milwaukee*, etc., qui sont des titres de tout à fait premier ordre et donnent $3\,^1/_2$ à $3\,^3/_4$ %. (Voir plus loin.)

Les *Fonds belges* 3 % donnent 3 % nets et sont recommandables. Les *Hollandais*, qui donnent 3,10 à 3,15, sont dans le même cas.

Même pour les fonds d'État, il faut appliquer la maxime de la division des placements; la chute des Consolidés britanniques depuis six ans et celle toute récente des Fonds russes en fournissent la preuve.

Les *Fonds égyptiens* sont des titres de tout à fait premier ordre non seulement par la protection de l'Angleterre, mais par la prospérité rapidement croissante du pays : *Égypte privilégiée, Domaniale égyptienne* et *Unifiée d'Égypte*. Malheureusement ici les conversions sont prochaines, quoique pour l'*Égypte unifiée* elle ne puisse avoir lieu avant le mois de juillet 1912, et pour l'*Égypte privilégiée* avant le même mois de 1910, ce qui fait que ces deux derniers titres ont encore du champ devant eux. Il faut dire que, lors des conversions, on fait, en général, aux porteurs de titres quelque avantage en capital, de sorte que ceux-ci se maintiennent un peu au-dessus du pair.

D'autres fonds publics donnent un plus large revenu, et peuvent être encore classés parmi les valeurs de premier ordre

Nous ne ferons que mentionner le 3 % *Allemand* entre 89 et 90, le 3 % *Saxon* à 88 fr. 70. L'attitude déplaisante et menaçante de l'Allemagne dans l'affaire du Maroc a très naturellement arrêté le mouvement qui commençait à porter les capitalistes français vers ces valeurs.

Mentionnons les fonds des divers États scandinaves : les 3 $\frac{1}{2}$, étant à peine au pair ou même un peu au-dessous du pair, si l'on tient compte de la partie acquise du coupon ; le 3 $\frac{1}{2}$ *Danois* 1901, à 101 fr. 90, à six semaines du coupon de janvier ; deux autres fonds danois 3 $\frac{1}{2}$, les 1886 ou 1900, à 1 ou 2 francs plus bas ; les 3 $\frac{1}{2}$ *Norvégiens*, entre 96 et 97, rapportant ainsi 3,60 à 3,70 nets ; le 3 % *Norvégien*, à 86 ou 87 francs ; le 3 $\frac{1}{2}$ *Suédois* 1899, à 99 fr. 90. La scission de la Suède et de la Norvège ne paraît pas devoir comporter pour ces pays de conséquences économiques et financières vraiment fâcheuses, et les titres norvégiens, un peu dépréciés par cet événement, paraissent attrayants. Malgré les fautes que commet la Suisse avec sa nationalisation des chemins de fer, les 3 $\frac{1}{2}$ *Suisses*, qui sont à peine au pair, si l'on tient compte du coupon, et les 3 % entre 91 ou 93 francs, sont avantageux. Avec l'ensemble de ces titres on peut se faire un revenu d'environ 3 $\frac{1}{2}$ % nets, et il n'apparaît pas qu'il y ait des chances de conversion d'ici à bien des années.

L'*Italien* 4 % a le défaut de devoir devenir bientôt du 3 $\frac{1}{2}$ ou du 3 $\frac{3}{4}$ et ne peut plus guère intéresser la masse des capitalistes français ; l'*Autrichien* 4 %, malgré la politique intérieure agitée, rapporte encore environ 4 % nets, et ne paraît avoir rien de bien sérieux à redouter des complications que peut susciter la future succession d'Autriche. Il n'en est pas tout à fait de même du *Hongrois* 4 %, la politique de la Hongrie étant inquiétante, et ses fonds publics, si elle venait à se séparer de l'Autriche, offrant des probabilités de baisse. On ne voit pas, avec l'attitude des Hongrois, pourquoi leurs fonds publics se capitaliseraient dans des conditions beaucoup plus favorables que les *Fonds roumains*. Ces derniers titres, notamment les 4 %, apparaissent comme recommandables. Les *Fonds russes* sont à des cours d'années de crise très préoccupantes qui, probablement, ne dureront pas toujours, et il semble que, quand on n'en est pas surchargé, on puisse leur faire une part : ce sont actuellement (décembre 1905) des fonds de spéculation. Les *Fonds helléniques* 4 %, sous le régime du contrôle international, sont des valeurs d'appoint. On peut même encore, malgré leur hausse récente, et en quantités modiques, 5 % par exemple de son avoir, y ajouter quelques 4 % *argentin* ou *brésilien*; mais il ne faudrait pas pousser prématurément ces titres au-dessus des cours actuels, soit 88 ou 89 pour les *Brésiliens* 4 % et 91 à 93 pour les *Argentins*. Évidemment, il y a un peu plus de risques avec ces deux derniers titres; mais, en proportions très modérées, il semble que l'on puisse les aborder.

Il ne faut pas assimiler aux fonds d'État brésilien les fonds des provinces brésiliennes qui offrent beaucoup plus de risques. Les *Fonds mexicains*, les 4 et 3 %, grâce à la stabilité politique, à l'essor économique du pays et à la réforme financière effectuée, ainsi qu'au voisinage des États-Unis, qui

9

conseille ou impose au Mexique le calme et la prudence, paraissent aussi pouvoir figurer parmi les
valeurs d'appoint.

La *Rente extérieure espagnole* 4 % est intéressante, quoique le Gouvernement, avec une opiniâ-
treté enfantine et un incroyable dédain de la science
et de l'expérience, ne s'occupe pas assez efficacement de la question du change. La situation politique et la situation budgétaire paraissent assez
consolidées; aussi la *Rente espagnole* 4 % paraît
pouvoir, en proportions modérées (10 % environ),
remplacer la *Rente italienne* dans les portefeuilles
français.

Quand nous aurons joint aux valeurs précédentes
les divers *Fonds chinois* 5 %, gagés sur les chemins de fer de la Chine, et les *Fonds japonais,*
nous aurons à peu près épuisé les fonds d'État
qui peuvent figurer parmi les valeurs d'appoint.
S'il s'en rencontre d'autres, ils sont peu importants.

Parmi les *Fonds turcs,* favorisés de la spéculation et d'une clientèle spéciale, nous ne pouvons
considérer comme valeurs d'appoint que l'*Ottoman*
3 1/2, garanti *par le tribut d'Égypte,* et l'*Ottomane* 4 % 1894, garantie par la partie ottomane du
chemin de fer de Vienne à Constantinople, sorte
d'obligation d'une ligne ferrée productive.

Les *Fonds portugais* se sont fort améliorés depuis la banqueroute récente, et le Portugal, beaucoup mieux inspiré, sous ce rapport, que l'Espagne,
a su ramener son change, c'est-à-dire le cours de
sa monnaie, à peu près au pair. Néanmoins, ses
budgets offrent encore des déficits trop constants

pour qu'on puisse classer ses fonds parmi les valeurs d'appoint.

Nous rangeons parmi les *Fonds de spéculation*, abordables seulement aux grosses bourses qui font des économies, le gros bloc des *Fonds turcs :* l'état de délabrement de l'empire ottoman, quoique cet État se maintienne ainsi depuis près d'un siècle, peut un jour ou l'autre, à l'improviste, amener une crise fatale.

De même nous classons parmi les valeurs de spéculation les *Fonds bulgares* et *serbes,* qui concernent de petites nationalités ayant de l'avenir, mais encore peu assises et pouvant être secouées par des guerres ou des révolutions.

Doivent être considérés encore comme fonds de spéculation les emprunts de la plupart des provinces brésiliennes, ceux du Pérou (*Peruvian corporation*), les diverses obligations de *Haïti,* etc.

Comme nous l'avons dit plus haut, les *Fonds russes* (décembre 1905), tant que l'ordre ne sera pas rétabli et un régime stable assuré, doivent être classés, du moins temporairement, parmi les fonds de spéculation, mais offrant, semble-t-il, d'assez nombreuses chances de relèvement avec le temps.

Les capitalistes qui sont très au large, qui font de fortes et constantes économies, peuvent avoir parfois avantage à recueillir certains de ces fonds de spéculation. Mais le gros public et les personnes qui dépensent tous leurs revenus doivent les écarter systématiquement.

D'autres fonds soulèvent encore plus d'objections et sont en quelque sorte répulsifs; ce sont ceux des États anarchiques, obstinément déloyaux ou empêtrés dans une situation financière foncièrement mauvaise, comme le Vénézuéla, la Colombie, etc. Les spécialistes seuls, gens du métier, familiers avec le pays, peuvent s'occuper de ces titres, ainsi que de ceux de l'Amérique centrale, sauf le Mexique.

Parmi les titres des colonies anglaises, nous ne considérons comme méritant l'attention du public français que les *Fonds canadiens*. Les fonds de l'Afrique du Sud ont une prospérité qui dépend des mines d'or et de diamant, lesquelles, celles d'or du moins, seront à peu près épuisées dans vingt ans.

Quant aux *Fonds australiens*, le socialisme d'État qui prévaut dans cette jeune et vaste contrée, et qui en arrête le développement, les rend un peu suspects. Il en est de même, quoique dans une mesure un peu moindre, de la *Nouvelle-Zélande*. Le socialisme là aussi est préoccupant.

CHAPITRE XI

Les obligations françaises et étrangères.

Les diverses catégories d'obligations. — Les obligations 3 et 2 1/2 des grandes compagnies de chemins de fer français. — La durée respective pour les diverses compagnies de la garantie de l'État. — Les titres convertibles et les titres inconvertibles. — Les obligations des chemins de fer algériens et coloniaux. — Les obligations des sociétés industrielles diverses. — Les obligations des chemins de fer étrangers et de diverses institutions étrangères. — Avantages très appréciables et garanties qu'offrent les obligations des principales compagnies de chemins de fer des États-Unis. — On y trouve à la fois des valeurs fondamentales et des valeurs d'appoint. — Renseignements sur ces titres intéressants.

Tout en présentant certains avantages au point de vue de la notoriété et de la situation du débiteur, de l'ampleur du marché et des facilités de négociation, les Fonds d'Etat, soit nationaux, soit étrangers, sont loin de devoir absorber l'attention des capitalistes et des rentiers, et il y aurait un excès de timidité à se borner à cette nature de placements.

Cet exclusivisme eût été plus naturel dans la première partie du xixe siècle, alors que les socié-

tés anonymes étaient rares et les valeurs mobilières privées peu nombreuses. Encore ceux qui,
même à cette époque, se sont limités aux fonds
d'État ont manqué des occasions d'accroître leur
fortune.

Les obligations des sociétés diverses ne peuvent,
sans doute, pas procurer ce dernier résultat, puisque
ce sont des valeurs à revenu fixe; mais elles ont
certains avantages, et il convient de leur faire une
large place dans un portefeuille. Elles comportent,
d'ailleurs, comme les fonds d'État, des valeurs fondamentales, des valeurs d'appoint et des valeurs
de spéculation. (Voir plus haut, p. 75 à 86.)

Les obligations des grands chemins de fer français tiennent le premier rang parmi ce genre de
valeurs. Ces titres ont toujours été considérés
comme devant composer une partie importante
du portefeuille des gens paisibles. Ils étaient à
des cours très élevés, il y a trois, quatre et cinq
ans; puis ils se sont déprimés, avec les *Rentes françaises* d'ailleurs et la généralité des Fonds publics
depuis lors, atteignant le point le plus bas de tasse-
ment dans les premiers mois de l'année 1904. Depuis
cette date ils ont repris dans une certaine mesure,
mais ils sont encore de 3 ou 4 % plus bas qu'il y
a une demi-douzaine d'années; mises au nominatif,
et la plupart des personnes aisées font bien de faire
subir, au plus grand nombre de ces titres qu'elles
possèdent, cette transformation, les obligations 3 %
des grandes compagnies rapportent encore 3,10 à
3,15 % nets, avec une prime au remboursement de
6 à 8 % environ qui est très appréciable et se traduit dès maintenant, pour les personnes qui en ont

une très grande quantité, par un surcroît annuel moyen de bénéfice de 40 centimes environ par obligation. Au cours de 450 francs, souvent coté en 1904, les obligations 3 % rapportent exactement 3,20 % nets au nominatif, plus environ 10 centimes de prime annuelle moyenne au remboursement, ce qui, à ce cours, porte le rendement moyen à 3,30 % nets. Au cours de 460, le rendement moyen est de 3,13 % et, avec la prime moyenne au remboursement, ressort à plus de 3,20 nets.

Tous ces titres sont plus rémunérateurs que la *Rente française* pour les personnes qui peuvent les mettre au nominatif; celle-ci ne rapporte, en effet, que 3 % exactement; en outre, ce qui est très important, ils n'ont aucun risque de conversion à redouter, de très longtemps du moins, tandis que la *Rente française* sera convertible à partir de 1911 et que, dès que les circonstances le permettront, on la convertira en 2 $^3/_4$ %. Les obligations des grandes compagnies 3 %, à notre sens, sont préférables actuellement aux titres 2 $^1/_2$, étant donné que l'on n'entrevoit pas, d'ici à un temps fort éloigné, de possibilités de conversion.

Il faut même ajouter à ce sujet que quatre compagnies, celles du *Nord*, de l'*Est*, de l'*Ouest* et du *Midi*, ayant omis de se réserver, lors des émissions des titres, le droit de remboursement par anticipation, ne pourront jamais convertir leurs obligations. Cette impossibilité résulte de la jurisprudence admise par la Cour de cassation dans l'affaire de la compagnie de l'Est contre les propriétaires de ses obligations 5 %.

Deux compagnies seulement qui se sont réservé

le droit de rembourser par anticipation, les compagnies de *Lyon* et du *Nord*, pourront convertir un
jour leurs obligations. Mais comme le cours de ces
titres est déprimé par les impôts qu'ils subissent,
il est peu probable que cette faculté puisse être
exercée avant vingt ou vingt-cinq ans, et il est probable que, d'ici là, l'État aura fait subir deux conversions successives à la Rente 3 %.

L'impôt, sans doute, sur le revenu des valeurs
mobilières peut être accru ; mais cela ne paraît pas
menaçant, la direction des Parlements radicaux et
démocratiques étant vers des impôts personnels qui
frapperaient, indirectement il est vrai, aussi bien
les fonds publics français que les titres des sociétés anonymes.

Les grandes compagnies de chemins de fer ont
émis aussi, depuis une quinzaine d'années, des obligations 2 $\frac{1}{2}$ % qui se cotent actuellement aux environs de 420 francs et rapportent net au nomina-
tif 12 francs, soit 2.85 à 2.90 nets environ au
cours actuel ; c'est un peu maigre. En revanche, la
prime au remboursement (déduction faite de l'impôt perçu par le Trésor) est très forte : 75 francs
environ, correspondant à un gain moyen annuel et
actuel d'environ 70 centimes, de sorte que, y compris cette prime, le revenu net moyen de l'obligation
se trouve relevé, au nominatif, à 12 fr. 70, soit
presque exactement 3 %.

Il est probable que ces obligations ne pourront
jamais être converties, parce que d'ici un demi-
siècle, époque d'expiration moyenne des concessions, le taux de l'intérêt ne tombera pas aux
environs de 2 %, ce qui serait nécessaire pour que

ces titres 2 $\frac{1}{2}$, grevés d'impôts, pussent être l'objet d'une conversion.

Ces titres peuvent donc convenir aux personnes tout à fait timides, qui veulent assurer à elles-mêmes et à leurs descendants un revenu fixe pendant cinquante années.

Mais comme les obligations de quatre compagnies : *Nord, Est, Ouest, Midi*, ne sont pas convertibles, ainsi qu'on l'a vu plus haut, et, qu'elles donnent un revenu de 0 fr. 20 % plus élevé, celles-ci paraissent plutôt plus avantageuses.

Les obligations des grandes compagnies de chemins de fer sont stipulées *garanties par l'État*. Il faut cependant s'entendre sur la nature de cette garantie : elle expire, sans contexte, en 1914 pour les deux compagnies du *Nord* et de *Lyon*, et, en 1934, pour celles de l'*Est* et de l'*Ouest*. Quant aux deux compagnies d'*Orléans* et du *Midi*, un arrêt du Conseil d'État, qui a tous les caractères d'un arrêt de principe, a décidé, dans une question de fait, que cette garantie allait jusqu'à la fin des concessions. L'État avait la prétention que ces deux compagnies inscrivissent sur leurs titres que la garantie de l'État cessait en 1914 : le Conseil d'État a repoussé cette prétention ; mais l'État ne se tient pas pour battu définitivement, et il inscrit dans ses documents que sa garantie envers les compagnies d'Orléans et du Midi expire à cette date. Si donc, celle-ci passée, ces deux compagnies réclamaient la garantie de l'État, il est vraisemblable que l'État la refuserait et qu'il faudrait aller de nouveau devant le Conseil d'État. On doit penser que ce grand corps tiendrait à honneur de maintenir sa décision :

quoi qu'il en soit, il peut y avoir un litige à ce sujet.

Après 1914, et jusqu'à l'expiration de leurs concessions respectives de 1950 à 1960 (voir plus loin, page 179), il paraît certain que les compagnies du *Nord* et de *Lyon*, dépourvues alors de la garantie de l'État, pourraient pourvoir aisément au service de leurs obligations; en effet, elles distribuent à leurs actionnaires, l'une 34 millions, l'autre 44 millions de dividende, ce qui constitue une large marge. On peut penser qu'il en serait de même pour l'*Est* et l'*Ouest* à partir de 1934, et pour l'*Orléans* et le *Midi* au cas où, contrairement à l'équité et à la chose jugée, le Conseil d'État, venant à se démentir, déciderait que la garantie de l'État expire pour ces compagnies en 1914.

On obtient un revenu net d'une légère fraction plus élevée, en prenant des obligations des compagnies de chemins de fer algériens : *Bône-Guelma, Est-Algérien, Ouest-Algérien*. Ces titres se tiennent, en effet, d'une dizaine de francs au-dessous des cours des obligations des grandes compagnies métropolitaines : leur rendement net, sans la prime de remboursement, est de 3,15 à 3,20 % environ. Leur prime de remboursement ressort à présent à 40 ou 45 francs environ par titre (impôt de l'État déduit); c'est 7 ou 8 francs de plus que la prime de remboursement des obligations des grandes compagnies : la période, il est vrai, sur laquelle elle s'étend, est un peu plus longue, les concessions étant plus récentes. La garantie de l'État, pour ces trois compagnies algériennes, va sans conteste jusqu'à la fin des concessions (1975 à 1980); elle est subordonnée à des forfaits de construction et d'exploitation qui ne paraissent comporter aucun risque sérieux. Ces titres sont donc très recommandables, un peu supérieurs en revenu à ceux des grandes compagnies, ayant plus de durée, mais ayant un marché plus étroit.

Il en est de même des obligations des lignes de l'ancienne Compagnie franco-algérienne, aujourd'hui rachetées et exploitées par l'État, qui jouissent, par conséquent, de la garantie de celui-ci la plus directe et la plus nette. C'est par une véritable anomalie que ces obligations 3 %, *Aïn-Thizy-Mascara*, *Méchéria-Aïn-Sefra*, *Modzbach-Méchéria* et *Mostaganem*, se traitent entre 445 et 450 francs, ce qui leur fait rapporter, sans la très forte prime au remboursement, 3,20 à 3,25 % nets et, avec la prime qui est de 45 à 50 francs, 3,30 à 3,35 % nets environ. Ce rendement pour un titre garanti par l'État et, pratiquement, inconvertible d'ici à très longtemps, est fort avantageux; le seul inconvénient de ces titres est qu'il faut de la patience pour s'en procurer; mais il ne faut pas hésiter à en acquérir, quand cela est possible.

La même observation s'applique à l'obligation des *Chemins de fer de l'Indo-Chine et du Yunnan*, qui jouit (ce que le public ignore trop) d'une garantie formelle de la métropole et qui cote de 425 à 430 fr., rapportant au nominatif 3,30 à 3,35 % nets, avec une prime de remboursement de plus de 15 %.

En dehors des obligations des grandes compagnies de chemins de fer, il y a d'autres obligations de premier ordre qui peuvent entrer dans les portefeuilles des pères de famille et des gens prudents. Les obligations diverses du *Crédit foncier*, notamment celles à lots, très bien garanties depuis les provisions et réserves que fait cet établissement, sont, en général, assez sensiblement plus avantageuses que les obligations similaires de la Ville de Paris. Nous reviendrons sur les titres à lots.

La généralité des obligations que nous venons d'indiquer peut être considérée comme rentrant dans la catégorie des *valeurs fondamentales*. Il y a, en outre, parmi les obligations, beaucoup de titres, très estimables, qui constituent des valeurs d'appoint.

On peut prendre aussi des obligations des grandes sociétés industrielles, dont la situation est bien établie, qui distribuent des dividendes réguliers et dont les affaires n'offrent pas de gros aléas : ainsi, les obligations de la *Compagnie des eaux*, dont les 3 %, il est vrai, aux environs de 455 francs, ne diffèrent guère des cours des obligations des grandes compagnies de chemins de fer, tout en se tenant un peu au-dessous. La plupart des obligations des grandes sociétés de gaz sont bien rémunératrices et bien gagées : les 3 % du *Gaz central* qui sont de 25 à 30 francs au-dessous de celles des grandes compagnies de chemins de fer, les 4 % de la même compagnie, les 4 % de l'*Union des Gaz*, celles-ci à peine au pair; les 3 1/2 de la même compagnie, entre 400 et 465 francs; les 3 % de la *Foncière lyonnaise*. De même, les obligations 4 % des *Tramways généraux*, les 4 % des *Forces motrices du Rhône*; dans les mêmes conditions, les 4 % de la compagnie *Thomson-Houston*, les 3 1/2 des *Voitures de Paris*, tous ces titres et nombre d'autres donnent au nominatif 3,70 à 3,75 nets, et au porteur 3,65 à 3,70, et ils ne paraissent pas exposer à des risques sérieux.

Il y a un excès de timidité, de la part des personnes qui sont au large, à proscrire tous ces placements; seulement, il ne faut prendre de chacun d'eux qu'en proportions très modérées, moins encore à cause des faibles risques qu'ils peuvent présenter qu'à cause de l'étroitesse de leur marché.

D'autres obligations des affaires d'électricité bien établies et donnant des dividendes réguliers depuis longtemps, ou de grandes compagnies industrielles communes florissantes, telles que la *Raffinerie Say*, malgré sa secousse récente, des principales sociétés métallurgiques ou houillères peuvent aussi attirer l'attention comme valeurs d'appoint, mais toujours en quantités assez limitées pour chacune.

Avec toutes ces obligations françaises on peut se faire une moyenne de placements de 3,50 à 3,60 % nets, sinon même de 3,70.

Quand donc on prétend que l'argent ne rapporte que 3 %, c'est qu'on ne se donne pas la peine d'examiner.

Quant aux obligations des sociétés industrielles, plus spéciales, plus nouvelles, moins assises ou de moindre envergure, le gros public fait mieux de s'en écarter, non pas qu'elles soient nécessairement mauvaises; mais il est plus difficile de les suivre, il faut les laisser aux actionnaires de ces sociétés, qui sont familiers avec la situation de celles-ci, ou bien aux spécialistes.

Parmi les obligations étrangères, on trouve un grand nombre de valeurs d'appoint, rapportant aux environs de 4 %, parfois même un peu plus, et que peuvent acquérir en proportions modérées les capitalistes qui sont au large et font des économies.

Les titres les plus recommandables dans ce compartiment sont les obligations 3 % de la grande société dite : *Chemins de fer Autrichiens*, qui se cotent à la bourse de Paris entre 425 et 450, c'est-à-dire un peu plus bas que les obligations similaires de nos grandes compagnies, et qui ont sur celles-ci cet avantage que les coupons en sont payés sans retenue d'impôts, de sorte qu'elles rapportent, avec une grande sécurité et un marché assez étendu, entre 3,30 et 3,55 % nets, prime de remboursement de 50 à 70 francs non comprise.

Comme valeurs d'appoint, à un rang inférieur, mais cependant recommandables en quantités modérées, et offrant peu de risques en définitive, sont les obligations 3 % des *Chemins de fer lombards*, rapportant 13 fr. nets pour un prix de 330 à 340 francs environ, ce qui représente 3,80 à 3,85 % nets ; actuellement, il ne s'y joint pas de prime au remboursement, une convention récente avec la compagnie autorisant celle-ci à effectuer les rachats en bourse ; mais l'énorme écart (actuellement 160 francs) d'avec le pair donne l'espérance d'une plus-value graduelle du capital et, en tout cas, met absolument à l'abri de toute conversion pour un temps quasi-illimité.

Les obligations de première hypothèque 3 et 4 % des *Chemins de fer portugais*, donnant un revenu net d'environ 3,65 à 3,90 %, peuvent être regardées maintenant comme des titres bien garantis ; elles sont, comme les précédentes, amortissables par rachats en bourse.

Certaines obligations des chemins de fer otto-mans, celles dont le réseau est productif indépen-damment de la garantie de l'État : l'*Ottomane* 4 % 1894, aux environs de 490, la *Damas-Hamah* *privilégiée* 4 % à 460 ou 470, sont des titres conve-nablement gagés, rapportant environ 4 % nets.

Les obligations très nombreuses des *Chemins de fer espagnols*, quoique soumises à quelques aléas, peu dangereux aujourd'hui, semble-t-il, peuvent attirer l'attention des capitalistes qui sont au large et font des économies : non seulement les obliga-tions de la compagnie de *Saragosse*, qui ne rap-portent plus guère que 3 1/2 à 3,60 %, mais même les obligations, quoique un peu plus aléatoires, des diverses séries du *Nord de l'Espagne*, notamment celles des *Asturies*, qui rapportent bien près de 4 1/4 nets : il n'y a pas à faire grande attention aux rangs d'hypothèque, parce que l'on ne tiendrait compte de ceux-ci qu'au cas de liquidation des compagnies, hypothèse des plus invraisemblables ; les *Séville-Xérès*, également dans le groupe anda-lou : pour ce dernier groupe, le classement par sé-ries d'hypothèques, résultant d'un *convenio* récent, a de l'importance.

La République Argentine offre, comme valeur d'appoint très digne d'attention, les obligations 4 1/2 des *Chemins de fer de Santa-Fé*, qui sont des titres de priorité très bien gagés. Les obligations 5 % de la même société, qui sont primées par les précé-dentes, offrent un peu plus d'aléa, mais ont des perpectives plus étendues, promettant une plus-value, et sont attractives pour cette dernière raison.

Dans le compartiment des obligations étrangères

diverses autres que celles de voies ferrées, on trouve des valeurs d'appoint avantageuses, ayant seulement pour inconvénient d'avoir un marché un peu étroit : les *Crédit foncier franco-canadien* 3,40 et 3 %, qui rapportent environ 3 $\frac{1}{2}$; les *Crédit foncier égyptien* 3 $\frac{1}{2}$, qui sont dans les mêmes conditions; et d'autres obligations d'institutions égyptiennes plus nouvelles qui donnent 4 % nets, parfois un peu plus; les obligations des *Wagons-lits*, celles de *Sosnowice*, etc. Ceux qui se sentent portés vers ces titres feront bien de fractionner leurs placements en en prenant un assortiment varié.

Parmi les obligations qui sont des titres de spéculation, mais sous ce rapport peuvent attirer l'attention des personnes très au large, quoiqu'elles aient déjà effectué une grande partie de leur ascension possible, il y a et surtout il y avait les *Obligations, de deuxième rang*, 3 *et* 4 % (à revenu variable) *des Chemins de fer portugais*, les *Damas-Hamah* ordinaires, qui sont primées par les privilégiées; les *Smyrne-Cassaba*, etc.

Comme titres mi-partie de placement, mi-partie de spéculation, on peut citer les obligations 5 % des *Chemins de fer de Santa-Fé*, déjà nommées, et également les principales obligations du *Nord de l'Espagne*.

Nous arrivons à une catégorie d'obligations tout à fait de premier ordre, qui est beaucoup trop négligée par les capitalistes français : ce sont les obligations des principaux *Chemins de fer américains*.

Dans notre journal *l'Économiste français*, nous n'avons cessé, depuis une quinzaine d'années, d'attirer l'attention sur ces titres, et beaucoup, outre un intérêt rémunérateur, ont procuré, dans ce laps de temps, à leurs possesseurs, une plus-value des cours de 10 à 20 %.

Après ces étapes, l'intérêt est moindre, mais il est encore satisfaisant, et les principales de ces obligations apparaissent comme valant celles des premières compagnies européennes.

Nous citons à la fin de cette nomenclature, et nous aurions dû les mettre tout à fait en tête, les obligations des grands chemins de fer américains. On peut avoir là 3 1/2 à 3 3/4, parfois même près de 4 %, en titres de tout à fait premier ordre et 4 à 4 1/4 % en titres de qualité un peu moindre, mais encore convenablement gagés : les titres les meilleurs sont les *Pensylvania* 3 1/2, les *New-York central* 3 1/2, les *Lake Shore* 3 1/2, les *Illinois central* 4 % et les 3 1/2, les *Chicago Milwaukee* 4 %; à un rang un peu moindre, mais bien gagés aussi, les *Baltimore and Ohio* 4 % et les 3 1/2, *Norfolk and Western* 4 % et nombre d'autres.

Ces titres d'obligations de chemins de fer américains sont très nombreux; les émissions en sont très spécialisées, chaque catégorie de titres ayant des garanties spéciales; il importe donc de veiller à ce que les catégories achetées correspondent bien, notamment quant à la date lu remboursement, aux catégories indiquées.

La plupart des grands réseaux américains ont été constitués par la réunion de nombreuses compagnies moins importantes, dont les titres subsistent; les titres dits *General Mortgage* ayant hypothèque sur l'ensemble d'un réseau sont primés par les titres ayant première, deuxième, troisième hypothèque, *First, Second, Third Mortgage*, etc., sur les lignes constituantes. Les rangs d'hypothèque ici, à la différence de ce qui existe pour les chemins de fer espagnols, sont tout à fait rigoureux et toujours observés en cas d'insuffisance des recettes. Les *Prior Lien* ont un gage antérieur aux *General Lien*. Il y a aussi les *Collateral trusts*, ce qui indique l'absence d'hypothèque particulière sur une ligne déterminée.

Toute cette classification est évidemment un peu compliquée, et il serait à souhaiter qu'il y eût une moindre surabondance de séries. Mais, d'ailleurs, le guide le plus sûr pour s'y retrouver et se rendre compte des garanties qu'offre une valeur, c'est toujours le taux de capitalisation. A garanties égales, le taux de l'intérêt est un peu plus élevé aux États-Unis qu'en Europe; mais là comme ici, comme partout, on capitalise les valeurs à un taux d'autant plus bas qu'elles sont plus sûres. Parmi les obligations de chemins de fer américains, les titres capitalisés de 3 $\frac{1}{2}$ à 3 $\frac{3}{4}$ $\%$ sont de tout premier ordre; de 3 $\frac{3}{4}$ à 4, même un peu plus, on a encore de bonnes garanties; au delà de 4 $\frac{1}{4}$, on entre dans le domaine des valeurs un peu plus risquées, mais dont certaines peuvent encore être acquises à titre de valeurs d'appoint par les personnes qui sont très au large dans leurs revenus.

Les obligations des chemins de fer américains déroutent un peu les capitalistes, au premier abord, par d'autres différences avec les obligations des chemins de fer français. En premier lieu, les titres sont, en général, de 1,000 dollars, c'est-à-dire, au pair, de 5,180 francs (le dollar valant 5 fr. 18). En second lieu, ces obligations ne sont pas, comme les nôtres, amortissables par tirages périodiques; elles sont remboursables à date fixe, et en bloc pour chaque série. Cette date est souvent très éloignée : on l'indique toujours sur les cotes pour chaque série. Ainsi, il y a les *Illinois central* 3 $^{1}/_{2}$ (1951), c'est-à-dire remboursables en l'an 1951; les *Chicago-Milwaukee and Saint Paul* 4 % (1989), c'est-à-dire remboursables en 1989; les *New-York Central and Hudson River* 3 $^{1}/_{2}$ (1997), remboursables en 1997; les *Northern Pacific* 3 % (2047), remboursables en l'an 2047; les *West-Shore* 4 % (2361), remboursables en l'an 2361, par conséquent dans quatre siècles et demi. Les concessions de chemins de fer aux États-Unis, comme en Angleterre, sont perpétuelles. On demande quelquefois si les compagnies prennent des mesures pour assurer le remboursement à la date indiquée; généralement, elles n'en prennent pas, et le remboursement a lieu par voie de substitution d'un emprunt nouveau à un emprunt ancien, c'est-à-dire par voie de conversion. Le remboursement ne pouvant pas être imposé avant la date indiquée sur les titres, il y a avantage à prendre les titres dont la date de remboursement est la plus éloignée : en général, la date fixée pour le remboursement oscille entre le milieu et la fin du siècle actuel; ce n'est qu'exceptionnellement que certains titres, comme ceux de *West-Shore* cités plus haut, s'étendent sur les siècles prochains.

Les obligations des chemins de fer américains se cotent en pour cent du capital : ainsi les *New-York Central and Hudson River* 3 $^{1}/_{2}$ (1997) font actuellement 99 $\frac{1}{2}$ à 100, ce qui veut dire qu'elles sont au pair ou aux environs du pair, et que l'obligation de 1,000 dollars (5,118 francs) se paye, à quelque fractions près, à son prix de remboursement. La *Chicago-Milwaukee and Saint Paul* 4 % (1989) fait 111, c'est-à-dire 11 % de prime au-dessus du prix de remboursement ; mais de ce qu'un bon nombre des principales obligations des chemins de fer américains sont un peu au-dessus du pair, il n'y a pas à beaucoup s'effrayer quand la date du remboursement est tout à la fin du siècle et surtout, ce qui est rare, il est vrai, quand elle est rejetée dans les siècles prochains.

Il y a, d'ailleurs, beaucoup de ces obligations de chemins de fer américains qui sont aux environs du pair, parfois au-dessous ou à peine d'une légère fraction au-dessus.

Les obligations des principaux chemins de fer américains doivent être classées parmi les meilleures valeurs qui soient au monde ; les capitalistes importants devraient leur faire une part dans leurs portefeuilles. Il faut, toutefois, avoir soin de se faire livrer les titres eux-mêmes et ne pas se contenter de certificats ou de feuilles de transfert délivrés par des intermédiaires, détenant en dépôt les titres réels.

Ces obligations ont l'avantage de fournir facilement $\frac{1}{2}$ % de plus de rémunération que celles de nos compagnies de chemins de fer, avec une durée parfois double.

Elles ont cet autre mérite que ces titres, en cas de grandes guerres au sein de l'Europe, seraient à l'abri des conséquences ou des répercussions de ces guerres, ce qui donne une sécurité précieuse.

Autrefois, quand les États-Unis n'avaient pas adopté l'étalon d'or, on recommandait surtout, avec raison, celles de ces obligations, — elles sont nombreuses, — dont les intérêts étaient stipulés payables en or ou en livres sterling. Aujourd'hui, cela a moins d'importance.

Les obligations des principaux chemins de fer américains sont appelées à remplir, au XXe siècle, la fonction que tenaient, au XIXe siècle, les Consolidés britanniques, celle de valeur de refuge par excellence, avec l'avantage très appréciable d'un intérêt rémunérateur.

Le jour où les grandes compagnies américaines et les institutions de crédit voudront prendre quelques mesures à ce sujet, notamment avoir un bureau officiel à Paris, publiant journellement les cours de New-York, effectuant les transferts, etc., on pourra, au grand avantage du public français, placer en France un ou plusieurs milliards de francs de ces valeurs.

Les capitalistes avisés et les intermédiaires dégourdis peuvent, dès maintenant, s'occuper de ces placements très recommandables. Un grand nombre l'a déjà fait.

CHAPITRE XII

Les bons ou obligations à lots.

Séduction des titres à lots pour les petits épargnants. — Au fond, ils sont peu avantageux en général, et ce serait une duperie d'en posséder beaucoup.

Les obligations à lots sont des titres séduisants qui peuvent entrer, en quantités très restreintes, dans les portefeuilles.

Elles sont toujours attrayantes pour les petits épargnants et les petits rentiers, dont elles stimulent l'esprit d'économie et qu'elles bercent, le plus souvent, d'illusions sans danger.

Ce serait, toutefois, une erreur et une duperie d'en posséder un grand nombre. On ne regagnerait aucunement par les lots le sacrifice que l'on fait sur l'intérêt.

Suivant le mot de Pascal, à la loterie, plus on prend de billets, plus on a de chances de perdre, puisque, si l'on prenait tous les billets, on perdrait à coup sûr.

L'impôt excessif de 8 % que le gouvernement prélève sur le montant des lots accroît encore les chances de perte pour les porteurs.

De petits épargnants peuvent donc acquérir une, deux ou trois obligations à lots, au plus une demi-douzaine. Les gros capitalistes feront bien de n'en pas avoir beaucoup davantage.

Plus un emprunt à lots est ancien, plus les chances de lots sont fortes relativement au nombre des obligations existantes, un grand nombre de titres ayant été remboursés et ne participant plus aux tirages.

Les obligations à lots du Crédit foncier sont, en général, plus avantageuses, par les cours, que celles de la Ville de Paris et offrent de larges garanties.

En dehors des titres à lots, il y a des obligations à capitalisation automatique, comme les obligations *Panama* 3e *série*, les *Bons du Congo*, etc., lesquels, sans donner d'intérêts ou de lots à proprement parler, sont remboursables par tirages à un taux élevé, à 1,000 francs par exemple, les obligations Panama susdites, qui cotent 115 à 118 francs.

Ces titres paraissent au premier abord intéressants pour les personnes qui veulent, sans s'en occuper en détail, effectuer une opération de capitalisation à longue échéance, la valeur de ces titres devant logiquement croître chaque année.

Mais il faut remarquer que, par l'ignorance publique, ces titres sont en général cotés très au-dessus de leur valeur intrinsèque. Ainsi, tandis que les *Bons à lots de Panama* se tiennent en bourse à 125 ou 129 francs, la valeur actuelle des titres qui composent le fonds de garantie n'est que de 76 fr. 80, c'est-à-dire de 60 % seulement du cours coté. Il a été démontré, en outre, que le remboursement promis à 400 francs ne pourrait être effectué que tout à fait à la fin de la période,

c'est-à-dire de 1980 à 1987 pour l'immense majorité des titres du moins.

Tous ces titres à lots ou à remboursements sans
intérêts doivent donc être laissés aux petits épargnants qui, eux-mêmes, feront bien de n'en
prendre qu'en quantité modique.

CHAPITRE XIII

Les actions de sociétés.
Conditions générales à observer.
Les entreprises ayant un germe
de développement.
Les entreprises stationnaires.
Les entreprises ayant un germe
de dépérissement.

Les actions de sociétés sont très intéressantes pour les rentiers et capitalistes importants qui font des économies. — Elles comportent toutes, cependant, certains aléas. — Les chances de plus-values sont, en général, en raison inverse du degré de sécurité. — Les trois catégories d'entreprises : celles ayant un germe de développement, celles en pleine maturité, celles ayant un germe de dépérissement. — Importance et difficulté de distinguer les premières et les dernières. — En général, les entreprises très anciennes, sauf quelques très rares exceptions, sont dans la catégorie moyenne et offrent peu de chances ascensionnelles. — Toutes les époques comportent des entreprises et des valeurs à germe de développement ; mais leur caractère et leur nature varient beaucoup d'une période à une autre. — Exemples, dans le passé déjà ancien, d'entreprises et de valeurs ayant eu un germe puissant de développement. — Exemples analogues, pour le passé tout récent ou le présent. — Exemples d'entreprises avec un germe de dépérissement. — Les sociétés à monopole ou privilèges et concessions. — On ne doit pas avoir en elles une foi absolue.

Un certain nombre de personnes croient que l'on ne doit placer sa fortune qu'en Fonds d'État ou en

10

obligations. C'est là un excès de prudence ou de timidité. Cela peut être le cas pour les personnes ayant des fortunes très modiques, des revenus très étroits qu'elles absorbent et dont elles ne pourraient perdre, définitivement ou temporairement, la moindre parcelle, sans subir une gêne pénible.

Mais les rentiers ou les capitalistes qui sont un peu au large, et qui surtout font des économies, peuvent parfaitement avoir une partie de leur fortune en actions. Il s'agit seulement de les bien choisir, de les beaucoup surveiller et de morceler notablement les placements que l'on fait en ces valeurs. L'expérience récente, celle des dix dernières années, témoigne, en effet, d'une façon saisissante et cruelle, que les valeurs réputées les meilleures il y a un quart de siècle, qui composaient le fond des fortunes parisiennes de la haute bourgeoisie et qui, pendant deux générations, avaient enrichi leurs détenteurs, ont infligé tout à coup, les plus graves mécomptes à ceux qui les ont conservées et surtout à ceux qui les ont achetées tardivement dans les hauts cours. Tel a été le cas notamment pour les actions de la *Compagnie Parisienne du Gaz*, des *Omnibus de Paris*, des *Voitures de Paris*, des *Messageries Maritimes* et nombre d'autres. Les actions de nos grandes compagnies de chemins de fer elles-mêmes, sans subir des épreuves aussi profondes, n'ont pas laissé que de donner, dans ces derniers temps, des inquiétudes à leurs possesseurs. Le *Crédit foncier* aussi a eu de graves vicissitudes.

C'est que les actions peuvent être influencées par des événements de diverse nature : découvertes industrielles substituant un procédé plus perfectionné

au procédé ancien ; concurrences nouvelles ; dépla-
cements de la consommation ; changement de goûts
du public ; expiration ou renouvellement onéreux de
concessions ; épuisement ou appauvrissement des
gisements, dans le cas des mines ; événements politiques mêmes.

C'est l'une des raisons qui font qu'il est bon de
beaucoup morceler ces placements.

La plupart de ces causes qui peuvent affecter en
mal les sociétés florissantes sont, toutefois, de nature à être prévues, au moins dans une certaine
mesure ; le rentier ou le capitaliste vigilant peut en
grande partie se garer.

En dehors de l'influence de ces grandes causes
économiques qui bouleversent les industries, il peut
fondre des désastres spéciaux sur telle ou telle entreprise. Un homme moitié fou, moitié brigand, comme
le chef récent des Raffineries Say et des Raffineries
d'Égypte, investi, grâce à certaines qualités et à
certains artifices, de la confiance de son entourage,
peut ruiner presque complètement, sans que rien
l'eût fait prévoir, l'une de ces affaires et compromettre sérieusement l'autre, quoique l'une et l'autre,
en elles-mêmes, parussent des organismes sains et
que l'une, tout au moins, le fût sans conteste.

Ce genre de désastre spécial est plus malaisé à
pressentir que les désastres généraux, et c'est encore
là une des raisons qui doivent conseiller la très
grande division des placements.

Ce que l'on doit rechercher et ce que l'on recherche
dans les actions, c'est d'un côté la sécurité, c'est
d'autre côté la plus-value. Le maximum de sécurité
ne comporte guère de chances de plus-value, et le

maximum de chances de plus-value ne comporte pas une absolue sécurité.

Les valeurs complètement sûres ou qui paraissent telles (car, parmi les actions, il n'y en a pas qui le soient tout à fait) sont les valeurs qui représentent des entreprises complètement assises, arrivées à leur plein fonctionnement : les perspectives de développement sont, en ce cas, assez réduites.

Les valeurs comportant des chances de plus-value et des perspectives étendues sont, au contraire, celles qui représentent des entreprises assez nouvelles, dont le champ n'est pas bien exploré, ni bien connu, qui sont contestées et aléatoires.

Les personnes qui ne sont pas très au large, qui peuvent difficilement affronter des risques, qui ne font pas des économies notables et régulières, sont obligées par prudence à préférer la première catégorie de valeurs, sinon même à s'y restreindre.

Les capitalistes ou rentiers fort au large et qui font des économies ont plus de liberté de choix. Ils doivent alors étudier les différentes valeurs et tâcher de se rendre compte à laquelle des trois classes suivantes elles appartiennent.

Il y a, en effet, trois catégories d'entreprises et de valeurs, en dehors de celles que l'on peut considérer comme mort-nées et qui sont nombreuses. Ces catégories de valeurs sont :

1° Celles qui ont un germe de développement;

2° Celles qui, étant arrivées à la pleine maturité, sont et doivent rester plus ou moins longtemps stationnaires;

3° Celles qui ont un germe de dépérissement.

C'est à discerner les premières et les troisièmes

qu'il faut surtout s'appliquer. La tâche ne laisse pas que d'être fort délicate; en ce qui concerne les premières principalement, elle demande des connaissances générales, beaucoup plus encore que des notions techniques; il y faut une conception sûre des conditions actuelles et prochaines du progrès économique et social; il convient qu'il s'y joigne un certain flair, qualité qui ne s'acquiert pas.

En général, car toute observation comporte certaines exceptions, les grandes valeurs très anciennes et très prospères, ayant un demi-siècle, par exemple, d'existence et cotées à de très hauts cours comportent plus de mauvaises chances que de bonnes. Les exceptions à cette règle ne concernent guère que les charbonnages de toute première richesse, quelques grandes et très bien conduites compagnies d'assurances et quelques puissantes sociétés industrielles, comme celle de Saint-Gobain. Un organisme industriel ou financier ne peut constamment se développer; il vient un temps où soit des découvertes, soit des rivaux plus jeunes en arrêtent l'essor et lui imposent même un recul.

Ceux qui veulent des occasions d'amélioration de leur avoir doivent plutôt se porter sur des valeurs plus jeunes, mais non pas non plus sur les tout à fait jeunes, sur celles qui sont à peine nées, plutôt sur celles qui ont traversé les difficultés de l'enfance et qui contiennent ou paraissent contenir un germe de développement. C'est là une recherche, il est vrai, bien délicate; mais les très vieilles grandes valeurs finissent par n'avoir plus guère de force ascensionnelle.

Voici quelques exemples, tirés du passé, de ces valeurs ayant un germe de développement : sous la

Restauration et sous le règne de Louis-Philippe, encore un peu sous le second Empire, les actions des premières sociétés d'assurances ; sous le second Empire, les parts ou actions de charbonnages, notamment celles du bassin du Pas-de-Calais. Nombre de ces valeurs, gardées patiemment par leurs propriétaires pendant des décades d'années, ont décuplé ; certaines ont presque centuplé.

A la même époque de rénovation industrielle et économique (second Empire), les actions des compagnies de chemins de fer, des sociétés principales de gaz et d'eau, sans atteindre les plus-values des valeurs précédentes, ont pris un vif essor.

Les valeurs les plus éblouissantes par leur développement spontané, en quelque sorte automatique et quasi continu, ont été les valeurs du canal de Suez, les actions et beaucoup plus encore les *parts de fondateur ;* les premières ont à peu près décuplé relativement au pair, les secondes ont presque vingtuplé relativement aux cours de 1872 à 1875. Et, cependant, très peu de capitalistes importants et de gens riches se sont intéressés au Suez dans la période où il était si profitable de le faire, et où l'avenir du canal s'annonçait brillant à un bon observateur, c'est-à-dire de 1870 à 1878 ou 1879.

On dit parfois que la période des placements excellents est passée : à un de mes parents qui se mariait peu avant la guerre de 1870, son beau-père, qui avait été avec succès dans des affaires financières, déclarait que le temps était passé des entreprises très brillantes, et il ne songeait pas au Suez, qui était alors, de la part des gros capitalistes, l'objet d'un universel scepticisme.

La vérité, c'est que chaque époque comporte, en proportions plus ou moins abondantes (moins, il est vrai, aujourd'hui que sous le second Empire, époque de la rénovation industrielle du monde), des entreprises ayant un germe de développement. Mais le caractère et la nature de ces entreprises varient beaucoup d'une époque à une autre.

Depuis une dizaine d'années, en France, dans les colonies ou à l'étranger, on a vu ainsi naître et s'épanouir, certaines avec des chances encore de développement ultérieur, des entreprises nouvelles d'électricité, d'automobiles, de pétrole, de caoutchouc, de phosphates et autres produits nouveaux ou nouveaux procédés.

L'écueil, dans cette recherche des valeurs à germe de développement, c'est qu'il y a des aléas et des chances d'erreur. Aussi cette recherche ne convient-elle qu'aux personnes qui sont au large et qui font des économies : il ne faut pas s'y jeter à corps perdu. Il convient d'aller prudemment, par étapes, en augmentant son placement au fur et à mesure que l'incertitude se dissipe et que les perspectives d'avenir s'accentuent.

Il ne faut pas non plus que la séduction de ces valeurs, en somme aléatoires tout au moins au début, fasse oublier la règle fondamentale de la division des placements.

S'il y a des valeurs contenant un germe de développement, il est une autre catégorie de valeurs qui, après une carrière fructueuse, sont affectées d'un germe de dépérissement.

Rentrent notamment dans ce cas les actions des entreprises qui ont une concession de l'État ou des municipalités approchant de son terme. Dès 1880, ou au plus tard 1890, les gens prudents ont vendu leurs actions du *Gaz de Paris*, la fin de la concession en 1905 et l'arrêt de l'exploitation, ou la baisse certaine des bénéfices que comportait une prorogation à conditions onéreuses, ayant naturellement attiré leur attention. Les mines, depuis longtemps exploitées, surtout les mines métalliques, sont dans le même cas; les charbonnages des très riches régions houillères y échappent presque seuls : ceux des régions moyennement riches sont à peu près dans le même cas que les mines métalliques. Les capitalistes avisés n'ont pas attendu un grand fléchissement des cours pour se défaire des actions du *Laurium,* d'*Aguilas,* etc., aux temps de la plus grande effervescence de ceux-ci.

Des changements industriels ont frappé les actions des *Omnibus,* des *Voitures de Paris* et diverses autres; ici le germe de dépérissement était peut-être plus difficile à discerner, non cependant pour les Omnibus.

Entre ces deux catégories, celle des valeurs ayant un germe de développement et celle des valeurs ayant un germe de dépérissement, s'étend la catégorie de beaucoup la plus nombreuse : celle des valeurs qui ont franchi la période ascensionnelle et ne sont pas encore arrivées à la période de descente, ou bien encore des entreprises dont l'objet ou les conditions de fonctionnement n'ont jamais comporté qu'une destinée moyenne.

Les sociétés peuvent, à un autre point de vue, se classer en :

1o Sociétés ayant un monopole ou un privilège

légal, par suite d'une concession des pouvoirs publics ;

2o Sociétés n'ayant aucun privilège et exerçant une industrie sous le régime de la libre concurrence.

On regarde en général les premières sociétés, celles à concessions, comme offrant plus de garanties de stabilité ; cela est vrai parfois, quand on est loin de l'expiration des concessions et quand on a affaire à des pouvoirs publics loyaux. Mais il ne faut pas oublier qu'il se rencontre des pouvoirs publics soit déloyaux, soit du moins chicaniers. En outre, la concession ne met pas à couvert de modifications industrielles profondes transformant les procédés. La société des Omnibus de Paris en fournit la démonstration.

Sans nier que les concessions ou privilèges administratifs constituent souvent une recommandation, la meilleure garantie est dans la solidité même de l'organisme industriel, son bon fonctionnement et sa direction efficace. Ces deux dernières qualités sont sujettes à se modifier.

Aussi n'y a-t-il guère d'action de tout repos.

CHAPITRE XIV

Les actions de chemins de fer.

Les grandes compagnies de chemins de fer constituent des entreprises ayant atteint, en France, sinon dépassé, la maturité. — Les dates d'expiration des concessions. — Ce que deviendra la prime des actions au-dessus du pair. — Les actions de jouissance. — Eléments d'actif à répartir en fin de concession. — Calculs à ce sujet : le domaine privé, les réserves, la valeur du matériel. — Perspectives des titres des grandes compagnies. — Les actions des compagnies algériennes et coloniales. — Les actions des compagnies de chemins de fer étrangers, cotés ou non cotés à Paris.

Les actions des grandes compagnies de *Chemins de fer français* ont enrichi leurs premières et même leurs secondes couches de détenteurs, pris surtout dans la haute bourgeoisie du règne de Louis-Philippe et du second Empire. Vieilles maintenant d'environ un demi-siècle et n'ayant plus, dans l'ensemble, qu'un demi-siècle de concession, ces valeurs ne possèdent plus, surtout dans un pays à population stationnaire, la force ascensionnelle dont elles ont joui dans leur enfance ou leur adolescence. Néanmoins, il semble qu'elles puissent encore tenir une place honorable, quoique secondaire, dans les portefeuilles ; elles rapportent au nominatif environ 3,50 à 4 nets, et c'est là un rendement attrayant. Il est vrai qu'elles sont livrées à l'hostilité du Parlement, qui prétend leur imposer des clauses très onéreuses pour les pensions et pour la réglementation de la main-d'œuvre; sans ce dernier danger, évidemment les actions des grandes compagnies de chemins de fer se tiendraient à des cours plus élevés que les cours actuels.

Néanmoins, le Parlement lui-même est contenu, en partie du moins, par la répercussion qu'aurait sur les finances de l'État la baisse des recettes nettes des compagnies : il est probable que cette circonstance l'amènera à modérer sensiblement ses folles exigences. D'autre part, il est vraisemblable que, avec le temps, les compagnies de chemins de fer pourront tirer parti de certaines découvertes; elles ont aussi des réserves et certaines ressources, dont on ne se rend pas toujours compte.

Toute compensation faite, leurs titres, sans offrir l'attrait qui les caractérisait autrefois, semblent pouvoir faire l'objet de placements modérés, leur revenu étant bien rémunérateur et certains aléas favorables pouvant compenser ou atténuer les aléas fâcheux.

Il convient d'envisager, toutefois, l'expiration des concessions : elle s'échelonne entre 1950 et 1960. Les termes sont : décembre 1950 pour la Compagnie du *Nord;* novembre 1954 pour la Compagnie de l'*Est;* décembre 1956 pour celles de l'*Ouest* et d'*Orléans;* décembre 1958 pour le *Lyon;* décembre 1960 pour le *Midi*.

A l'échéance de ces concessions, l'État entrera, de plein droit, en possession du réseau, sauf le domaine privé des compagnies, lequel représente actuellement pour chacune de celles-ci entre 30 et 60 millions. Il devra, toutefois, payer le matériel à dire d'expert, sauf le cas où les compagnies seraient, du chef de la garantie d'intérêts, ses débitrices.

Avant l'expiration des concessions, les compagnies auront remboursé toutes leurs obligations et même toutes leurs actions par voie de tirages au sort, sauf impossibilité imprévue.

Mais les actions ne seront ainsi remboursées qu'au pair, soit à 400 francs pour les actions de la compagnie du Nord et à 500 francs pour les cinq autres. Or il y a un très grand écart entre ces prix de remboursement et les cours actuels, qui vont jusqu'à 1 400 francs pour le *Lyon*, 1 480 pour l'*Orléans*, 1 835 pour le *Nord*, 1 220 pour le *Midi*, 970 pour l'*Est* et 920 pour l'*Ouest*.

Ces titres se capitalisant entre 3,45 et 4 % nets au nominatif, on ne peut faire un gros prélèvement sur les dividendes pour amortir la prime au-dessus du prix de remboursement, laquelle varie entre 420 fr., minimum, pour l'*Ouest*, et 1 435 francs, maximum, pour le *Nord*. Il serait bon, toutefois, que les capitalistes très prudents fissent sur les dividendes quelque prélèvement, ne fût-ce que de $1/4$ % de la valeur du titre, pour reconstituer la prime; dans les quarante-cinq à cinquante-cinq années de concession qui restent à courir suivant les compagnies, ce prélèvement annuel de $1/4$ %, accru des intérêts, fournirait, au total, entre 20 et 25 % de la valeur de l'action, soit, suivant les titres, entre 200 et 400 francs, qui viendraient en amortissement de la prime, et le porteur de titres toucherait toujours, après ce prélèvement, un intérêt légèrement supérieur à celui des rentes françaises. Il resterait, néanmoins, à amortir encore entre 300 et 1 000 francs par titre suivant les compagnies.

Si celles-ci ne doivent rien à l'État à la fin des concessions, elles auront à distribuer aux actions, devenues toutes des actions de jouissance, la valeur du matériel que l'État, en reprenant les réseaux, devra leur payer d'après les cahiers des charges. Elles bénéficieront aussi de leur domaine privé et de leurs réserves.

Ce domaine et ces réserves ne paraissent pas devoir fournir actuellement plus de 100 à 150 francs par titre; mais il est possible qu'ils augmentent d'ici à la fin des concessions. Quant à la valeur du matériel, valeur marchande ou évaluable à dire d'experts, elle est difficile à estimer. On peut penser, toutefois, que, pour les 3 765 kilomètres du chemin de fer du Nord actuellement en exploitation, cette valeur peut bien monter, en moyenne, à une quarantaine de mille francs par kilomètre et à une vingtaine de mille francs pour chacun des 9 421 kilomètres de la compagnie de Lyon, qui a une plus forte proportion de lignes secondaires. Cela représenterait 150 millions pour le Nord et près de 190 millions pour le Lyon. En y ajoutant le matériel des ateliers et autres articles divers, on pourrait arriver à 200 millions pour le Nord et 250 millions pour le Lyon. Ce serait à peu près 380 francs pour chacune des 525 000 actions du *Nord* et environ 310 francs pour chacune des 800 000 actions du *Lyon*. En y joignant le domaine privé et les réserves, on pourrait arriver approximativement à 500 ou 550 francs pour le Nord et à 400 ou 450 francs pour le Lyon de répartition par action, en plus du remboursement au pair.

On doit dire qu'il est probable que, d'ici à la fin

11

des concessions, l'importance et la valeur du matériel augmenteront de moitié ou même doubleront[1]. Mais on ne peut avoir à ce sujet de données précises.

Les compagnies disposent d'une autre ressource : elles ont, sauf le *Nord*, combiné le remboursement d'une partie de leurs obligations ou de leurs actions de façon à ce qu'il s'achevât deux ou trois ans avant l'expiration de la concession. Elles auront donc deux ou trois années affranchies de cette charge. Cela représentera, suivant les compagnies, si rien ne survient d'imprévu, une disponibilité totale qui peut varier entre 100 et 200 millions pour chacune d'elles, sinon même davantage.

Autant que des calculs à pareille distance, susceptibles d'être modifiés par tant d'éventualités, peuvent mériter confiance, on peut conclure que, suivant les vraisemblances, les compagnies qui arriveront au terme de leur concession en étant affranchies de toute dette envers l'État trouveront dans leur liquidation des sommes suffisantes pour rembourser

[1] La statistique ministérielle annuelle des chemins de fer français ne contient aucun renseignement sur la valeur actuelle du matériel des grandes Compagnies; mais elle fait un relevé, en quantités, des éléments qui le composent : ainsi, la compagnie du Nord avait, au 31 décembre 1902, 1 870 locomotives, 4 575 voitures à voyageurs, dont 1 017 de première classe, 2 907 fourgons et 62,158 wagons de marchandises. A la même date la compagnie de Lyon possédait 2 992 locomotives, 6 789 voitures à voyageurs, dont 1 037 de première classe, 3.138 fourgons et 88 560 wagons de marchandises.

Naturellement la valeur de tout ce matériel, qui sera fixée à dire d'experts, lors de l'expiration des concessions, sera sensiblement inférieure au prix d'achat, peut-être, dans l'ensemble, moitié moindre. Mais, d'ici au milieu du siècle, ce matériel peut doubler en quantité.

à peu près le prix actuel des actions de jouissance ou tout au moins une bonne partie de ce prix, les deux tiers ou les trois quarts par exemple. Les seules compagnies qui soient actuellement indemnes de dettes envers l'État sont celles du *Nord* et de *Lyon*.

Deux autres compagnies ont de grosses dettes envers l'État, mais lui payent chaque année une bonne partie, sinon même la totalité des intérêts : ce sont celles d'*Orléans* et de l'*Est*. On peut espérer, si rien de fâcheux ne survient, que, avant la fin de leur concession, ces compagnies auront pu trouver une combinaison pour rembourser l'État, soit en totalité, soit en grande partie. Comme elles auraient, de plus, les années de la fin de la concession libres du service des obligations, elles seraient, semble-t-il, en situation de rembourser aussi soit la totalité, soit du moins une bonne partie du prix actuel de leurs actions de jouissance. Mais il faudrait qu'elles fussent, avant l'expiration des concessions, à peu près complètement libérées envers l'État.

La situation de la compagnie du *Midi* offre plus d'incertitude ; mais, elle aussi, a commencé à faire quelque remboursement à l'État, en proportions bien modiques encore, sur les intérêts de sa dette.

La situation de celle de l'*Ouest*, qui recourt toujours à la garantie d'intérêts, est plus incertaine encore, et il faudrait de grands progrès pour qu'elle arrivât à rembourser à l'État sa dette.

On voit que, si l'on peut avoir l'espérance, surtout pour les compagnies du *Nord* et de *Lyon*, et, à un degré moindre, pour celles d'*Orléans* et de l'*Est*, et, à un degré moindre encore, pour le *Midi* et l'*Ouest,* que les répartitions fournies par la liquidation à l'expiration des concessions équivaudront soit à la totalité, soit à une bonne partie, du prix actuel des actions de jouissance de ces compagnies, cela n'est pas une certitude, surtout pour les compagnies les dernières nommées ; il subsiste quelque aléa. L'équivalence absolue, même pour les compagnies les plus favorisées, des répartitions en fin de concession et du prix actuel des actions de jouissance, comporte quelque incertitude et peut être altérée par des événements divers. C'est pour cette raison que nous engageons les porteurs de titres à prélever dès maintenant sur les dividendes et à capitaliser une fraction représentant $1/4$ % environ du prix d'achat, ce qui leur laisserait encore un revenu plus avantageux que celui des rentes sur l'État, s'ils détiennent ces actions au nominatif.

Y a-t-il de grandes chances, d'autre part, d'augmentation de dividende ? Sans doute, le trafic s'accroît, mais très lentement : 8 millions en 1904, probablement 45 à 50 millions en 1905, année très favorisée ; c'est une moyenne ainsi de 25 à 28 millions par an, soit $1\ 3/4$ à 2 du montant du trafic. Cette faible progression s'explique par l'état complètement stationnaire de la population française et par les baisses incessantes de tarifs. Les dépenses, d'autre part, tendent à augmenter, surtout du chef de la main-d'œuvre et des pensions ; celles-ci, notamment, ont causé beaucoup de déboires. Enfin, l'industrie des voies ferrées est vieille de cinquante ans ; elle a besoin de transformations considérables, notamment pour l'application de l'électricité aux transports de voyageurs. Des transformations des lignes principales s'imposeront. La durée ces concessions n'étant plus que de quarante-cinq à cinquante-cinq ans, les capitaux qu'il faudra emprunter coûteront beaucoup plus cher en amortissement, s'ils tendent à coûter moins en intérêt.

Dans ces conditions, une notable augmentation des dividendes est peu probable; il n'y a guère que le *Nord* qui pourrait s'en permettre, et dans une mesure restreinte. Les autres compagnies, si leurs bénéfices disponibles s'accroissent, préféreront les consacrer à des réserves et à des provisions.

Ce que l'on peut dire en faveur des actions de chemins de fer, c'est que, à moins de mesures révolutionnaires, comme les récents projets sur la main-d'œuvre, les dividendes ne paraissent pas appelés à baisser. Or, comme il s'effectuera sans doute avant 1925 ou 1930 deux conversions successives de la Rente 3 %, ce maintien des dividendes constituera un avantage appréciable.

Les deux compagnies qui se sont prudemment réservé la faculté de rembourser par anticipation leurs obligations, à savoir les compagnies de *Lyon* et d'*Orléans*, pourront peut-être vers 1920 ou 1925, si la France bénéficie d'une paix ininterrompue, convertir la masse de leurs obligations, sauf les 2 $\frac{1}{2}$ %, en titres 2 $\frac{3}{4}$ ou tout au moins 2,80 %; ce serait, étant donné le grand nombre des titres existants, quoique beaucoup auront dû être amortis alors, une économie de 5 à 6 millions par an. Il est peu probable qu'on les affectât à grossir le dividende; mais la situation des compagnies en serait fortifiée.

Telles sont les perspectives des actions des grandes compagnies de chemins de fer. Ces titres doivent être considérés comme parvenus à peu près à l'apogée; mais ils sont convenablement rémunérateurs, et, pour les principales compagnies du moins, en l'absence de mesures révolutionnaires de la part de l'État, les perspectives, sans être à proprement parler brillantes, paraissent assez rassurantes.

Quant au rachat par l'État, dont il est souvent question, il serait, aux termes du cahier des charges, plutôt favorable aux compagnies, notamment à celle de l'*Ouest*, qui en est le plus menacée : il couperait court, en ce qui la concerne, à l'aléa des recettes après 1934 et aux incertitudes de la liquidation à la fin de la concession

Plus jeunes de vingt ans que les grandes compagnies françaises, les compagnies de *Chemins de fer algériens* paraissent plutôt, à l'heure présente, plus intéressantes, quoique le gros public les dédaigne. Elles donnent des dividendes plus élevés, entre 3.70 et 3.90 % en titres nominatifs. La prime au-dessus du pair varie entre 40 et 230 francs, le *Bône-Guelma* et l'*Ouest-Algérien* étant remboursables à 600 francs.

Les concessions expirent en 1975 pour l'*Ouest-Algérien*, 1976 pour le *Bône-Guelma*, 1978 pour l'*Ouest-Algérien*, soit quinze à dix-huit années de plus que la concession actuellement la plus longue des grandes compagnies métropolitaines, celle du Midi qui expire en 1960. Cette plus grande durée en vue constitue un notable avantage. Les compagnies algériennes jouissent pendant toute l'étendue des concessions d'une garantie incontestée de l'État français, laquelle, il est vrai, est assise d'après des forfaits de construction et d'exploitation ; mais ceux-ci ne semblent comporter, actuellement du moins, guère de risques. Un point qui préoccupe le public et l'éloigne un peu de ces valeurs, c'est le remboursement des actions qui laisse une perte de 30 à 40 francs pour l'*Ouest-Algérien*, de 110 à 120 fr. pour le *Bône-Guelma* et de 220 francs pour l'*Est-Algérien*. On délivre bien des actions de jouissance; mais celles-ci, ne recevant actuellement aucune rémunération, n'ont pas de cours.

C'est là un inconvénient limité : l'amortissement des titres est très faible chaque année et le sera encore pendant une quinzaine d'années; au 15 mai 1903, il n'avait été encore amorti que 420 titres sur les 50 000 de l'*Est-Algérien*, et 1 943 titres sur les 60 000 du *Bône-Guelma*, enfin 1 021 actions sur les 34 000 de l'*Ouest-Algérien*. Récemment, cette dernière compagnie a employé une réserve importante, qu'elle possédait, à faire un amortissement extraordinaire qui, en réduisant la partie de son capital donnant droit à l'intérêt statutaire, lui permettra plus facilement d'arriver peut-être à distribuer un dividende supplémentaire auquel participeront les actions de jouissance comme les actions de capital.

Il semble que ces actions de jouissance pourront un jour recevoir quelque dividende, du chef de la distribution de l'intérêt annuel des réserves : cela paraît probable et peut-être assez prochain pour l'*Ouest-Algérien*. Si ces compagnies ne distribuent pas l'intérêt de leurs réserves, elles finiront, notamment le *Bône-Guelma*, par avoir des provisions notables, dont la répartition, dût-elle être retardée à l'expiration des concessions, constituerait un appât pour les capitalistes prévoyants.

Les compagnies de chemins de fer algériens sont

en pourparlers, pour des remaniements, avec la colonie; mais, à moins de mesures révolutionnaires, elles ne semblent pas devoir en souffrir, et, tout considéré, ces titres paraissent intéressants. Parmi les chemins de fer français coloniaux il s'en trouve un qui a un présent rémunérateur et qui semble encore avoir des perspectives d'avenir, c'est le *Dakar-Saint-Louis* (Sénégal).

Des chemins de fer étrangers, il y a peu de chose à dire, ceux qui se négocient à la Bourse de Paris étant peu nombreux. Il y a principalement le groupe autrichien et le groupe de la péninsule ibérique.

La compagnie dite en France des *Chemins de fer autrichiens* (en allemand *Staatsbahn*) jouit d'une prospérité bien établie, quoique modérée, qui lui vaut des dividendes nets de 27 à 28 francs pour les dernières années; elle se capitalise à un peu moins de 4 %; il n'y a donc pas là grand attrait. On parle toujours de son rachat par le gouvernement, et c'est en partie sur des bruits plus sérieux à ce sujet que s'est faite une petite reprise en 1905. Les perspectives actuellement sont donc restreintes. La société des *Chemins de fer lombards sud-autrichiens* a eu une carrière plus difficile : elle a cessé, depuis juin 1901, de distribuer des dividendes, et ceux qu'elle répartissait avant cette date étaient infimes. Elle a dû même faire un arrangement (sorte de *convenio*) avec ses obligataires pour substituer, pendant un certain temps, à l'amortissement des obligations par tirages et au remboursement au pair, l'amortissement par rachats à la bourse. Néanmoins, comme les actions d'une grande compagnie de chemins de fer, ayant encore une cinquantaine d'années de concession et

qui n'est pas menacée de faillite, représentent tout
au moins des espérances, l'éventualité soit de la
reprise des dividendes à la suite de circonstances
favorables, soit d'une répartition dans l'actif à la fin
de la concession, l'action vaut encore entre 100 et
130 francs. C'est uniquement et ce sera, longtemps
du moins, un titre de spéculation.

Les compagnies de chemins de fer espagnols,
après une longue période d'épreuves, puis quelques
rares années de prospérité modique, vers 1890, sont
tombées de nouveau dans le marasme depuis les
malheurs de l'Espagne et la baisse notable de la
monnaie espagnole. Le *Nord de l'Espagne* et les
Andalous ne donnent aucun dividende depuis une
douzaine d'années ; le *Saragosse* ne "les a pas sus-
pendus, mais il en répartit d'insignifiants. Néanmoins, ces titres gardent des espérances, et leurs
perspectives, si incertaines qu'elles soient, demeurent
plus amples que celles des titres autrichiens. L'Espagne est un pays en voie de développement ; la
population et l'industrie y augmentent. Si le gouvernement espagnol, ce à quoi il ne s'efforce guère,
améliorait le change et le ramenait graduellement
au pair, ces actions des chemins de fer espagnols,
qui ont encore près d'une soixantaine d'années de
concession, pourraient jouir peut-être d'une période
réparatrice. Mais ce sont de simples espérances, qui
les classent parmi les titres purement spéculatifs.

Les actions des *Chemins de fer portugais,* qui ont
pâti de plusieurs successives administrations mala-
droites, sinon dilapidatrices, paraissent, grâce à une
gestion meilleure et au retour du change au pair,
avoir des chances de revenir à une situation plus

favorable : elles sont toutefois, elles aussi, dans la classe des valeurs de spéculation, et, bien que le très petit nombre des titres pourrait faciliter, si les circonstances s'y prêtent, des dividendes de quelque importance, l'avenir, tout au moins assez prochain, paraît déjà escompté dans les cours.

Les *Chemins méridionaux* (d'Italie) sont, au contraire des titres qui précèdent, des actions bien rémunératrices, qui paraissent pouvoir figurer parmi les valeurs d'appoint. Mais la politique nouvelle de l'Italie en matière de voies de transport paraît restreindre leurs perspectives.

Diverses actions de chemins de fer sud-américains, notamment ceux, déjà très en faveur, de *Santa-Fé*, de même que des actions de chemins de fer ottomans, peuvent constituer aussi des valeurs de spéculation, à certains moments intéressantes ; mais les personnes qui sont très au large et qui font des économies régulières peuvent seules les aborder.

Il en est de même des actions des chemins de fer américains ; nous n'avons pas hésité à recommander les obligations de ces voies ferrées. Les actions sont très suivies aux États-Unis, en Angleterre, en Belgique et en Hollande, par le public spéculateur. Ce sont des titres, en effet, qui subissent, avec une impressionnabilité excessive, toutes les influences spéculatives. Dans les années de belle récolte et de prospérité industrielle aux États-Unis, ils montent énormément ; leurs dépressions sont non moins accentuées dans les années critiques. Des hausses et des baisses de 40, 50 ou 60 % en quelques années ne sont pas rares sur ces titres. Il en est de même des chemins de fer canadiens. Ce ne sont donc que les spécialistes et les gens très au large, faisant de grosses économies, qui peuvent s'y intéresser. Les capitalistes spécialistes, en en faisant une étude attentive et en suivant leurs vicissitudes, ainsi que celles de tous les chemins de fer en pays neuf, peuvent y trouver des bénéfices, parfois amples. Mais il y a là beaucoup d'aléas, et l'on court le risque de méprises onéreuses.

Les actions des chemins de fer anglais, qui rapportent de 3 à 3 $\frac{1}{2}$ %, avec des dividendes variables, n'offrent qu'une attraction modique au public continental, non spécialiste.

Les chemins de fer américains et les chemins de fer anglais constituent des concessions perpétuelles.

CHAPITRE XV

Les institutions de crédit.

Séduction et avantages de ces titres. — Alternance des périodes de prospérité et des périodes de dépression. — Grandes oscillations des cours et des dividendes. — Les deux catégories distinctes de banques. — Les banques étrangères cotées en France.

Les actions des institutions de crédit sont parmi les titres qui attirent le plus le public. En général, elles se capitalisent sur le pied d'un revenu net de 4 %, lequel, dans les circonstances actuelles, apparaît comme séduisant. Elles semblent donc donner satisfaction sous le rapport de la rémunération.

Elles fascinent aussi une partie du public par leur élasticité. De temps en temps, quand les circonstances leur sont favorables, elles font des fusées de hausse qui accroissent sensiblement la valeur des titres.

Il ne faut pas oublier, d'autre part, que, comme contre-partie de ces mérites, ces titres sont très impressionnables et ressentent profondément toutes les influences économiques générales.

Une mauvaise direction, une conception fausse,

pour ne pas parler d'une gestion déloyale, peut les déprimer profondément. C'est ainsi que l'on a vu, par suite de graves erreurs dans la composition de son portefeuille ou dans l'émission de ses emprunts, le *Crédit foncier* subir deux graves crises successives, à quelques années d'intervalle, et être obligé de se mettre à un régime de diète prolongée sous le rapport des dividendes, qui a diminué de moitié la valeur des actions.

Nous ne ferons que mentionner la liquidation de la *Société des dépôts et comptes courants*, de la *Société financière*, de l'*Union générale*, de l'ancien *Comptoir d'escompte*, de la *Banque d'escompte*, sans parler de nombre d'autres banques moins importantes, qui cependant ont eu leur jour, sinon de prospérité réelle, du moins de notoriété.

Ces antécédents prouvent que les sociétés de crédit comportent des aléas, et qu'il faut apporter du discernement quand on les aborde.

En laissant de côté celles de ces sociétés qui disparaissent, les autres, parmi les plus réputées même, sont sujettes à de fortes oscillations de cours, en ce qui touche leurs actions.

Même la banque la plus solide et la mieux conduite, à savoir la *Banque de France*, subit des oscillations d'une très grande amplitude : suivant que les années sont ou non prospères pour elle (ce qui est parfois en raison inverse de la prospérité du pays), ses actions haussent ou baissent de 20 à 25 %, et il ne faut par oublier que, si elles valent maintenant (novembre 1905) 3 850 à 3 900 francs, elles ont valu 6 500 à 6 700 francs il y a un quart de siècle.

Les sociétés anonymes de banque se divisent en deux catégories : celles qui, par une méthode rigoureuse, ne se livrent qu'aux affaires proprement dites de banque : l'escompte du papier de commerce, les reports et les prêts sur titres, les achats en bourse ou en banque pour compte d'autrui, l'émission d'emprunts à titre de simples intermédiaires et sans en prendre pour leur compte : ce sont là de vastes caisses de payements et de recouvrements. Ces banques-là offrent plus de sécurité; mais quand elles sont déjà anciennes et parvenues à un très haut degré de développement, leurs perspectives deviennent limitées.

La seconde catégorie de banques anonymes se compose de celles qui ne font pas des opérations susdites leur occupation exclusive ni même principale, qui se conduisent comme un grand capitaliste collectif, se préoccupant de « faire travailler » les millions qu'elles possèdent, en suscitant des entreprises diverses et en y prenant des participations, en se formant un vaste portefeuille de titres toujours en mouvement, réalisant les uns quand ils ont acquis une plus-value et leur en substituant d'autres qui paraissent avoir plus d'avenir. Ces banques, quand elles sont habilement et prudemment dirigées, peuvent faire des affaires fructueuses. Leurs perspectives sont plus vastes que celles des banques de la première catégorie; mais elles encourent plus d'aléas, et les bénéfices qu'elles réalisent sont très inégaux suivant les années. Leurs dividendes, en conséquence, varient beaucoup : ils vont, par exemple, de 30 à 60 ou 70 francs. Leurs cours subissent aussi de grandes fluctuations.

Le *Crédit lyonnais* paraît en France le type de la banque de la première catégorie, et la *Banque de Paris et des Pays-Bas* celui des banques de la deuxième.

Les unes et les autres de ces sociétés peuvent être attrayantes pour les personnes qui sont très au large et qui font de grosses économies : elles conviennent moins au public moyen qui mange tous ses revenus.

Les écarts même des actions des banques attirent une certaine catégorie de capitalistes observateurs et patients qui achètent les titres dans les années de dépression, de dividendes fléchissants, et qui les revendent dans les années de prospérité et de dividendes grossis.

D'une manière générale, il est prudent de ne mettre en actions de banque qu'une fraction secondaire de son avoir; mais les capitalistes qui sont très au large et font des économies peuvent leur faire une certaine place, quoique secondaire, dans leur portefeuille.

On a introduit, depuis quelques années, à la Bourse de Paris ou en banque, un grand nombre de titres de sociétés de banques étrangères : autrichiennes, italiennes, ottomanes, égyptiennes, canadiennes, mexicaines, haïtiennes, etc.; on peut en introduire également de sud-américaines.

Ces titres ont, à un degré plus accentué, les inconvénients et les avantages des banques françaises : plusieurs ont jusqu'ici très bien réussi. Elles sont, toutes, plus ou moins des valeurs de spéculation, ce qui ne veut pas dire que tout le monde doive s'en écarter, car il s'en trouve d'intéressantes. Mais elles ne conviennent guère qu'aux capitalistes fort aisés, en état d'affronter certains risques, de se tenir au courant de la situation des pays où ces banques opèrent et de la nature de leurs affaires.

Le principe de la très grande division des placements ne doit pas être perdu de vue, quand il s'agit de valeurs de ce genre.

CHAPITRE XVI

Les valeurs industrielles diverses.

C'est surtout à ces titres 'que s'applique le principe de la division des placements. — Catégories de valeurs industrielles qu'on doit laisser au groupe des fondateurs ou à des techniciens. — Les industries ayant un monopole ou un privilège : cela ne les met pas toujours à l'abri de risques. — Nombre infini des valeurs industrielles diverses. — Les valeurs de mines et les aléas qu'elles présentent. — Chances d'appauvrissement et d'épuisement. — Les mines métalliques. — Les mines d'or. — Les actions des sociétés métallurgiques. — Les actions d'assurances. — Les grands capitalistes et les capitalistes spécialistes.

C'est surtout quand il s'agit de valeurs industrielles diverses que le grand principe de sauvegarde, celui de la division des placements, s'impose. En même temps une autre règle de prudence se recommande, à savoir que des catégories très étendues de valeurs industrielles, celles concernant notamment les entreprises de modique importance, ne dépassant pas quelques centaines de milliers de francs, et celles aussi des entreprises très lointaines, sauf quand elles ont une vaste envergure et une assiette notoirement très bien établie, ne conviennent pas à la masse des capitalistes et doivent être laissées soit aux initiés, le groupe des fondateurs et de leurs relations, soit aux spécialistes.

C'est une erreur de croire qu'un rentier ou un capitaliste ordinaire puisse, sans témérité, s'intéresser à toutes les affaires qui prospèrent ou qui semblent prospérer. Les principales seules, tout au plus un millier, sinon même quelques centaines seulement, peuvent être l'objet d'une étude un peu exacte. Les critiques financiers impartiaux et appliqués ne peuvent recueillir des renseignements offrant des chances de sincérité et faire un pronostic inspirant quelque confiance sur le fretin innombrable des sociétés de toute nature.

Parmi les valeurs industrielles diverses, celles des entreprises qui ont des concessions de quelque service public, gaz, électricité, eaux, transports, sociétés de navigation subventionnées, etc., attirent d'abord l'attention, parce qu'elles ont une base plus facile à connaître et à suivre. Il est plus aisé de se rendre compte de leur situation. Néanmoins, elles ne sont pas exemptes d'aléas, parce qu'il faut compter avec l'expiration des concessions, les modifications du cahier des charges en cas de prorogation, et aussi avec les progrès industriels qui peuvent soudainement susciter des concurrences inattendues et triomphantes.

Entre les autres valeurs industrielles, celles qui fascinent le plus le public sont celles de mines : des fortunes se sont faites avec cette catégorie de placements, notamment avec les grands charbonnages et aussi avec quelques rares mines métalliques. Beaucoup plus de fortunes, toutefois, se sont réduites ou perdues avec ce genre de placements, qui est essentiellement aléatoire. Les gens prudents n'y doivent mettre qu'une partie restreinte de leur avoir ; à vrai dire même, cette catégorie de titres ne devrait être abordée que par les capitalistes qui sont très au large dans leurs revenus et qui font des économies.

Dans les placements en mines, il faut toujours penser à l'appauvrissement d'abord, puis à l'épuisement des gisements, surtout quand il s'agit de mines métalliques et même pour les charbonnages autres que ceux des régions houillères de tout premier ordre.

Beaucoup de mines métalliques s'appauvrissent, si elles ne disparaissent pas, après une quinzaine d'années d'exploitation, et presque toutes après vingt-cinq ou trente ans. Quand une société possède une étendue très vaste et d'une grande richesse ou quand elle a eu soin d'acheter, soit en une fois, soit successivement, tout un lot de mines, cet appauvrissement peut ne pas se faire sentir rapidement, parce que des mines nouvelles succèdent aux anciennes ; mais cela ne peut toujours être indéfini.

C'est souvent tout à coup, après une longue prospérité réelle et au milieu d'une autre prospérité uniquement d'apparence, que le public apprend l'appauvrissement de mines plus ou moins célèbres ; néanmoins, il ne faut pas oublier la disparition ou l'appauvrissement de mines, comme celles de Vignaës, Aguas-Tenidas, le Laurium, Malfidano même : ces deux dernières sont, certes, encore assez largement productives, mais moins cependant qu'autrefois. Les mines métalliques les plus célèbres et aujourd'hui les plus propères et les plus vantées auront un jour, jour incertain, la même destinée.

On peut dire que la généralité des valeurs de mines, du moins de mines métalliques, même les mieux assises, se capitalisent sur un pied d'intérêt trop bas; il faudrait bien 5 %/$_0$ nets, sinon 5 1/$_2$ à 6, pour compenser tous les risques de cette catégorie de valeurs.

Les prix des métaux, en outre, sont très variables : celui du plomb oscille entre 10 et 18 livres la tonne ; celui du cuivre, entre 40 et 75 ou même 80. Il y a presque toujours un acte de prudence à vendre ses titres de mines quand les prix du métal sont très élevés, de même qu'il est souvent avantageux de les racheter quand le prix du métal est bas. Mais, d'ordinaire, c'est le contraire que l'on fait.

Parmi les titres de mines, les plus aléatoires sont ceux de mines d'or; c'est aussi ceux qui enflamment le plus les imaginations. Il est rare qu'une mine d'or, exploitée un peu intensivement, dure plus de quinze à vingt ans; très souvent elle est très appauvrie, sinon épuisée, après sept ou huit ans.

La plupart des capitalistes qui achètent des mines d'or ne font pas, sur les dividendes, les prélèvements nécessaires pour reconstituer le capital pendant cette courte durée; et, d'ailleurs, grâce à la griserie du public, à l'ignorance ou à la connivence d'une partie de la presse, les cours des mines d'or ont été poussés à des taux si élevés, que la reconstitution du capital, par des prélèvements sur le revenu, est très souvent impossible, à moins de se contenter d'un revenu des plus maigres (2 $\frac{1}{2}$ à 3 $^0/_0$), ou même de se priver tout à fait de revenu.

Tel paraît bien avoir été le cas récemment, autant qu'on peut se rendre compte en une matière aussi obscure et aussi sujette à surprises, des mines d'or du Transvaal. Elles paraissent surcapitalisées, pour la plupart; elles l'étaient du moins avant le second semestre de 1905, et beaucoup, sinon toutes, pourraient l'être encore malgré la grande baisse effectuée dans les derniers mois de la même année.

Il s'est fait, certes, en ces valeurs, lors de leur apparition, lorsque le public ne s'était pas jeté aveuglément sur elles, de bonnes affaires de la part des capitalistes perspicaces et appliqués. Actuellement, ce temps paraît passé; quoique le Transvaal doive accroître considérablement encore, pendant quelques années, sa production d'or, il semble bien que la généralité des capitalistes étourdis qui possède ces titres mangeront leurs fonds assez rapidement sans s'en apercevoir.

Ces valeurs doivent être laissées de côté par le gros public et ne conviennent qu'aux spécialistes qui, eux, parfois, non toujours, peuvent y trouver leur compte.

Les actions des grandes sociétés métallurgiques sont, en général, très recherchées; notre époque de civilisation mi-guerrière, mi-industrielle, leur est profitable. Ces titres ont à la fois de l'élasticité en temps prospère et une certaine résistance en temps de dépression, quand celle-ci n'est pas trop prolongée. Elles appartiennent principalement à une clientèle spéciale et locale, qui les étudie et en suit de près toutes les variations. C'est surtout dans ces conditions qu'elles sont intéressantes. Il y aurait lieu de s'y intéresser dans les périodes de dépression et de langueur industrielle et de les réaliser, en partie du moins, dans les périodes de très grande prospérité : de même pour les charbonnages.

Il y a une foule d'autres valeurs diverses, concernant des spécialités moins importantes et échappant davantage par leur caractère technique à la connaissance du gros public et à l'appréciation des personnes qui ne sont pas du métier : sociétés de raffinerie ou de sucrerie de sucres, de pétrole; sociétés d'appareils électriques, photographiques, de caoutchouc, d'exploitation coloniale; sociétés encore de commerce en gros ou en détail. Elles peuvent parfois donner de bons résultats aux hommes qui ont certaines connaissances spéciales pour les bien apprécier, juger exactement leur prospérité, leur direction et leurs tendances, s'aviser à temps des germes de dépérissement.

Le gros public s'expose à des risques en s'aventurant à ces placements, si rémunérateurs qu'ils soient parfois : les capitalistes informés et réfléchis ne doivent eux-mêmes, sauf des spécialistes tout à fait émérites, s'y intéresser qu'avec précaution et pour des parties secondaires de leur avoir.

Des désastres récents prouvent, d'ailleurs, que des organismes industriels, parfaitement sains, peuvent être en quelques semaines ou en quelques mois, et à l'insu de tous, gravement compromis, sinon même quelquefois anéantis, par les fautes, les entraînements ou les dols de leurs directeurs, qui paraissaient mériter toute confiance.

Les actions des Compagnies d'assurances con-

stituent un compartiment très intéressant et rémunérateur pour la clientèle spéciale qui le connaît et
qui le suit. Les titres nouveaux comportent, toutefois, beaucoup de lenteur de développement et d'incertitude.

En résumé, la plupart des valeurs industrielles
diverses, même les plus prospères et les plus solides, comportent des risques qui doivent en écarter
le public des petits et parfois des moyens rentiers. Ce
sont les capitalistes très au large, faisant d'amples
économies, et encore plus les spécialistes, qui peuvent
y participer; même pour ceux-ci, il est prudent de
ne le faire qu'après beaucoup d'études ou en suivant
des guides sûrs, autant qu'il s'en peut trouver, et
en proportions modérées pour chacune d'elles.

DEUXIÈME PARTIE

LA MÉTHODE

CHAPITRE PREMIER

Placements, Spéculation, Jeu.

La fortune se fait par des placements à développement graduel et le plus souvent assez lent, ainsi que par l'économie
prolongée. — Trois exemples de placements qui, aux différentes époques du xix⁰ siècle, ont énormément accru les
fortunes. — Les valeurs à chances de dévelo.pement ou
à « possibilités ». — Les capitalistes patients savent seuls
les recueillir et les conserver. — Deux différences essentielles entre les placements et la spéculation. — Une ana-
lyse des grandes fortunes britanniques et de leurs ori-
gines. — La spéculation pure y est étrangère, à plus forte
raison le jeu. — Les spéculateurs, plus encore les joueurs,
même les plus géniaux et ayant des idées finalement
justes, se ruinent en général et ruinent leur entourage. —
Exemples saisissants.

C'est une question très insuffisamment connue
du public et insuffisamment étudiée que celle de la
formation des fortunes et même des grandes fortunes, surtout en particulier des fortunes mobilières.

Il est admis par l'opinion publique vulgaire que

12

tous les gens entreprenants spéculent, et que la spéculation ou même le jeu est l'origine de toutes les grandes fortunes de finance et d'industrie.

Cette opinion, à mon sens, est tout à fait erronée. Il faut d'abord distinguer ces trois termes : les placements, la spéculation et le jeu.

Les placements sont l'emploi naturel des capitaux : les hommes avisés et appliqués les font avec discernement; ils étudient, réfléchissent, comparent, achètent les valeurs qui leur paraissent contenir des germes de développement ou, comme disent les Anglais dans un langage expressif, des « possibilités ».

La généralité des fortunes importantes, chez les peuples civilisés, se fait par des placements habiles, auxquels se joignent de régulières et longues économies. Ces placements sont tout l'opposé du jeu. Ils exigent, en général, pour porter tous leurs fruits, un temps très prolongé : il faut les laisser mûrir, ce qui comporte presque toujours plusieurs années et parfois une ou deux dizaines d'années. Les capitalistes patients seuls peuvent laisser ainsi leurs placements venir à point. Les gens pressés ne savent pas les conserver ou jugent que les bénéfices en sont trop lointains ou trop incertains pour s'en contenter.

Il est facile de citer, dans le dernier siècle, des exemples frappants de ces placements à long terme qui ont énormément enrichi leurs détenteurs ou leurs familles.

Il y en a, notamment, trois exemples remarquables : les actions des premières Compagnies d'assurances sous la Restauration ou le règne de

Louis-Philippe; celles des charbonnages du Nord et surtout du Pas-de-Calais sous le second Empire; enfin les valeurs de Suez au commencement de la troisième République.

Les actions de 1 000 francs des Assurances générales (Incendie) valent aujourd'hui 27 500 francs. Les actions ou parts des grands charbonnages du Pas-de-Calais, Lens, Courrières, etc., se cotent aujourd'hui cent fois le prix d'émission. Les actions de Suez, facilement achetables entre 400 et 500 francs dans les années qui ont suivi 1870 et dédaignées à ces cours par le frivole public de la Bourse, ont, en 1905, valu 4 500 francs, c'est-à-dire environ dix fois plus; les parts de fondateurs de Suez, avant leur division en centièmes, se négociaient entre 10 500 et 12 000 ou 13 000 francs dans les années de 1872 à 1875; elles valent aujourd'hui environ 200 000 francs (2 000 francs le centième), ayant à peu près vingtuplé.

En dehors de ces énormes plus-values, on en pourrait citer un grand nombre d'autres, quelques-unes tout aussi importantes, concernant des valeurs moins en vue.

Ces plus-values se sont effectuées graduellement, lentement; on ne pouvait pas les cueillir dans les courtes périodes de quelques liquidations de Bourse : il fallait les attendre des années ou même des dizaines d'années.

Était-il impossible, sous la Restauration ou le règne de Louis-Philippe, de prévoir l'avenir des Assurances? sous le second empire, celui des charbonnages du Pas-de-Calais? ou bien encore, aux débuts de la troisième République, l'avenir du canal de Suez? Sans doute, on ne pouvait être assuré d'un développement aussi étendu, mais on pouvait en pressentir un, et les esprits sagaces et patients l'ont fait : ils s'en sont bien trouvés, eux et leurs familles.

Les gens étourdis, au contraire, et les gens empressés se jetaient sur toutes sortes de valeurs improvisées et à la mode, champignons qui naissaient en un jour et pourrissaient le lendemain : des sociétés de bitumes, par exemple, ou de bougies, sous le règne de Louis-Philippe[1].

Les gens pressés n'ont rien acquis ou rien conservé; parmi les gens patients, un nombre notable a fait fortune ou du moins sensiblement augmenté son avoir.

Et il ne faut pas croire que les valeurs à « chances de développement », à « possibilités », n'existent plus. Il s'en trouve à toutes les époques, plus ou moins, il est vrai; il s'en rencontre aujourd'hui encore (voir plus haut, page 175), mais il faut beaucoup de temps pour les laisser venir à maturité. Les gens qui visent la prochaine liquidation de Bourse ou les quelques liquidations suivantes ne s'en occupent pas, et d'ailleurs elles ne leur conviennent pas, puisque plusieurs années ordinairement sont nécessaires à leur maturation.

Certes, dans ces placements d'avenir il entre une part de spéculation. De même qu'une pointe d'imagination est nécessaire dans toutes les branches de travaux intellectuels, même celles réputées les plus

---

[1] Voir à ce sujet notre *Essai sur la Répartition des Richesses,* 4e édition, pages 326 à 329.

arides, de même il faut quelque grain de spéculation dans toutes les entreprises d'ordre matériel.

Mais la spéculation n'est aucunement le jeu.
Spéculation veut dire voir de loin, et l'on entend
par là l'étude des résultats différés, lointains, la
conjecture appuyée sur la réflexion; mais, précisément *pour être heureuse, la spéculation comporte
presque toujours deux éléments que le jeu exclut,
à savoir le temps et la modération.*

La spéculation est donc inhérente à toutes les
entreprises humaines : elle leur sert de ferment;
mais ce ferment, il faut bien le mesurer et le
mettre à point; il convient de prendre garde de
faire tourner la pâte et de la rendre inconsommable
encore en exagérant le ferment.

En réalité, on ne connaît guère, soit en France,
soit en Angleterre, soit même en Amérique, de
grandes fortunes faites par la spéculation pure, et
moins encore par le jeu.

Les milliardaires américains et les millionnaires
anglais, de même que les millionnaires français,
ne sont aucunement redevables de leur situation
au jeu. On les voit à la tête de grandes industries,
qu'ils transforment et qu'ils combinent avec beaucoup d'art, vivant d'ailleurs, la plupart, avec simplicité, tout au moins pendant la plus grande partie de leur vie.

Tout autre est la situation de ces gens pressés
qui prennent tous les millions qui sont à leur disposition, et beaucoup plus encore, pour les jeter
dans des paris (car ce sont de simples paris à un
mois ou tout au plus six mois de date); gens à vie
dès le début fastueuse, à vastes hôtels hypothéqués,

et qui n'ont jamais eu ni l'ampleur ni la solidité de fortune que les badauds leur attribuaient.

Les personnes peu au courant de ces matières peuvent s'étonner de cette formule, que la spéculation pure et le jeu n'ont édifié aucune fortune; elle est cependant bien exacte.

Un journal anglais spécial, qui fait une assez large part à la spéculation, le *Statist,* a dépouillé et analysé les grandes successions mobilières qui se sont produites dans le Royaume-Uni, au cours des trois années 1890, 1891 et 1892 : les lois successorales et les mœurs britanniques rendent aisé ce dépouillement.

Le *Statist* a trouvé, dans ces trois années, 148 à 150 fortunes mobilières par année, dépassant 2 millions $\frac{1}{2}$ de francs (100 000 livres sterling); il a constaté que l'esprit régulier d'entreprise et les économies poursuivies pendant une longue existence étaient les facteurs habituels de ces grosses fortunes.

On remarque notamment, dit-il, que ceux qui laissent de grosses successions meurent très âgés : ainsi, parmi les 138 personnes décédées en 1891 avec un avoir de plus de 100 000 livres (2 millions et demi de francs), le *Statist* en a trouvé 40 ayant de 76 à 95 ans, et dont l'âge moyen était supérieur à 83 ans : ces 40 vieillards ont laissé en moyenne plus de 8 millions de francs chacun : 7 étaient plus que nonagénaires, 7 autres avaient entre 85 et 90 ans, 33 plus de 80 ans.

Une remarque importante faite par ce journal, bien informé des choses financières et commerciales courantes, c'est que, « parmi ces 130 à 140 per-

sonnes qui, dans chacune de ces années, ont laissé
des fortunes dépassant 2 millions et demi de francs,
on trouverait à peine un homme chaque année
dont la fortune paraisse avoir été le résultat de spéculations financières. »

Ainsi, l'expérience le démontre d'une façon saisissante : la spéculation pure et surtout le jeu n'en-
richissent pas; par contre, ils ruinent même les
gens les plus intelligents. Dans le passé, MM. Bontoux, de Soubeyran et Secrétan, hommes d'ailleurs
bien doués, ont été ruinés par la spéculation dé-
réglée et le jeu, quoiqu'ils aient entrevu assez net-
tement une évolution qui, dans la branche dont
chacun d'eux s'occupait, s'est produite depuis.

M. Bontoux, par exemple, avait fort bien entrevu l'avenir économique de l'Autriche-Hongrie,
de même que M. de Soubeyran celui de l'Égypte et
celui de l'Italie. Le premier avait constitué des sociétés
métallurgiques et minières qui ont prospéré; le second,
des sociétés d'assurances qui, avec le temps, en
France et en Italie, sont devenues florissantes.

De même, M. Secrétan avait bien pressenti le
grand avenir que de nouveaux emplois agricoles
d'une part, et l'électricité, de l'autre, réservaient
au cuivre, et il jugeait sainement quand il estimait
que ce métal ne pourrait rester indéfiniment au
prix de 40 livres sterling (1 000 francs) la tonne;
mais, où il devenait téméraire, sinon même fou,
c'est quand il prétendait, par des combinaisons arti-
ficielles, en achetant la production de cuivre du
monde entier, porter ce métal en quelques années
et le maintenir à 90 livres sterling (2 250 francs).

Ces hommes, ainsi que tous les spéculateurs,

même les plus géniaux, avaient le tort de poursuivre des résultats trop vastes, de les vouloir trop rapides et d'user non seulement de crédit à l'excès, mais d'argent d'autrui devant avoir une autre destination.

Ce n'est donc pas seulement la morale qui condamne la spéculation pure et le jeu comme nuisibles à ceux qui s'y livrent et à leur entourage; c'est l'expérience pratique qui démontre qu'ils n'ont presque jamais édifié de fortune.

La sagacité, dans les placements, doit être aidée du temps, c'est ce que l'on oublie trop.

On ne saurait trop répéter qu'il faut de la patience : les germes de développement que contiennent les valeurs exigent des années pour croître et mûrir ; aussi la spéculation pure ne s'y porte pas.

Des personnes manifestent leur étonnement de ce que, un mois après avoir acquis une valeur qui paraissait avoir de l'avenir, celle-ci n'a pas monté ou même a un peu fléchi. Elles voudraient que les valeurs d'avenir montassent d'au moins 8 à 10 % par mois. C'est sur une conception ou plutôt une illusion de ce genre qu'est fondé le jeu à la Bourse. A ce compte, rien ne serait plus facile que de devenir, nous ne disons pas seulement milliardaire, mais multi-milliardaire. En gagnant 8 à 10 % par mois, on doublerait sa fortune en un an. Au bout de vingt ans de ce train, une somme de 1 000 francs vaudrait 1 056 576 000 francs, soit plus de 1 milliard avec une première mise de 1 000 francs.

Vraiment, ce serait trop commode ; l'enrichissement ne peut aller de ce train, et il faut se contenter de résultats infiniment plus modestes.

CHAPITRE II

Les opérations au comptant et les opérations à terme.

Nature des opérations au comptant et des opérations à terme. — Celles-ci n'ont le plus souvent en vue que le règlement de différences. — Dans divers cas, cependant, les opérations à terme concernent des transferts réels de titres et sont recommandables. — Néanmoins, il est bon de ne les effectuer que quand elles sont nécessaires, parce qu'elles comportent une sorte de griserie et d'entraînements. — La plupart des opérations à terme sont des jeux purs et simples. — Danger spécial des ventes à découvert. — La Bourse a peu de clairvoyance à longue échéance. — Des opérations à terme, même reposant sur des observations exactes et sur un pronostic juste, en ce qui concerne le fond des valeurs, peuvent conduire à des pertes ou à la ruine. — La fortune n'échoit guère qu'aux capitalistes patients faisant des placements réels.

Les négociations en valeurs mobilières se font de deux façons diverses :

1º Au comptant ;

2º A terme.

Ces deux modes de négociations existent aussi bien pour les valeurs se négociant en bourse, par l'intermédiaire des agents de change, que pour celles qui se traitent sur le marché dit en banque, par l'intermédiaire des coulissiers.

Un grand nombre de valeurs, toutefois, celles principalement des entreprises à capital restreint, n'atteignant pas, par exemple, ou ne dépassant guère une dizaine de millions de francs ne se traitent qu'au comptant.

Les opérations au comptant ne peuvent jamais être que des opérations réelles, qui se traduisent soit par la livraison des titres et l'encaissement du prix, si l'on est vendeur, soit par le payement du prix et la prise de possession des titres, si l'on est acheteur, l'un et l'autre dans des délais spécifiés et très courts.

La généralité des obligations, même celles des grandes compagnies de chemins de fer, qui sont admises à la cote à terme, ne se traitent guère qu'au comptant; et il en est de même de la plupart des actions des valeurs industrielles, sauf celles de tout à fait première envergure et sur lesquelles la spéculation se porte.

Les petits et les moyens capitalistes, sauf dans des cas exceptionnels, font bien de ne faire que des opérations au comptant.

Les négociations à terme, comme le nom l'indique, sont celles qui comportent la livraison et le payement différés aux dates fixées en bourse ou en banque pour les liquidations : celles-ci sont soit mensuelles (fin du mois), comme pour la Rente française, la Banque de France et les actions des grandes compagnies de chemins de fer, soit bimensuelles (le 15 et la fin du mois), comme pour les fonds publics étrangers et les valeurs diverses. En banque, c'est-à-dire pour les valeurs qui se traitent par l'intermédiaire des banquiers, dits remisiers, les liquidations sont toujours mensuelles. Cela est regardé comme un avantage par les spéculateurs, parce que la période pour prendre livraison des titres et les payer ou, en sens contraire, pour se les procurer et les livrer, est plus étendue.

Les négociations à terme ne portent que sur un quantum de titres assez considérable : ainsi, au parquet des agents de change, c'est-à-dire à la Bourse de Paris, les opérations à terme se font sur 500 fois l'unité de la rente, s'il s'agit d'un fonds public, et sur des multiples de 500 fois cette unité. L'on peut acheter ou vendre à terme 1 500 francs, ou 3 000 fr., ou 4 500 francs, etc., de Rente française 3 % (il s'agit du revenu, non du capital), ou 2 000 francs, 4 000 francs, 8 000 francs de Rente 4 % russe, autrichienne, hongroise, etc., ou 2 500 francs, 5 000 fr., 7 500 francs, 10 000 francs de Rente 5 % italienne ; mais on ne pourrait traiter à terme soit une quantité moindre que celle *minima* indiquée plus haut, soit une quantité intermédiaire.

Pour les valeurs autres que les fonds publics, on opère à terme par 25 titres ou multiples de 25 titres ; par exemple, on peut acheter ou vendre à terme soit 25, 50, 75, 100, etc., actions du chemin de fer de Lyon, ou des mines de Rio Tinto, ou du canal de Suez, etc. Pour ces valeurs, les opérations à terme concernent un capital très important, puisque 25 actions de Suez, chiffre minimum des transactions à terme pour ces valeurs, représentent un capital de 110 000 francs environ aux cours actuels ou récents.

Les transactions à terme sont regardées en général par le gros public comme des opérations pure-

ment spéculatives et même fictives. Cette conception est exacte dans un grand nombre de cas; elle
ne l'est pas toujours.

Les opérations à terme, en effet, peuvent avoir
l'un ou l'autre de ces objets : ou bien réaliser simplement au moment de la liquidation (le 15 ou la
fin du mois) une différence, que l'on suppose devoir
être avantageuse, sur le cours coté en liquidation
par rapport au cours d'achat ou de vente; ou bien
faire un achat ou une vente réels, auquel cas on
prend effectivement livraison des titres (on les lève
en langage de bourse) et on les paye, ou, si l'on
est vendeur, on les livre et on en reçoit le payement.

Les capitalistes d'une certaine importance, quand
ils veulent employer une assez forte somme en achat
d'une valeur déterminée ou quand ils veulent réaliser une quantité notable de titres de même nature,
recourent souvent, et très légitimement, aux achats
ou aux ventes à terme.

Si l'on veut acheter ou vendre, par exemple,
50 actions d'une société industrielle, comme la
Thomson-Houston, ou d'une compagnie de chemins
de fer, comme le Saragosse, ce qui représente une
opération de l'importance de 35 à 40 000 francs dans
le premier cas, et de 14 à 15 000 dans le second,
il vaut mieux recourir à la cote à terme qu'à la
cote au comptant; de même, si l'on veut acheter ou
vendre 1 500 francs ou 3 000 francs de Rente française, 2 000 ou 4 000 francs de Rente russe 4 %, et
il en est ainsi pour toutes les opérations de même
importance.

Le marché du comptant est, en effet, comme on

dit, un marché étroit ; on n'y peut pas acheter ou vendre rapidement et sans influencer, parfois assez sensiblement, les cours, des quantités de titres atteignant plusieurs milliers de francs de rente ou plusieurs dizaines d'actions.

Il peut se trouver aussi qu'un capitaliste possède une valeur dont les cours cotés lui paraissent élevés et mériter la réalisation, et qu'il n'ait pas cette valeur actuellement disponible, soit qu'il se trouve en voyage, soit que le titre soit nominatif, ce qui exige des délais pour la transmission du titre au porteur, soit pour toute autre raison. Dans ces conditions, ce capitaliste peut agir sagement en opérant une vente à terme ; quand le terme arrivera, il livrera le titre, ou, si celui-ci n'est pas encore disponible, il reportera le titre, c'est-à-dire l'empruntera jusqu'à la liquidation suivante, quitte à le reporter encore, quand celle-ci arrivera, si le titre n'est toujours pas disponible.

De même il peut se rencontrer qu'un capitaliste ait une somme à recevoir dans un mois ou dans deux mois, à bref délai en tout cas, et qu'il entrevoie dans les cours cotés par telle ou telle valeur une occasion de placement qu'il convient de saisir : il achète alors ce titre à terme ; quand la liquidation est arrivée, si la somme d'argent lui est rentrée, il s'en sert pour payer le titre et en prend livraison, il le lève (dans l'argot de bourse). Si au contraire il n'a pas encore son argent disponible, il fait reporter son opération, c'est-à-dire qu'il donne son titre en gage jusqu'à la liquidation suivante, et il peut prolonger ainsi pendant toute une série de liquidations jusqu'à ce que la somme sur laquelle il

13

compte soit devenue disponible ; alors il paye et prend livraison.

Dans les cas qui précèdent, les opérations à terme concernent des opérations réelles, puisqu'elles aboutissent soit lors de la première liquidation, soit lors d'une liquidation suivante, à une livraison de titres par un capitaliste qui les possédait ou à une prise de possession de titres par un capitaliste qui avait l'argent pour les payer.

Dans ces cas, l'opération à terme (vente ou achat) est une opération parfaitement légitime et qui peut être recommandable. Il faut, toutefois, que cette opération puisse se dénouer rapidement, sinon dès la première liquidation, du moins au bout de deux ou trois liquidations, c'est-à-dire que le capitaliste vendeur ait bien, dès l'origine, des titres qui deviendront très rapidement disponibles, ou que le capitaliste acheteur ait bien aussi, dès le début, des rentrées d'argent absolument certaines et assez prochaines ; sinon, il y aurait imprudence, surtout quand il s'agit de vente de titres, et il pourrait y avoir des surcharges de frais.

Dans le cas de vente de titres même, on peut dire que l'opération à terme n'est sans danger que lorsqu'on est sûr de pouvoir livrer le titre au moment de la première liquidation.

Même pour les achats à terme, qui présentent moins de péril que les ventes, il est prudent de ne les effectuer que quand on est certain d'avoir les fonds à la liquidation prochaine. Les opérations à terme, même quand elles sont réelles, comportent souvent une griserie pernicieuse et des entraînements contre lesquels il faut se mettre en garde. Aussi les personnes prévoyantes n'en effectuent-elles que quand elles sont absolument nécessaires.

Lorsque l'on achète des titres à terme, une autre observation se présente : les titres achetés à terme ne peuvent pas toujours ensuite se négocier facilement au comptant, par une raison qui sera donnée plus loin (voir p. 265). Il importe donc, en général, que le capitaliste qui a acheté des titres à terme en conserve des quantités qui correspondent à celles que l'on peut vendre à terme, soit 500 fois et les multiples de 500 fois de l'unité de Rente lorsqu'il s'agit de fonds publics, et 25 ou des multiples de 25 actions, obligations ou parts, quand il s'agit de celles-ci.

Les opérations à terme qui ont pour objet non des affaires réelles, mais des différences à percevoir ou à payer, ce qui, à vrai dire, constitue, pour la plupart des valeurs, la masse des opérations de ce genre, sont simplement du jeu ; ce sont des paris, paris d'ailleurs onéreux, parce qu'ils comportent des courtages et frais divers. Nous condamnons absolument ces opérations : presque toujours elles causent des pertes ; elles exercent, d'ailleurs, un certain entraînement sur les esprits ou simples ou faibles ; elles mènent à la ruine ceux qui s'y livrent.

Quelques rares professionnels très délurés, très expérimentés, très attentifs, peuvent échapper, avec les jeux de bourse, à cette conséquence générale : la perte et la ruine ; mais il est très rare que même ceux-là, quoique se trouvant dans des conditions de préparation et de connaissance du milieu, y trouvent des avantages durables.

L'opération de ventes à terme de titres que l'on

ne possède pas ou *ventes à découvert,* suivant l'expression reçue, avec l'intention de les racheter en baisse, est particulièrement périlleuse.

Alors même que, d'après les conditions de l'entreprise à laquelle se rattache la valeur, cette opération apparaîtrait comme bien fondée, il faudrait s'en garder.

Il arrive fréquemment que le public ignorant et tenace s'obstine à garder une valeur se rattachant à une entreprise qui dépérit ou qui est mal constituée.

Des spéculateurs, au courant du vice dont l'entreprise est atteinte, croient agir avec perspicacité et prévoyance en en vendant des titres quand ils n'en possèdent pas. Ils se disent qu'ils pourront toujours les racheter plus bas, dans quelques semaines ou quelques mois. Presque toujours cette opération tourne contre ses auteurs. D'abord le déclin d'une entreprise dure souvent beaucoup plus longtemps qu'on ne le suppose. On parvient à masquer le mal et à le dissimuler pendant une période plus ou moins prolongée au gros public. Ensuite, les chefs ou les patrons de l'entreprise malade et visée, sachant qu'il y a de nombreuses ventes à découvert, exigent la livraison des titres, ne se prêtent pas aux combinaisons de report ou de déport (voir plus loin), recourent à diverses manœuvres faciles pour enflammer le public et se livrent à ce qu'on appelle la *chasse au découvert.*

Les vendeurs sans titres, mis en demeure de livrer, éprouvant de grandes difficultés à emprunter les titres à chaque liquidation, il se produit une hausse factice et rapide. Ils sont presque toujours obligés, pour liquider définitivement une opération coûteuse et inquiétante, de racheter les titres beaucoup plus haut qu'ils ne les ont vendus.

On en a eu un exemple frappant dans l'affaire du canal de Panama. Un assez grand nombre d'hommes sagaces voyaient, bien avant sa chute, que l'entreprise était mal engagée et qu'elle ne pouvait aboutir qu'à un désastre. Néanmoins, on peut dire que à peu près tous ceux qui, au cours de l'existence de cette compagnie, ont vendu à découvert des titres de Panama ont éprouvé des pertes cuisantes, étant obligés de subir des frais considérables, courtages et déports (voir plus loin), et finalement, ne pouvant poursuivre pendant une série d'années, ce que d'ailleurs les frais eussent rendu difficile, sinon impossible, une opération aussi aventureuse, se voyant amenés à racheter chèrement les titres imprudemment vendus.

Si les achats à terme en vue de simples différences sont, en général, moins dangereux que les ventes, ils aboutissent rarement à des gains, du moins à des gains soutenus. Il faut, comme nous l'avons dit, beaucoup de temps pour que les germes de développement que contient une affaire arrivent à maturité. Cela ne peut s'effectuer en quelques liquidations de bourse. Les cours des valeurs à brève échéance, c'est-à-dire dans une période de deux ou trois mois, sont beaucoup moins influencés par les conditions intrinsèques de l'entreprise dont la valeur est la représentation que par une foule de circonstances extérieures diverses, impossibles à prévoir, circonstances d'ordre tantôt politique, tantôt financier général, dispositions changeantes du public ou quelquefois de quelques individualités importantes, bruits divers, manœuvres parfois de groupes dirigeants. Tout cela échappe à la prévision.

Un simple pari, sur un objet quelconque ou à l'occasion d'un fait quelconque, est tout aussi raisonnable qu'un jeu de bourse, et l'on doit considérer comme jeu toute opération de vente de titres que l'on n'a pas ou d'achat de titres que l'on n'est pas absolument sûr de pouvoir payer à bref délai.

Il faut ajouter que la Bourse est peu clairvoyante; elle ne juge jamais le fond des choses, elle l'ignore presque toujours; elle agit sur des impressions beaucoup plus que sur des connaissances, elle est essentiellement à la fois impulsive et ataxique.

Prenons les trois types les plus réussis de placements avantageux qu'ait présentés le XIXe siècle, et dont nous avons déjà parlé : les actions des grandes compagnies d'assurances sous la Restauration ou le règne de Louis-Philippe; les parts ou actions des charbonnages du Nord ou du Pas-de-Calais sous le second Empire; les actions et parts de fondateur du canal de Suez à la fin du second Empire et au commencement de la troisième République.

Ces trois types de placements ont enrichi les capitalistes patients qui les ont faits; ils ont décuplé et parfois centuplé la mise de ceux-ci. Mais si des spéculateurs ont, même aux époques les plus favorables, c'est-à-dire quand ils étaient le plus bas et le plus dédaignés du public, acheté de ces titres en vue d'une différence ou d'un bénéfice à cueillir rapidement en quelques semaines ou quelques mois, il est possible qu'ils y aient subi des pertes. La hausse de ces titres ne s'est pas faite, en effet, avec rapidité et continuité ; il y a eu des avances et des reculs ; l'acheteur en liquidation de titres de Suez, en vue de simples différences à réaliser en un, deux ou trois mois, a parfaitement pu voir ces différences tourner contre lui et l'appauvrir.

Ainsi, ce sont les capitalistes patients, faisant des placements réels et de longue haleine, ne se mettant jamais à découvert ni de titres ni d'argent, qui ont des chances sérieuses d'améliorer leur situation, non pas les spéculateurs pressés et hâtifs : ceux-ci sont généralement atteints de la manie papillonne ; bien loin de recueillir un butin, ils laissent d'ordinaire échapper ce qu'ils possèdent.

CHAPITRE III

Les reports. Les déports.

Nature de l'opération de report. — Le « reporté » et le « reporteur ». — Le coût du report et les frais accessoires. — Cette opération, quand elle est prolongée, est onéreuse et met presque toujours « le reporté » en perte. — Calculs à ce sujet. — Énorme coût des reports et des frais accessoires à Londres. — Les reports considérés comme emploi de capitaux. — Les « pseudo-reports » ou prêts sur titres faits sans intermédiaire d'agents de change. — Le déport; cette opération ne peut être que très exceptionnelle. — Les prétendues opérations de déport proposées par divers banquiers; elles couvrent en général des escroqueries.

On a vu que les opérations à terme se résolvent et se règlent à la liquidation, soit, suivant les valeurs, le 15 et le dernier jour du mois, soit à cette dernière date seule.

Il arrive, toutefois, qu'un acheteur à terme veuille prolonger son opération au delà de ce terme. Il peut s'agir, comme nous l'avons dit dans le précédent chapitre, soit d'un acheteur sérieux qui a vraiment l'intention de prendre livraison des titres en en payant le prix, mais qui n'a pas encore la somme nécssaire disponible, qui compte l'avoir dans un délai rapproché, soit d'un simple spéculateur qui ne poursuit que des différences à encaisser, mais qui juge que, en persévérant dans son achat, au lieu de le terminer et de le régler à la liquidation bi-mensuelle ou mensuelle, il pourra rendre son opération plus avantageuse.

Dans ces deux cas, l'acheteur, qui ne peut ou ne veut payer et qui désire conserver jusqu'à la liquidation suivante sa situation d'acheteur, contracte un report; il se fait reporter, suivant l'expression consacrée.

Le report est, au fond, un emprunt sur titres; il ne mérite tout à fait le nom de report que quand il est fait par l'intermédiaire de l'officier ministériel que l'on appelle agent de change, avec la garantie personnelle de celui-ci et la garantie supplémentaire de la Chambre syndicale des agents de change tout entière, responsable, depuis une loi récente, des actes professionnels de ses membres.

La forme que prend cet emprunt sur titres consiste dans une vente immédiate faite à la personne qui avance les fonds et que l'on appelle le reporteur, et un rachat simultané à terme pour la liquidation suivante. Le reporteur, celui qui fournit les fonds, entre en possession des titres; il doit les restituer à la liquidation suivante moyennant le versement du prix stipulé, lequel est établi par ce que l'on appelle le cours de liquidation, accru d'un intérêt stipulé également. Cet intérêt prend lui-même, en langage technique, l'appellation de report. On dit : les reports sont chers ou les reports sont à bon marché, entendant par là que l'intérêt à payer pour la période semi-mensuelle ou mensuelle, suivant les cas (voir plus haut, page 214), apparaît comme plus ou moins élevé.

L'acheteur qui fait reporter ses titres est désigné sous le nom de *reporté*, par opposition au prêteur des fonds, qui est dit *reporteur*. L'acheteur *reporté* doit, à la liquidation suivante, soit prendre possession des titres, les *lever*, en langage de bourse, en payant le prix, l'intérêt ou report et les différents frais, soit contracter un report nouveau; alors il doit payer non plus le prix des titres, mais l'intérêt ou report, le courtage et autres frais; si le cours de compensation nouveau est moins élevé que le cours de compensation précédent, il doit payer la différence; il encaisse, au contraire, la différence quand le cours de compensation est plus haut.

Lorsqu'il s'agit de valeurs courantes et de réputation assez bonne, on trouve facilement à se faire reporter, non seulement pour une liquidation, mais même pour une série de liquidations successives.

L'agent de change, intermédiaire des opérations à terme, exige des clients, sauf quand ils lui inspirent toute confiance, ce que l'on appelle une *couverture*, qui le garantisse et de ses courtages et frais et, plus encore, des fluctuations de valeurs qui peuvent mettre le client ou acheteur en perte. Cette couverture peut se faire soit en argent, soit en titres. Dans la généralité des cas, on se contente d'une couverture de 10 à 15 %; quand l'opération paraît mal tourner et que, aux cours des liquidations successives des reports, la couverture primitive est entamée, l'agent de change ou l'intermédiaire (coulissier) en réclame une nouvelle.

Les opérations de reports peuvent être examinées

soit au point de vue des acheteurs qui *se font re-porter*, soit au point de vue des bailleurs de fonds qui *reportent*.

Alors même qu'ils sont très bon marché en apparence, les reports sont presque toujours onéreux, parce qu'il s'y joint le courtage et d'autres menus frais, dont l'impôt.

Le courtage pour chaque opération de report est moitié moindre que pour une opération à terme qui se résout à la liquidation même pour laquelle elle a été faite. Il monte à 12 fr. 50 pour 1 500 fr. de Rente française, et à 0 fr. 05 % par an du montant des autres valeurs au cours de compensation du moment. L'impôt sur les opérations de bourse y ajoute 2 centimes $\frac{1}{2}$ par 1 000 francs : en prenant les vingt-quatre liquidations bi-mensuelles, cet impôt représente 0 fr. 60 par 1 000 francs.

Ainsi, le courtage et l'impôt (nous négligeons les frais de timbre et de correspondance qui sont insignifiants pour les opérations de moyenne ou de grande importance) représentent 1,26 % par an. Supposez que le taux du report soit de 3 % par an, ce qui est considéré en général comme modéré, la charge pour l'acheteur qui se fait reporter ressort à 4,26 %. Or il n'est presque aucune bonne valeur qui donne ce revenu net en titres au porteur, les seuls qui fassent l'objet de négociations à terme.

La Rente française ne produit qu'environ 3 % nets; l'action de Suez, 3,15 à 3,20 %; les actions de chemins de fer français, 3 $\frac{1}{4}$ à 3 $\frac{1}{2}$. L'acheteur qui se ferait reporter pendant un an perdrait donc tout l'écart entre les coupons, dont on lui tient compte, et ces frais divers de reports, courtages et impôt, soit, dans les circonstances les plus favorables, 1 à 1 $\frac{1}{4}$ % par an.

La charge réelle des reports et frais divers est, au fond, plus lourde qu'en apparence, parce que ces reports et frais divers sont calculés sur l'année; mais l'on doit les payer par fractions tous les quinze jours pour la plupart des valeurs, tous les mois pour les valeurs privilégiées, de sorte que, à la fin de l'année, il s'ajoute encore aux 4,26 % ci-dessus approximativement 8 à 10 centimes, qui portent la charge aux environs de 4,35 %.

Le taux de 3 % des reports, courtages et frais divers non compris, ne s'applique le plus souvent qu'à quelques très grandes valeurs, sur lesquelles les écarts de cours sont faibles, comme la Rente, les actions de chemins de fer, etc. Pour les autres valeurs plus spéculatives et moins bien classées ou cotées, le taux des reports atteint fréquemment 3 $\frac{1}{2}$ à 4 %. Comme il y faut joindre 1,26 % pour les frais divers dont il a été parlé plus haut, la charge arrive à 4,76 ou 5,26 respectivement par an, dépassant de 1 $\frac{1}{2}$ à 2 % ce que produisent habituellement les coupons.

Il arrive fréquemment que l'on spécule et que l'on met en report des valeurs qui ne donnent qu'un petit revenu ou même aucun revenu. Ainsi, quand le *Métropolitain* valait 600 francs (tout payé) pour un dividende de 15 francs, réduit à moins de 13 fr. 50 par l'impôt, le taux du revenu était seulement de 2,25 %; si l'on mettait cette valeur en report au taux de 3 $\frac{1}{2}$ à 4 %, ce qui, avec les frais divers, faisait une charge totale de 4,76 à 5,26 %, on payait par an, pour conserver une position d'acheteur, 2,50 ou 3 % respectivement de plus que le montant des coupons. La même proportion des charges et du revenu s'appliquait à la *Thomson-Houston* au cours de 850 francs, avec un dividende de 25 francs (1904) et un taux de report de 3 $\frac{1}{2}$ à 4 %.

Le surcroît de charge au delà du produit des coupons est encore plus élevé pour certaines valeurs, comme les actions du chemin de fer de *Saragosse*, qui, pour un prix de 300 francs, a distribué un dividende de 5 pesetas ou de 3 fr. 80. Ici le revenu des coupons est seulement de 1,25 %, tandis que, au taux assez fréquent de 3,50 à 4 % de report, la charge, avec les frais divers, monte à 4,76 ou 5,26 %, excédant de 3,50 ou 4 % respectivement le revenu du titre.

S'il s'agit de titres sans revenu, comme le *Nord de l'Espagne*, l'action *Lombarde* et nombre d'autres, cette charge de 4,76 à 5,26 % par an n'a plus aucune compensation en intérêt, si partielle ou infime qu'elle fût.

Ainsi les reports, même les plus modérés en apparence, sont toujours onéreux pour l'acheteur, à cause des courtages et frais divers répétés : ils mettent l'acheteur dans des conditions manifestes d'infériorité.

C'est bien pis sur diverses places étrangères, notamment à Londres. Les reports sur les valeurs de spéculation (les mines d'or, par exemple) y sont beaucoup plus chers que chez nous : le taux habituel y est de 5 à 7 % par an. D'autre part, les courtages sur la place de Londres, pour le commun public du moins, sont énormes, quatre ou cinq fois plus élevés que chez nous; il y a, en outre, de lourds droits de transfert des titres nominatifs. Il en résulte que, tout compris, les frais de report d'une position d'acheteur représentent, à Londres, entre 10 et 12 % par an, parfois plus même. Si l'on fait reporter, par exemple, des actions de la *Rand Mines*, ou de l'*East Rand*, ou de la *Consolidated Goldfields*, dont les derniers dividendes sont à peine de 2 à 3 %, on est constitué en perte de 8 à 10 % par l'excédent des charges sur le montant des coupons.

Il faut être fou pour spéculer dans ces conditions : il serait tout aussi simple de jouer sa fortune à Monte-Carlo.

Ce qui ressort de ces observations, c'est que les capitalistes et les rentiers prévoyants doivent se garder d'achats à terme à crédit qui les induisent à se faire reporter. L'opération tourne presque certainement contre eux.

On peut maintenant se demander quels sont les avantages ou les inconvénients des reports pour le capitaliste qui emploie ses fonds à cette opération, et que l'on appelle le *reporteur*.

Il subit, lui aussi, de son côté, les mêmes courtages et frais que l'acheteur reporté, soit 1,20 % de courtage et 0,06 % d'impôt, calculé à l'année, ou 1,26 %, en laissant de côté les frais accessoires, assez faibles pour les transactions moyennes, de timbre et de correspondance. Tous ces frais sont à retrancher du report; supposons celui-ci au taux de 3 % par an, c'est un intérêt de 1,74 % par an qui restera au capitaliste. Si le taux du report était de 3 1/2 %, l'intérêt net touché par ce dernier serait de 2,24 %; il atteindrait 2,74 au taux exceptionnel du report à 4 %.

Généralement, le capitaliste qui emploie ses fonds en report au parquet des agents de change retire entre 1 $\frac{1}{2}$ et 2 $\frac{1}{4}$ % d'intérêt net, mettons 2 % en moyenne, au maximum pour une période normale de quelque durée.

L'emploi de fonds en reports ne peut donc être une opération habituelle pour un capitaliste. Il ne peut y consacrer que des sommes qu'il a disponibles pour un temps restreint. Il peut le faire aussi temporairement quand il juge que la généralité des valeurs de bourse est à des cours trop élevés et qu'il pense que, à assez bref délai, les cours se tasseront. Nous avons dit, toutefois (voir plus haut, page 64), qu'il est plus prudent de placer immédiatement les sommes qui constituent des capitaux permanents. Il est préférable d'employer en valeurs ses économies au fur et à mesure qu'elles se forment. Autrement, on court le risque de n'avoir qu'un intérêt très restreint, au-dessous de la moyenne normale, et de ne pas trouver ultérieurement les occasions de placements meilleurs qu'on espérait.

Il s'est rencontré des capitalistes qui, ayant des filles en âge d'être mariées, plaçaient en reports une partie de la dot qu'ils leur destinaient, afin d'avoir ainsi une sorte d'assurance contre la baisse possible des valeurs. Mais cela ne pouvait guère se faire qu'au temps où les reports étaient moins avilis qu'actuellement.

Autrement, l'opération des reports en bourse donne de grandes sécurités au capitaliste reporteur.

Non seulement il peut prendre les titres donnés en gage, mais il a la garantie de l'agent de change qui, lui-même, a celle de la couverture exigée (voir plus haut, page 226); il a, de plus, la garantie solidaire de la Chambre syndicale des agents de change. Cet ensemble donne une sûreté presque absolue. On trouverait difficilement un placement temporaire aussi productif et aussi bien garanti.

Il n'y a de vrais reports que ceux qui sont faits au parquet par l'intermédiaire des agents de change. Néanmoins, il se fait aussi en coulisse et dans diverses maisons de banque des opérations de nature analogue, auxquelles on donne le même nom de reports. Ces opérations n'ont que la garantie des coulissiers individuels et des maisons de banque qui les font.

Certaines maisons de banque spéciales se consacrent uniquement aux opérations de prêts sur titres d'une liquidation à l'autre, et sont connues sous le nom de sociétés de reports. Il en est qui jouissent d'une vieille réputation d'honorabilité et de compétence, et qui offrent de bonnes garanties. Le mot de *report* n'est toutefois employé ici que par extension et en dehors de son sens strict. En effet, ces opérations de prêts sur titres ne se font plus là par l'intermédiaire d'agents de change et n'ont plus la garantie de l'agent de change ayant traité l'affaire et de la Chambre syndicale des agents de change tout entière. Par contre, comme il n'y a pas, dans ce cas, de courtage à payer, l'intérêt pour le capitaliste qui recourt à ce placement ressort à un taux plus élevé. Il est, en général, de 2 $\frac{1}{4}$ à 3 % par an et, en moyenne, de 2 $\frac{1}{2}$ environ.

On peut s'adresser, pour ces opérations, à telle société importante bien assise, fonctionnant depuis nombre d'années, ayant à sa tête des administrateurs connus et dans une situation considérable. Mais il ne faut pas se tromper de maison et mettre de l'argent en report, pas plus que des titres en déport, chez le premier banquier venu. Une très grande prudence est indispensable en ce cas. Il ne faut se dessaisir sans les plus grandes réflexions et les plus sûres garanties ni de son argent, ni de ses titres.

Nous arrivons à l'opération dite *déport*, qui est l'inverse du report et consiste dans un prêt de titres d'une liquidation à l'autre.

Autant l'opération du report est une opération fréquente, autant celle du déport est une opération exceptionnelle.

Il est excessivement rare qu'on puisse employer des titres en déport d'une manière avantageuse et sans grand risque.

On a vu plus haut (pages 219 à 221) que s'il y a, parmi les spéculateurs, des acheteurs de titres sans argent pour les payer, il peut se rencontrer aussi des vendeurs de titres qu'ils n'ont pas. Ce sont les gens qui s'imaginent que, pour des raisons soit spéciales, soit générales, tels titres baisseront vraisemblablement à bref délai. Ces spéculateurs les vendent sans les avoir, en se disant que, avant la liquidation ou à ce moment, ils pourront les acheter à un prix inférieur au prix auquel ils les ont vendus, et qu'ils réaliseront ainsi une différence qui leur sera profitable.

Ces spéculateurs sont ce que l'on appelle les

vendeurs à découvert. Nous avons dit combien cette opération est périlleuse (page 220). Quand le groupe intéressé à la valeur que l'on vend ainsi sans la posséder est avisé de la formation de ce découvert vendeur, il s'efforce d'exploiter cette situation en donnant la « chasse aux vendeurs à découvert », en « les faisant courir » et en les « étranglant » s'il le peut. Il s'efforce de provoquer une hausse par quelques achats bien combinés, et à la liquidation il exige des vendeurs qu'ils livrent les titres vendus; ceux-ci, ne voulant pas racheter à plus hauts cours ces titres qu'ils n'ont pas et qu'ils doivent, cherchent à les emprunter. Ils sont disposés à payer au prêteur de titres d'une liquidation à l'autre un prix qui, déduction faite des courtages, fournisse à ce prêteur un bénéfice net. C'est alors que le déport apparaît.

L'opération de déport se fait par l'entremise des agents de change au parquet, dans les mêmes conditions que l'opération de report. Le possesseur des titres fait une vente immédiate et simultanément un rachat à terme pour la liquidation suivante, en stipulant un déport de 1 franc, 2 francs, exceptionnellement 5, 8 ou 10 francs par titre, qui, déduction faite des courtages et frais, lui laisse un *boni* suffisant. Cette opération étant faite par l'intermédiaire d'un agent de change, avec la garantie de celui-ci et la garantie supplémentaire de la Chambre syndicale, n'est pas dangereuse. Elle n'est pas non plus, d'ordinaire, bien rémunératrice, et il est rare même qu'elle soit possible.

Pour qu'elle le soit, il faut des circonstances exceptionnelles : la formation d'un gros découvert sur une valeur, c'est-à-dire une grosse accumulation de ventes faites sans titres. Cela ne se rencontre que rarement. Une autre circonstance qui peut prêter au déport, c'est quand plusieurs partis se disputent le conseil d'administration et la direction d'une société. Alors, les divers groupes qui sont en concurrence à ce sujet cherchent à obtenir la possession de titres pendant une ou deux ou même trois liquidations; il leur est plus avantageux de payer un déport de quelques francs pour se les faire prêter pendant cette période que de les acheter.

Les actionnaires sérieux ne doivent pas faciliter ces manœuvres et y coopérer en mettant leurs titres en déport : pour les quelques francs qu'ils y gagneraient, ils aideraient à placer la société dont ils sont actionnaires dans les mains de purs intrigants sans surface, qui l'exploiteraient pour leur seul profit personnel.

Ainsi le déport est une opération tout à fait exceptionnelle et rare, qui ne rentre pas pratiquement parmi celles qui concernent les capitalistes soucieux de leur intérêt permanent.

En tout cas, il ne faudrait faire de déport que par l'intermédiaire d'un agent de change, ce qui assure la garantie de l'agent de change intermédiaire et de la Chambre syndicale tout entière.

Quelques banquiers de basse moralité sollicitent du public qu'on leur remette des titres en déport, promettant un intérêt notable; ce sont, en général, non seulement des intrigants, mais des aigrefins et des filous, qui disposent des titres à eux confiés en les vendant ou en se faisant faire, sur leur gage, des avances personnelles. Presque toujours, on pourrait dire même toujours, le propriétaire des titres ne les revoit jamais et les perd sans compensation.

CHAPITRE IV

Les opérations à primes.
Les officines louches.
Les catégories principales de pigeons visés.

Caractère des opérations à primes. — Elles constituent, toujours de la part de l'acheteur, le plus souvent de la part du vendeur, un jeu pur et simple. — On doit formellement en détourner le public. — Elles entraînent, par leur répétition, des frais considérables et sont presque toujours, sauf pour quelques professionnels délurés, une cause de perte. — Les officines louches. — Les catégories spéciales de personnes qu'elles visent : ecclésiastiques, militaires, femmes maîtresses de leurs droits. — Les entraînements des membres des cercles élégants.

Un genre d'opérations qui est assez familier aux boursiers de profession est celui des achats et ventes à primes. Depuis une douzaine d'années, nombre de banquiers de catégories inférieures offrent au public, au moyen de circulaires et de journaux, de faire chez eux des opérations de cette nature. Ils font miroiter aux yeux des bénéfices rapides et quasi certains, sans chances de perte sensible, disent-ils.

Les ventes et achats à prime constituent une variété des ventes et achats à terme, et sont, en définitive, des affaires de spéculation pure. Tandis que la vente ou l'achat à terme peut parfois couvrir, comme on l'a vu (p. 216), des transactions sérieuses, la vente ou l'achat à prime ne peut être que du jeu, pour l'acheteur du moins.

Voici comment on procède : l'acheteur à prime stipule, en faisant son achat, un dédit moyennant le payement duquel il pourra renoncer au marché qui sera ainsi définitivement résolu. Ce dédit est le plus souvent, pour chaque 3 francs de *Rente française*, de 0 fr. 05, 0 fr. 10 ou 0 fr. 25, ou même 0 fr. 50, très exceptionnellement de 1 franc. Cela veut dire que l'acheteur à terme d'une certaine quantité de Rente française, s'il en a fait la stipulation à l'avance, pourra, au moment de la liquidation, dénoncer son achat et l'annuler en payant simplement ce dédit ou prime de 0 fr. 05, 0 fr. 10, 0 fr. 25, 0 fr. 50 ou 1 franc, suivant les cas, par chaque 3 francs de rente achetée : cela fait pour 1 500 francs de rente, qui constituent l'unité de l'opération à terme, un dédit de 25 fr., 50 francs, 125 francs, 250 francs ou 500 francs respectivement. L'acheteur à prime qui renonce à son achat supportera, en outre, les frais (courtage et autres) de l'opération.

Pour les autres fonds d'État que la Rente française, les primes ou dédits sont dans les mêmes conditions ; par exemple, pour l'*Extérieure espagnole* 4 %, il s'en traite de fréquentes, au moment où nous écrivons, de 0 fr. 10, 0 fr. 25, 0 fr. 50 et même parfois de 1 franc.

En ce qui concerne les actions ou obligations, les primes sont de 2 fr. 50, 5 francs, 10 francs, 20 francs, 40 francs, suivant le choix, pour chaque vingt-cinq titres qui forment l'unité de négociation. L'acheteur à prime de vingt-cinq *Thomson-Houston* pourra, s'il le veut, renoncer à son marché moyennant le dédit de 62 fr. 50, ou 125 francs, ou 250 fr., ou 500 francs, ou 1 000 francs, suivant qu'il aura stipulé des primes de 2 fr. 50, 5 francs, 10 francs, 20 francs ou 40 francs ; ces dernières sont rares ; il devra, en outre, subir les courtages et autres frais.

Les achats à prime limitent les risques d'une opération, cela est incontestable, puisqu'on peut les rompre moyennant un dédit convenu. Ces achats peuvent porter aussi sur une période plus longue. Tandis que les achats et les ventes à terme à la Bourse de Paris ne se font que pour la liquidation prochaine, et exceptionnellement à la fin du mois pour la liquidation en train de s'effectuer et pour la suivante, les achats à prime peuvent se faire pour l'une des quatre liquidations qui doivent se succéder ; par exemple, dans la seconde quinzaine de septembre, il se fait des achats à prime non seulement pour la liquidation prochaine, celle de fin septembre, mais pour les liquidations du 15 octobre, du 31 octobre, du 15 novembre. Cela laisse plus de champ et réduit les courtages.

Comme contre-partie fâcheuse, les achats à prime se font toujours à des cours plus élevés, — et c'est naturel, — que les simples achats à terme, dits achats fermes : l'écart est d'autant plus grand que la prime est plus réduite, ce qui se comprend, puisque le dédit est plus faible.

L'acheteur à prime est toujours un spéculateur ou, disons le mot, un joueur. Le vendeur à prime est le plus souvent aussi un spéculateur et un joueur : l'un et l'autre font un pari, dans toute la force du terme; il peut arriver, cependant, que le vendeur à prime soit un véritable possesseur de titres, quoique ces opérations ne soient pas à recommander, et qu'il veuille faire une opération sérieuse. Ainsi, un capitaliste qui possède vingt-cinq actions *Rio-Tinto,* et qui ne veut pas les vendre au cours de 1 643 ou 1 648 francs (cours de la Bourse du 24 novembre 1905), peut être disposé à les aliéner à terme, pour la liquidation du 31 décembre, au cours de 1705 à prime dont 10 francs. Si le cours a monté à 1705 francs à cette liquidation de fin décembre, l'acheteur à prime prendra possession des titres, de sorte que le vendeur les aura réalisés à 50 francs environ plus haut que s'il les avait vendus ferme fin novembre. Il aura, il est vrai, quelques frais à payer, et il subira une perte d'un mois d'intérêts. Néanmoins, il lui restera un avantage notable.

Si, au contraire, le prix fin décembre ne s'est pas élevé aux environs de 1 705 francs, le vendeur à prime touchera la prime ou dédit de 10 francs, dont il aura à déduire le courtage et autres frais, ce qui lui laissera environ 8 francs de bénéfice.

L'opération de vente à prime, de la part d'une personne qui possède effectivement les titres, peut donc être parfois une opération sérieuse et avisée. Certains capitalistes, qui suivent très attentivement les affaires de bourse, s'y livrent de temps à autre dans les périodes de grande spéculation. Il arrive que certains « cueillent » ainsi des primes successives qui viennent s'ajouter au revenu de leurs titres.

Mais il faut être singulièrement déluré, agile,

attentif, expérimenté, pour réussir dans ce genre de spéculation.

On doit, en définitive, aussi bien détourner le public de ventes à primes de titres qu'on possède que d'achats à primes.

Toutes ces opérations sont du jeu ou y confinent : elles entraînent des courtages onéreux et multipliés; elles exposent à des séries de pertes, lesquelles sont presque certaines, vu la relation des frais de courtage avec les modiques bénéfices espérés.

Les maisons dites de banque, dont nous avons parlé, proposent encore des combinaisons compliquées d'achats ou ventes simultanés à primes et fermes, notamment d'achats fermes à terme et de reventes à primes. Elles publient, dans des circulaires ou dans des journaux, des tableaux artificieusement dressés après coup qui font apparaître des gains presque certains.

Ce qui est quasi certain, au contraire, c'est la perte, perte d'argent par les courtages multipliés, perte du repos d'esprit par les opérations répétées; et, quoique la perte apparaisse comme restreinte pour chaque opération, elle finit par être considérable par la multiplicité des transactions auxquelles on se laisse ainsi entraîner. Une fois pris dans cet engrenage des achats et ventes à primes, on a vite épuisé la couverture, en argent ou en titres, que ces pseudo-banquiers exigent.

Tous les gens raisonnables doivent se tenir à l'écart d'affaires de cette nature.

Ceci nous amène à parler de cette catégorie nombreuse d'industriels qui ouvrent, sous le nom de banques, des officines qui n'ont d'autre objet que de rançonner le public à outrance.

Le public peut, pour ses achats ou ses ventes effectives de valeurs, s'adresser soit aux agents de change, soit aux grandes sociétés de crédit : il doit, sauf des exceptions rares, se méfier complètement des autres intermédiaires. Sans doute, il existe des banquiers privés respectables, qui ont une clientèle les connaissant de longue date ou ayant pris sur eux des informations très sérieuses et très rassurantes. Mais le gros public agira sagement en s'en tenant aux premiers intermédiaires que nous avons indiqués.

Un très grand nombre des maisons de change ou soi-disant maisons de banque sont des officines tout au moins de jeu et souvent même de piraterie ; d'ailleurs le jeu, quand il ne réussit pas, porte à l'escroquerie celui qui a le maniement de l'avoir d'autrui. On a les plus grandes chances de perdre ses espèces ou ses titres si on les leur remet.

Des catégories spéciales de rentiers ou de capitalistes sont surtout visés par les maisons louches et les aigrefins de la finance ; ce sont les personnes appartenant aux professions qui ont le moins de contact avec les affaires courantes et qui comportent, d'autre part, des habitudes constantes, ou tout au moins un idéal, de loyauté et de correction : les ecclésiastiques et les militaires forment les deux branches principales de ce réservoir de victimes pour les intrigants et les détrousseurs financiers.

C'est à eux, ainsi qu'aux femmes maîtresses de leurs droits, veuves ou vieilles filles, qu'ils s'adressent de préférence : ils leur prônent des valeurs sans base et sans marché; ils les entraînent dans un labyrinthe de négociations compliquées et sans issue autre que la ruine; ils les étourdissent d'un verbiage technique qui en impose et les séduisent par des promesses irréalisables.

Ecclésiastiques, militaires, veuves ou vieilles filles, voilà la proie qu'ils guettent et recherchent surtout.

Aussi les personnes qui appartiennent à ces professions et les femmes maîtresses de leurs droits doivent, plus encore que tous les autres rentiers, être dans un état de constante défiance à l'endroit de tous les prospectus, toutes les circulaires, tous les journaux à bas prix, toutes les visites domiciliaires, toutes les promesses, toutes les offres de service. Plus que tous autres, ces catégories de personnes doivent se faire une règle de conduite inviolable de ne s'adresser, comme intermédiaires, qu'aux agents de change et aux principales sociétés de crédit, de ne faire que là des dépôts de titres ou d'espèces, de n'acheter que des valeurs depuis longtemps connues et objet de fréquentes cotations à des cotes bien établies; de pratiquer, en outre, la division des placements, comme il a été exposé dans le premier livre de cet ouvrage.

La sauvegarde de leur fortune est à ce prix.

Une autre catégorie de victimes désignées aux spéculations et aux jeux de bourse, mais dans des conditions différentes, ce sont les gens du monde et les membres des grands cercles. Si les ecclésiastiques, les militaires, les veuves ou vieilles filles pèchent par inexpérience, naïveté, crédulité, les gens du monde et les « cercleux », qui se targuent de n'être pas naïfs, pèchent par frivolité et entraînement. Ayant souvent, quelle que soit leur richesse, de grands besoins, ils voudraient augmenter leur avoir ou leurs revenus ; puis, ils ont une sorte de badauderie de sceptiques : ils croient qu'on peut ramasser des fortunes, ou du moins de gros gains, dans un court espace de temps, en s'associant à des mouvements de bourse ; ils épient la vogue et la veine ; quand le bruit se répand qu'une valeur va monter et surtout quand elle commence à monter, ils se précipitent sur elle étourdiment avec des achats à terme. Ils s'imaginent avoir des « tuyaux » ; il est bien rare qu'ils ne soient pas victimes à la fois de leur avidité et de leur irréflexion.

Nous les renvoyons à notre chapitre : *Placements, spéculation, jeu* (voir plus haut, p. 205 à 213).

CHAPITRE V

Les conseils financiers.
Les « tuyaux », les circulaires, les journaux,
les réclames, les options.

Incompétence habituelle des prétendus conseils financiers.
— Grands dangers des « tuyaux ». — Les personnes à la
tête des grandes entreprises ne peuvent pas toujours renseigner exactement. — Les fâcheuses pratiques d'une
partie de la presse, soit politique, soit spéciale. — L'accord
unanime de la presse pour louer une valeur doit rendre
celle-ci suspecte. — Le procédé de corruption perfectionné
des « options » et les ravages qu'il fait. — Les commis
voyageurs en valeurs mobilières ou « démarcheurs ».
— Les ventes à tempérament.

Une fréquente cause d'erreur, c'est ce que l'on
appelle les « tuyaux ». On entend par là, de même
que pour les courses de chevaux ou tout autre jeu,
les renseignements réputés précis et sûrs provenant
de personnes supposées compétentes.

Un rentier connaît un financier de quelque envergure, parfois plus simplement un associé ou employé
d'agent de change, un coulissier ou un chef de bureau de société de crédit ; il part de là pour croire
que ce personnage, dont les fonctions habituelles
sont de faire des bordereaux, ou de la correspon-

dance, ou des comptes, est très au courant des choses de bourse et qu'il a des informations précises et sûres sur la situation intrinsèque de telle ou telle entreprise et sur l'avenir de telle ou telle valeur.

Sur les renseignements donnés par ce personnage, dont le rôle est beaucoup plus modeste qu'il ne le croit, dont la compétence n'est qu'apparente, ce rentier vend ses valeurs normales pour les remplacer par des valeurs plus ou moins de spéculation, ou encore, sans rien vendre, il s'engage en des achats à terme de titres « destinés à monter ».

Presque toujours ces renseignements n'ont aucune base que de vagues bruits sans consistance, dont l'homme prétendu compétent n'est que l'écho.

En réalité, la compétence financière est excessivement rare, et quand elle existe, elle n'a pas pour habitude de se répandre en pronostics.

Personne ne peut exactement connaître l'état réel des 3 ou 4000 valeurs qui attirent, à des degrés divers, l'attention du marché.

Les agents de change, même les plus sérieux et les plus diligents, absorbés par le courant de leurs affaires, n'ont aucunement le temps d'approfondir l'état réel des sociétés et des entreprises. Ils peuvent, par leur situation personnelle et leurs relations proches, en connaître assez bien ou bien quelques-unes. D'ordinaire, ils ne reflètent que le jugement général ou plutôt les impressions du public de la bourse. Ils voient que telle valeur est recherchée, telle autre négligée ; mais ils en ignorent presque toujours le fond.

Leurs appréciations valent surtout pour une courte

période ; elles sont souvent aussi plus justes et plus utiles au point de vue négatif qu'au point de vue positif, c'est-à-dire pour détourner d'une valeur qu'ils savent en de mauvaises mains et sous une mauvaise direction que pour en indiquer une dont ils puissent absolument répondre, sauf celles universellement connues. Il arrive parfois qu'ils pressentent un mouvement à ses débuts sur tel ou tel titre ; mais ils ne peuvent savoir quel développement il prendra et comment il finira.

Ce que nous disons des agents de change est à plus forte raison vrai des coulissiers, avec cette nuance que ceux-ci sont en général plus hardis et plus aventureux.

Les sociétés de crédit ont ou doivent avoir une connaissance plus ou moins approximative (certains événements récents ont montré qu'elle est parfois bien insuffisante) des entreprises qui sont leurs clientes ou qui se trouvent sous leur patronage. Mais précisément chacune a sa clientèle de valeurs qu'elle est disposée à prôner ou tout au moins à défendre, et sur laquelle elle tâche de porter le courant des placements qui se font à ses guichets. Les employés de ces sociétés en rapport avec le public ne savent, d'ailleurs, en général, que ce qu'on veut bien leur dire.

Ainsi, les renseignements provenant de ces diverses sources sont ou incomplets, ou imprécis, ou partiaux. Ils peuvent suffire pour des placements courants en fonds d'État ou en obligations ; mais ils ne constituent, à aucun degré, ce que l'on appelle des « tuyaux », c'est-à-dire des renseignements inédits, spéciaux et sûrs.

Restent les grands financiers et les administrateurs de sociétés : eux, du moins, pense-t-on, peuvent donner des « tuyaux » à leur entourage.

Ici aussi l'on se trompe le plus souvent. Ces grands financiers et ces administrateurs de sociétés n'ont pas tous la sûreté de jugement, la perspicacité et les connaissances qu'on leur attribue; puis, sans mettre en doute leur sincérité, ils n'ont aucune liberté de parole; ils sont retenus par une sorte d'obligation professionnelle.

Que l'on me permette ici une anecdote personnelle. J'avais pour voisin, aux séances hebdomadaires de l'Institut, un ancien ministre de l'Empire, qui a joui d'un grand renom. Il possédait une fortune modeste et parfois me parlait de ses placements; il m'avoua qu'il avait de nombreux titres de Panama; l'entreprise était alors en cours. J'en avais, quant à moi, très mauvaise opinion. Je lui dis et répétai qu'elle ne pouvait aboutir qu'à une débâcle, et qu'il ferait bien de vendre ses titres. Je sus, depuis, qu'il alla trouver M. de Lesseps, avec lequel il était en relations, qu'il s'ouvrit à lui, lui rapporta mes critiques au sujet de l'entreprise de Panama et mes alarmes sur son avenir; M. de Lesseps déclara que c'était une opinion de pur théoricien, qui ne connaissait rien aux affaires, et il le rassura, si bien que mon confrère de l'Institut garda ses titres.

Il est clair que, du moment qu'il s'adressait au fondateur et directeur de l'entreprise, les choses ne pouvaient se passer autrement. Outre la foi naturelle qu'un homme d'imagination et d'initiative conserve jusqu'au dernier moment en l'avenir d'une grande œuvre dont il a assumé la responsabilité,

comment eût-il pu tenir un autre langage? Il lui
était impossible de jeter le discrédit sur ses valeurs
en disant à ses amis qui le consultaient qu'ils feraient
mieux de les vendre.

Dans une autre circonstance, je reçus la visite
d'un homme de haute situation mondaine qui avait
des inquiétudes sur une catégorie d'obligations d'ailleurs bonnes, mais menacées d'une baisse sensible,
laquelle s'effectua plus tard, par suite de la guerre
où le pays était plongé. « Je suis l'ami, me dit-il,
du baron ***, le chef de la société ; je l'ai consulté,
et il m'engage à garder mes titres. — Et comment
aurait-il pu parler autrement? lui dis-je. S'il enga-
geait ses amis à les vendre, ceux-ci iraient partout
répéter : « Le baron *** conseille de vendre les
titres, » et ce serait une panique. Le souci de la
société qu'il dirige lui interdit d'en discréditer les
valeurs. »

Les administrateurs d'une société se trouvent tous
plus ou moins dans une situation analogue. Aussi,
ne peuvent-ils être toujours de très bons conseilleurs.
D'autres raisons font qu'ils le sont rarement.

Le public se fait illusion sur la compétence et les
connaissances de beaucoup d'administrateurs. Dans
une société, il y a généralement un ou deux dirigeants : à savoir le directeur, l'administrateur délé-
gué ou le président. Les simples administrateurs, à
moins qu'ils soient très perspicaces et qu'ils aient
le goût et l'esprit de l'observation, ne connaissent
souvent la situation de l'affaire qu'approximativement et ne peuvent renseigner leurs relations très
exactement sur elle.

Quand ils le peuvent, ils sont souvent retenus

par un sentiment respectable : ils craignent de pousser les titres de leur société à des cours trop élevés qui pourraient être pour elle une cause d'embarras, en amenant à exagérer les dividendes : ils redoutent d'accroître ainsi leurs responsabilités et préfèrent que leurs actions restent calmes, que leurs amis ne s'y portent pas.

Ce scrupule fait que les personnes qui sont en relation avec des administrateurs de sociétés tirent, en général, peu de profit des avis qu'elles sollicitent d'eux.

L'amitié des financiers n'éclaire pas toujours et sert rarement : ou bien ils sont trop emportés et trop optimistes, et leur contact est dangereux ; ou bien ils sont arrêtés par le sens de leur responsabilité, et leurs conseils sont négatifs.

Les hommes très perspicaces et très réfléchis, dont le nombre est limité, peuvent parfois, cependant, tirer de leurs rapports familiaux, mondains ou autres, avec d'honorables financiers de profession, des indications utiles ; mais rien ne ressemble là aux « tuyaux » ou guides précis et infaillibles sur lesquels compte le public.

Ces informations étant incomplètes ou insuffisantes, où convient-il de chercher celles qui donneraient pleine satisfaction ? Il n'existe guère à ce sujet de source sûre et abondante.

Les circulaires émises par certaines maisons de banque, si elles font autre chose que de présenter des renseignements d'ordre tout matériel, si elles se livrent à des pronostics et engagent à acheter des valeurs déterminées, doivent être lues avec les plus grandes précautions.

La plupart sont suspectes, et nulle ne mérite absolument confiance. Ce sont les organes de banquiers, d'ordre souvent inférieur, qui cherchent à faire des affaires, à encaisser des commissions, lesquelles sont souvent d'autant plus élevées que la valeur réelle des titres est plus médiocre. Il arrive parfois que ces circulaires, soit grâce à un hasard heureux, soit par une manœuvre habile, indiquent quelques placements convenables ou même profitables au milieu d'autres qui ne le sont pas, de même que sur un panier de fruits plus ou moins avariés on peut, comme trompe-l'œil, en mettre quelques-uns qui soient sains. Dans l'un et l'autre cas, le client doit se détourner, car il court les plus grands risques d'être dupe.

Il est utile, quand on fait un bon choix, de lire avec attention un journal financier. Il est naturel aussi que l'on parcoure les bulletins financiers des journaux quotidiens. Il faut, toutefois, se prémunir contre des pratiques qui ne sont que trop fréquentes.

La presse n'a jamais été un sacerdoce ; c'est une industrie. Il y a des journaux complètement sincères et loyaux, qui donnent leur propre opinion sur les différentes valeurs, de même que, en toute branche d'affaires, on trouve des négociants probes et scrupuleux. Mais tous ne le sont pas, et le public ne fait pas toujours la différence des uns et des autres.

Il y a certaines manœuvres et certains procédés suspects qu'il est bon de signaler.

Les réclames, c'est-à-dire les opinions toutes faites et payées par des intéressés, tendent de plus en plus à se glisser dans les bulletins ou les comptes rendus de bourse et à se substituer aux annonces ostensibles, imprimées en caractères spéciaux et paraissant à une place déterminée. La faute n'en est pas seulement aux journalistes ou aux propriétaires de journaux; elle est tout au moins autant aux maisons de banque et aux émetteurs d'affaires.

Celles-là et ceux-ci tendent à ne plus faire d'annonces simples et à multiplier les réclames.

Le public, quoiqu'il ait été bien souvent averti, continue souvent à prendre les phrases stipendiées qu'il lit dans les bulletins comme l'opinion impartiale du journal.

Souvent, la forme des réclames devrait l'éclairer. Quand vous lisez, surtout d'une façon réitérée, dans un bulletin financier, qu' « il y a un bon courant d'affaires » sur telle action ou telle obligation, ou que tel ou tel titre (d'ailleurs secondaire) est activement traité, vous pouvez être à peu près sûr qu'il s'agit d'une réclame payée.

Lorsque surtout ces phrases stéréotypées apparaissent régulièrement chaque jour ou chaque semaine concernant la même valeur, principalement si celle-ci n'est pas une valeur de première importance, il n'y a pas à s'y tromper : on se trouve en présence d'un avis intéressé. Et plus grand est le nombre de journaux qui répètent ces formules, plus il est certain qu'ils sont rétribués pour le faire.

Devant l'accord de quasi toute la presse pour signaler avec insistance un titre secondaire, action ou obligation, on doit se dire que cet accord n'est pas naturel : il a une cause, c'est qu'il se trouve quelque part un paquet de titres à écouler, et que ceux qui le possèdent payent des réclames à ce sujet.

Cela ne veut pas dire nécessairement que les valeurs, objet de ces réclames, soient toutes mauvaises; il peut se trouver parfois qu'elles soient, sinon bonnes, du moins passables, et que simplement une maison de banque qui en est encombrée veuille les écouler rapidement; il est prudent, toutefois, de les tenir pour suspectes et de s'en méfier.

Ainsi, l'accord de toute la presse pour vanter une valeur doit plutôt en écarter les gens prudents.

Il est contraire à la nature que, sans y être poussés par des inspirateurs intéressés, tous les journaux prônent au même moment une valeur, surtout secondaire. Les louanges immodérées, continues et surtout unanimes, constituent la preuve la plus décisive qu'on veut imposer, dans un intérêt particulier, une valeur délaissée au public.

Il arrive le plus souvent que ces formules de louange ou simplement ces mentions qui figurent dans les bulletins financiers à propos d'une valeur, le plus souvent de création récente, durent un, deux ou trois mois. C'est que la méthode s'est introduite depuis une vingtaine d'années de solder ces réclames par des mensualités, ou sommes fixes remises mensuellement. Le plus souvent, elles durent un, deux ou trois mois. Quelquefois, cependant, elles se prolongent davantage, toute une série d'années. Il ne faut pas oublier que, sauf des exceptions excessivement rares, toute la presse n'a cessé de louer à outrance pendant dix ans, de 1879 à 1889, l'affaire de Panama. Or, dès 1883 ou 1884 au plus tard, il

15.

apparaissait de la manière la plus certaine à un observateur attentif et compétent que cette affaire était déplorablement engagée et devait nécessairement mal tourner.

Les éloges concordants de la presse se produisent notamment aujourd'hui lors de « l'introduction » d'une valeur à la bourse; ce procédé équivoque de « l'introduction » a remplacé très fâcheusement l'ancien procédé, beaucoup plus net et plus correct, de l'émission publique. C'est alors tout un concert d'éloges au profit de la « valeur introduite ». Il est aisé en même temps de manipuler les cours, puisque la valeur n'est pas encore répandue dans le public, et nombre de personnes, frappées de cette coïncidence d'éloges et de hausses, croit qu'il y a là une occasion à saisir, soit comme placement, soit tout au moins comme spéculation rapide.

Une pratique subtile et ingénieusement corruptrice s'est plus récemment introduite dans les rapports des financiers avec la presse et présente de grands inconvénients : ce sont les *options*. Au lieu d'offrir aux journaux une somme déterminée, payable soit à la ligne, soit mensuellement et à forfait, pour la publication de réclames convenues, on propose aux journaux des options. Voici en quoi consiste ce procédé d'allumage : supposons qu'un titre vaille 100 francs en bourse; la maison qui détient le gros paquet des titres de cette nature, ou qui les émet, ou qui s'y intéresse, donne à tel journal la faculté d'acheter mille titres ou deux mille ou cinq mille pendant une période déterminée, trois mois par exemple, au cours de 105 ou au cours de 110; c'est une sorte de vente à terme, que le journal qui reçoit et prend l'option est libre de rendre réelle s'il y trouve avantage, sans qu'il ait à payer aucun dédit s'il n'y donne pas suite et y renonce.

Le journal qui accepte une option ne court donc aucun risque. Par contre, le titre étant actuellement à 100, comme on lui a promis de lui en livrer, à son gré, une quantité importante à 105 dans un délai de trois mois, il a intérêt à pousser le public aux achats, de sorte que le titre monte, par exemple, à 110 : dans ce cas, le journal exerce son option à 105 et, revendant à 110, il gagne 5, c'est-à-dire, s'il exerce son option sur 1 000 titres, 5 000 francs.

Les *options*, ainsi offertes à la presse, sont un moyen de la stimuler; elles ont, pour la maison qui les offre, l'avantage de ne rien coûter à celle-ci, si les cours ne montent pas.

C'est là un des procédés les plus pernicieux et les plus condamnables. Une grande partie de la presse, naturellement il y a des exceptions, se livre ainsi à un concert d'éloges pour une valeur ou un groupe de valeurs. Il semble que l'on ait, de cette façon, prodigué les options, au cours même de cette année 1905, pour les mines d'or du Transvaal. Parmi les éloges faits, durant l'année 1904 et le premier semestre de 1905, de ces dernières valeurs, dont la situation devenait plutôt alors préoccupante et dont les cours semblaient surfaits aux bons observateurs, il a pu s'en rencontrer de sincères, provenant d'erreurs de jugement; mais la plupart étaient dus aux options.

Au milieu de tous ces traquenards placés sous les pas des capitalistes et des rentiers, il faut à ceux-ci de la circonspection, de la réflexion, un choix judicieux de leurs conseillers financiers, hommes ou journaux, pour ne pas faire de chutes plus ou moins graves.

Ils doivent avoir en particulière méfiance les commis voyageurs en placements de valeurs mobilières. C'est là une industrie récente. Ces industriels vont chercher à domicile les gens qu'ils veulent endoctriner. Ils grimpent à Paris les escaliers, parfois jusqu'aux mansardes; ils vont à l'office ou aux écuries aussi bien qu'au salon. Ils visitent surtout la province, aussi bien les campagnes que les villes, les maisons de paysans que celles des bourgeois. On les appelle, dans l'argot de finance, les « démarcheurs ».

Leur apostolat ne se rattache pas à la charité chrétienne ou à la philanthropie. Il n'y a rien à gagner aux relations avec ces inconnus qui touchent des commissions d'autant plus élevées que les titres qu'ils placent ont moins de valeur. On doit écarter complètement ces personnages.

Ils s'adonnent surtout, mais non pas exclusivement, au placement de valeurs à lots moyennant des payements par mensualités, ce que l'on appelle les ventes à tempérament. Ils offrent aussi des combinaisons diverses qui se couvrent du manteau respectable et séduisant de la mutualité, des assurances sur la vie ou autres. Quand ce ne sont pas là de véritables escroqueries, ce sont tout au moins des procédés d'exploitation à outrance.

On sort toujours avec quelque plume de moins de toute convention et de tout contrat conclu par leur entremise.

Une loi récente sur les ventes à tempérament des

valeurs à lots s'est montrée, dans la pratique, inefficace ou insuffisante.

Il n'y a jamais lieu de recourir au crédit pour l'achat de valeurs de ce genre. On en a tellement morcelé les coupures, qu'il s'en trouve à la portée de toutes les bourses. Ainsi, l'on peut acheter à des prix variant respectivement de 92 à 110 francs des quarts d'obligations à lots de la Ville de Paris 1871, 1892, 1896, 1898, 1899, 1905; à 86 fr. 50 des cinquièmes de l'Emprunt métropolitain (Ville de Paris) 1904; entre 100 et 107 francs, des cinquièmes des obligations à lots du Crédit foncier 1879 et 1885; à 115 ou 120 francs, des obligations Panama 3e série remboursables à 1 000 francs; à 120 ou 125 francs, des obligations à lots de Panama; à 80 francs environ, des bons à lots du Congo; à 60 francs, des bons à lots du Crédit foncier 1887 et 1888. Il se rencontre, en outre, presque toujours des obligations émises du Crédit foncier ou de la Ville de Paris en cours de versement et sur lesquelles une partie du capital seulement a été appelée; et, chose curieuse, tandis que les marchands spéciaux font payer beaucoup plus cher à leurs clients les obligations à lots vendues à tempérament, on peut constater, au contraire, que, à la bourse, les obligations à lots non libérées se vendent proportionnellement un peu meilleur marché que les libérées.

Voilà un assortiment très varié de valeurs solides à lots et de coupures à bas prix; il est donc superflu de les acquérir par mensualités. Le moindre paysan et le moindre ouvrier, en déposant ses économies à la caisse d'épargne, peut, quand elles sont montées aux sommes modiques indiquées ci-dessus, acheter des titres dont il prendra livraison, qui seront bien à lui et qu'il pourra, si les circonstances l'y poussent, négocier dans de bonnes conditions, avec plus de chances de gain que de perte.

Petits, moyens et gros capitalistes doivent les uns et les autres se défier des chausse-trapes et écarter toutes les combinaisons compliquées de ventes ou d'achats.

CHAPITRE VI

Les diverses méthodes d'ordres de bourse. Les achats et ventes au mieux, au cours moyen, à cours limité. Inconvénients du cours limité. L'échelonnement des ventes et des achats. Les petites et les grosses coupures.

Avantages et inconvénients des ordres au mieux. — Les ordres à cours limité sont très souvent ineffectifs. — Les ordres au mieux échelonnés sont généralement préférables. — La méthode qui les cumule avec les ordres à cours limité. — Nécessité de faire attention aux coupures des titres. — Exemples de grands écarts de cours entre les grosses et les petites coupures. — La conclusion qu'il en faut généralement tirer.

Les ordres de bourse et également les ordres en banque peuvent être donnés suivant différentes formules, soit au mieux, soit à cours limité, soit au cours moyen.

L'achat ou la vente au mieux s'entend d'ordres qui laissent à l'intermédiaire, sans aucune désignation limitative quant au cours, le soin d'effectuer l'opération quand il le pourra. On se met donc ainsi un peu à la discrétion de cet intermédiaire, et, en outre, on s'abandonne au hasard des mouvements de bourse. En général, les ordres d'achats ou de ventes au mieux s'effectuent dès le début de la séance, tout au moins dès que l'on trouve une contre-partie à l'achat ou à la vente proposée.

Il peut se rencontrer que des nouvelles imprévues ou tout autre circonstance produisent un grand écart entre les cours de la veille, les seuls connus quand l'ordre a été donné, et les cours de la bourse au moment où l'ordre est exécuté. Alors celui qui vend la valeur au mieux peut, si les cours ont été soudain influencés par une cause défavorable, la réaliser à un prix inférieur à celui qu'il désirait ou même qu'il supposait; inversement, celui qui donne un ordre d'achat au mieux peut, si les nouvelles ou des circonstances modifient sensiblement les cours relativement au dernier cours de la veille, effectuer son achat à un taux plus élevé que celui sur lequel il comptait.

Tels sont les inconvénients de la vente au mieux. Aussi beaucoup de personnes, pour éviter ces surprises, ont-elles l'habitude de donner leurs ordres soit d'achat, soit de vente, à des cours limités; l'ordre d'acheter est donné, par exemple, pour telle quantité de tel ou tel titre au cours de 500 francs maximum, ce qui veut dire que l'agent de change ou le coulissier n'est pas autorisé à acheter, si le cours est plus élevé. L'ordre de vente peut être donné également à un cours limité, 510 francs, par exemple, ce qui veut dire que l'intermédiaire ne peut réaliser la vente si ce cours de 510 francs n'est pas atteint. Le taux limité est une limite maxima à l'opération pour un ordre d'achat et une limite minima pour un ordre de vente.

Par la pratique de ces cours limités, on évite toute surprise; on est sûr de ne jamais acheter plus haut et de ne jamais, non plus, vendre plus bas que le cours indiqué. Mais, — c'est là l'inconvénient capital, — on n'est jamais sûr d'effectuer soit une vente, qui peut être nécessaire, soit un achat, qui peut être désirable. On s'expose à manquer coup sur coup, pendant une série de bourses consécutives, l'achat ou la vente et à être amené, en fin de compte, surtout quand il s'agit d'une vente nécessaire, à ne l'effectuer que dans de mauvaises conditions et à grande perte.

Un vendeur au cours limité de 510 francs, par exemple, si le cours à la bourse où il pensait que son ordre devait s'effectuer tombe à 505 francs, donne le soir un nouvel ordre pour vendre le lendemain le titre à 505 francs minimum; mais il est possible que l'on ne cote plus que 500 francs, son opération est une seconde fois manquée. Il donne un troisième ordre de vendre à 500 francs pour la bourse suivante; mais il se peut qu'à celle-ci on ne cote plus que 495 francs, et ainsi de suite. Il se peut que, de bourse faible en bourse faible et de cours limité en cours limité, le vendeur se voie finalement dans la nécessité de vendre à un très bas prix.

De même pour l'acheteur, avec ses ordres d'achat à un cours limité, il peut, manquant l'opération pendant une série de bourses, être amené ou à renoncer à un achat profitable ou à l'effectuer à un cours beaucoup plus élevé que celui auquel il l'aurait réalisé, s'il avait donné un ordre au mieux dès le début.

On doit donc, en général, renoncer à la méthode des cours limités; elle est presque toujours décevante. Il n'y aurait lieu de s'en servir que quand, sans y être aucunement forcé, on veut réaliser une valeur qui paraît arrivée à des taux élevés. Encore, même dans ce cas, paraît-il presque toujours préférable d'opérer autrement.

Quelle méthode peut-on substituer à celle-là? Pour les valeurs qui sont l'objet de beaucoup de transactions, rentes sur l'État français, obligations de chemins de fer, et quand il s'agit d'achats ou ventes au comptant, on peut donner des ordres au cours moyen, qui représente le milieu entre le cours le plus haut et le cours le plus bas de la séance de bourse. Les opérations au cours moyen sont usuelles et recommandables pour les titres ci-dessus désignés et peut-être quelques autres.

On ne peut, toutefois, les généraliser; ils ne s'appliquent qu'à un très petit nombre de valeurs, précisément celles qui sont le plus à l'abri des mouvements de la spéculation.

Pour les autres, la méthode à suivre, afin d'éviter les surprises des ordres au mieux et d'échapper au manque de transactions qui est la conséquence habituelle des cours limités, c'est de donner des ordres au mieux, mais en les morcelant. Si l'on veut, par exemple, acheter 50 actions d'une valeur, on donne des ordres au mieux pour 10 ou 15 : s'il y a une surprise en hausse, on s'en tient là, et le mal n'est pas grand; si, au contraire, les cours n'ont pas sensiblement varié, on donne le lendemain ou surlendemain un autre ordre d'achat de 10 ou 15, et ainsi de suite, jusqu'à ce qu'on ait acheté les 50 actions que l'on avait en vue ou qu'on ait renoncé à les acheter toutes, si une hausse trop forte s'est produite, déjouant les calculs.

De même, au cas de vente, si l'on veut vendre 50 titres, on donne d'abord un ordre de vente de 10 ou 15; puis, si l'opération est réalisée et que les cours ne se soient pas trop modifiés, on donne pour d'autres bourses d'autres ordres de vente de 10 ou 15.

On met ainsi un peu plus de temps à réaliser l'opération de vente ou d'achat, mais on ne s'expose pas à la manquer complètement, comme avec des cours limités, ou à subir de grosses surprises, comme avec des ordres d'achat ou de vente au mieux portant sur un gros paquet de titres.

Les ordres au mieux et les ordres à cours limités s'appliquent aussi bien aux opérations à terme qu'aux opérations au comptant. On peut conseiller la pratique de recourir à des ordres au mieux, en les limitant et les échelonnant, aussi bien pour les opérations à terme que pour celles au comptant. Il y a seulement cette différence qu'à terme, l'unité d'opération est de 1 500 francs de Rente 3 % français, de 25 titres pour les actions, etc. (Voir plus haut, page 215.)

On peut aussi cumuler, donner simultanément des ordres au mieux et des ordres limités, et c'est une méthode intermédiaire qui peut rendre des services. On donne, par exemple, pour la même bourse l'ordre de vendre 25 actions à terme au mieux et 25 à 510 (en supposant que le cours de la veille fut de 505 ou même de 510), ou, réciproquement, d'effectuer un achat de 25 titres au mieux et un autre achat de 25 titres à 500. Si l'opération doit concerner des quantités moindres, on peut donner un ordre de vente, au comptant, de 10 titres au mieux et de 10 autres à 510, ou un ordre d'achat de 10 titres au mieux et de 10 titres, en outre, à 500.

Cette méthode a l'avantage qu'il est probable que l'opération d'achat ou de vente pourra être réalisée tout au moins en ce qui concerne l'ordre donné au mieux, et que l'opération pourra être doublée si le cours limité indiqué pour l'autre moitié des titres est atteint.

Le morcellement et l'échelonnement des ordres de vente ou d'achat constitue en général, au simple point de vue technique, suivant les formules qui viennent d'être indiquées, une méthode recommandable. D'autres considérations, qui seront exposées plus loin, la recommandent également.

Une circonstance dont il faut tenir compte, et qui parfois offre un grand intérêt, c'est que différentes valeurs, soit des fonds d'État, soit des actions, ont des marchés et des cours différents suivant les coupures des titres. Il y a de grosses et de petites coupures : par exemple, en ce qui concerne les actions, il y a souvent, surtout pour les valeurs étrangères, des coupures ou titres de 1 action et d'autres de 5 ou de 10 actions ; pour les fonds étrangers, il y a souvent des titres indivisibles de 2 500 fr. de capital ou de plus même, par opposition aux titres de 100 francs ou de 500 francs.

Quand ces coupures ont été créées au moment de l'émission, on ne peut pas les faire modifier et transformer, par exemple, une coupure de 2 500 fr. en cinq de 500 francs.

Certains grands capitalistes trouvent cet avantage aux titres de grosses coupures qu'ils sont plus aisément transportables, qu'ils tiennent moins de place dans les portefeuilles ou les coffres-forts, qu'ils donnent moins de peine pour le détachement des coupons et qu'ils coûtent parfois moins de frais de garde dans les banques, si on les y met en dépôt.

Le public général, qui est fait de petits et de moyens capitalistes, préfère les petites coupures. De là vient que celles-ci sont en général un peu plus chères. Sur le marché à terme, l'unité d'opération portant sur un capital élevé (voir plus haut, page 215), on peut, qu'il s'agisse d'un ordre d'achat ou de vente, livrer toutes les coupures indifféremment.

Il n'en est pas de même pour les opérations au comptant. Ici, très fréquemment, il y a un écart assez sensible entre les cours des grosses coupures et celles des petites, celles-ci se payant plus cher. Souvent cet écart est léger, mais parfois il est très considérable, allant de 5 à 10 % du montant de la valeur. Ainsi, à la cote du 26 septembre 1905, les coupures de 960 pesetas de Rente Extérieure espagnole 4 % cotent 94,10 au comptant; à terme, où ces coupures constituent la masse des opérations, le cours de clôture est 94,15. Dans la même bourse, la coupure de 160 pesetas cote 96, celle de 80 pesetas 97,95, celles de 4 et 8 pesetas 104,20; l'écart est donc de 10 points, soit plus de 10 % entre le cours de la coupure de 960 et celui des coupures de 4 et de 8 pesetas. Le même jour, à la cote en banque, le Mexicain 3 % en grosses coupures cote 36 fr. 20, et le Mexicain 3 % en petites coupures

41 fr. 90. (Il s'agit ici d'un titre payable en piastres mexicaines, dont la valeur a perdu près de moitié sur les cours d'origine, avant la grande dépréciation de l'argent.) L'écart entre les grosses et les petites coupures du 3 % Mexicain est donc de 5 fr. 70, soit de 15 % environ.

Il en est de même pour certaines actions : ainsi, à la même date du 26 septembre 1905, à la Bourse de Paris, l'action des télégraphes du Nord vaut, en petites coupures, 930 francs, et en grosses coupures 895. En banque, les mines d'or valent presque toutes 2 ou 3 francs de plus en petites coupures qu'en grosses.

L'acheteur, du moins celui qui fait un placement de longue haleine, a tout avantage à acheter de grosses coupures, d'autant qu'elles forment la base des opérations à terme; il faut seulement mettre à chaque achat un capital plus considérable.

Une autre conséquence, c'est que le petit public, qui n'a pas assez de fonds pour faire un placement en grosses coupures, doit, quand l'écart est très grand entre celles-ci et les petites, qu'il atteint par exemple 5 à 10 %, s'abstenir de tout achat, puisque, s'il acquérait des petites coupures, il les payerait trop cher, d'après l'appréciation des capitalistes importants qui sont, d'ordinaire, meilleurs juges que lui.

Cela confirme ce que nous avons dit souvent : le petit et même un peu le moyen public ne peuvent faire tous les placements qui sont abordables aux gros capitalistes.

CHAPITRE VII

L'attention à apporter au pair des titres.
Les actions de 500 fr., de 250 fr., de 200 fr., de 100 fr. et au-dessous.
Les titres non libérés.

Les différences récentes du pair des actions induisent souvent le public en des appréciations erronées. — La connaissance du pair des titres est indispensable à différents points de vue. — Elle permet, dans une certaine mesure, d'évaluer les chances de concurrence pour les actions d'entreprises ne jouissant d'aucun monopole naturel ou artificiel. — Elle fixe sur la nécessité d'amortir la prime des cours au-dessus du pair pour les entreprises à durée limitée. — Inégalité des cours des titres libérés et des titres non libérés. — Inégalité de cours également des actions anciennes et des actions récemment créées d'une même entreprise. — Arbitrage qu'elle suggère.

Autrefois, sauf quelques valeurs exceptionnelles comme les actions des grandes compagnies d'assurances, le *pair* des titres était quasi universellement de 500 francs. On appelle *pair* le taux auquel un titre est remboursable. Ce taux, en ce qui concerne les actions, correspond en général, non pas exactement toujours, au capital qui a été versé par l'actionnaire, ou du moins par ceux des actionnaires qui n'ont pas reçu des actions d'apport.

Il existait bien quelques actions au pair de
250 francs; mais elles étaient rares et elles corres-
pondaient, pour la plupart, à d'anciennes actions
de 500 francs dédoublées, ce qui avait été le cas
pour les actions de la Compagnie parisienne du
Gaz.

Depuis une dizaine d'années, la loi ayant autorisé
les actions de moins de 500 francs, on a vu pullu-
ler, pour les entreprises nouvelles, les actions de
250, celles de 200 et aussi celles de 100, en laissant
de côté les actions de 50 francs ou de 25 francs, ou
même de 5 francs, ces trois dernières coupures ne
concernant que des valeurs étrangères, pour la plupart valeurs de mines.

Comme actions de 250 francs on peut citer presque
toutes les actions nouvelles de transports : en premier lieu le Métropolitain, puis la compagnie parisienne de Tramways, la société parisienne d'Industrie, de Chemins de fer et de Tramways électriques ;
d'autres actions nouvelles aussi : la société d'Éclairage, Chauffage et Force motrice (dite Gaz de la banlieue), les Télégraphes du Nord et nombre d'autres.
Comme entreprises dont le capital est formé d'actions de 100 francs, mentionnons : l'Omnium lyonnais de chemins de fer et de tramways, le sous-
comptoir des entrepreneurs, la société d'Incandes-
cence et d'éclairage par le gaz (bec Auer), etc.

Les cotes bien faites indiquent avec soin le pair
des actions. Dans l'*Économiste français*, l'on
veille à ce que cette indication figure aussi. Une
grande partie du public n'y fait pas attention et
néglige de s'informer si l'action est au pair de
500 francs, ou de 250, ou de 200, ou de 100 francs.

Cette négligence induit en de fausses appréciations et peut porter un préjudice considérable.

Il importe à deux points de vue, l'un général, l'autre spécial, de se rendre compte du pair des actions. Au premier point de vue, la connaissance du pair des titres peut suggérer parfois des impressions utiles. Sauf en cas de monopole légal excessivement fructueux ou de gisement minier exceptionnellement productif, un capital versé peut très rarement produire un revenu régulier de 15, 20 ou à plus forte raison de 50 %; et une action ne peut guère valoir cinq, huit ou dix fois le capital versé. Quand il en est ainsi, des concurrences se préparent et surgissent, qui, le plus souvent, réduisent ces bénéfices inouïs et ramènent les cours de l'action à une distance moins phénoménale du pair. Il importe donc de savoir si un titre coté 800 à 1 000 francs, à plus forte raison 1 500 ou 1 600 francs, parfois plus, est au pair de 500 francs, ou de 250, ou de 100. Dans ces deux derniers cas, il y aura, toutes autres circonstances étant égales, plus de probabilités que le cours est précaire et fragile.

A un point de vue plus spécial, la connaissance du pair est indispensable. Beaucoup de sociétés ont des concessions pour une période déterminée : le Métropolitain, par exemple, pour trente-cinq ans; le Gaz de la banlieue pour trente ans. Ces sociétés remboursent leurs actions au pair, et tout l'excédent de prix au-dessus du pair ne représente que la capitalisation de l'excédent du dividende au delà de l'intérêt statutaire, pendant le temps restant à courir de la concession, avec un droit sur la répartition de l'actif, réserves, domaine particulier, etc., à l'expiration de celle-ci. Or ce dernier droit a, d'ordinaire, une importance assez limitée.

Il en résulte que le rentier ou le capitaliste prudent doit se préoccuper d'amortir, par des prélèvements sur le dividende, pour être capitalisés, la prime ou la plus grande partie de la prime du titre au-dessus du pair, et cela pendant la durée restant à courir de la concession. Or prenons un titre comme l'action du Métropolitain, qui, le 26 septembre 1905, vaut 580 francs; si le pair du titre, ainsi que le croit faussement une partie du public, était de 500 francs, la prime à amortir dans les trente-cinq années restant à courir de la concession ne serait que de 80 francs, même un peu moins, parce qu'il y aurait, sans doute, à la fin de celle-ci, quelques réserves à répartir; en tout cas, cette prime de 80 francs ne nécessiterait, pour son amortissement, qu'un prélèvement de 1 fr. 25 à 1 fr. 50. Mais le pair de l'action étant de 250 francs seulement, la prime que le porteur de titres doit amortir, indépendamment de l'amortissement qui lui sera fait par la compagnie, est de 330 francs; mettons seulement 300 francs, pour tenir compte des réserves éventuelles. Il faut amortir ces 300 francs en trente-cinq ans; cela représente un prélèvement de 6 fr., sinon de plus, sur le dividende. Les actionnaires qui ne font pas régulièrement ce prélèvement de 6 francs mangent leur fonds sans s'en apercevoir. Ils le verront bien ou leurs enfants le verront, quand on approchera de la fin de la concession.

En ce qui concerne les actions de nos grandes compagnies de chemins de fer, il ne faut pas oublier que le pair (taux de remboursement) de l'action du

Nord est de 400 francs seulement, tandis qu'il est de 500 francs pour les actions des autres compagnies.

Ainsi, il est de la plus grande importance de s'informer du pair des titres et d'en tenir compte.

Une question aussi qui mérite l'attention, c'est celle des titres libérés et des titres non libérés : les premiers sur lesquels tout le capital est versé, de sorte que le porteur de titres n'a plus à craindre aucun appel de versement nouveau ; les seconds, sur lesquels le quart seulement ou la moitié ou les trois quarts du capital sont versés, le reste constituant une dette du souscripteur ou du porteur de titres.

Les titres non libérés sont de deux natures : ceux sur lesquels la partie non versée du capital est appelée à des dates indiquées ; ce sont des titres qui doivent être libérés par des versements échelonnés à des époques convenues d'avance et en général assez prochaines ; ceux, au contraire, qui sont considérés comme ne devant jamais être libérés entièrement, sauf dans des circonstances imprévues, et où la partie impayée du capital constitue une garantie pour les tiers en cas de gêne de la société.

Il arrive fréquemment que les premiers de ces titres soient cotés un peu au-dessous des titres similaires entièrement libérés : cela se voit notamment pour diverses séries d'obligations de la Ville de Paris ou du Crédit foncier. Cette différence, qui est parfois de quelques francs, s'explique par le désir de beaucoup de rentiers, notamment dans le petit public, d'achever leur placement en une fois.

Ce n'en est pas moins, au point de vue de la valeur intrinsèque, une anomalie dont les capitalistes attentifs doivent profiter. En matière d'obligations à lots, notamment, les titres non libérés devraient être considérés comme plus avantageux, puisque, avec un moindre capital, ils donnent droit aux mêmes lots.

Quant aux titres qui doivent rester d'une manière prolongée et quasi indéfinie à l'état de non libération, la moitié ou le quart du capital étant versé et le reste ne devant être appelé que dans des circonstances imprévues et probablement d'une certaine gravité, cette situation comporte un aléa dont il faut tenir un certain compte. Il serait possible, en effet, qu'un appel de versement fût fait à l'improviste dans des temps de crise, ce qui causerait une gêne pour l'actionnaire et une perturbation des cours. Il est donc naturel de demander à ces titres non libérés un revenu un peu plus fort que le revenu ordinaire. Il est prudent également de ne prendre des titres de ce genre qu'en quantités modérées. Néanmoins il n'y a pas lieu de les proscrire entièrement, car un certain nombre de banques sérieuses et de sociétés d'assurances sont dans ces conditions, et il y a parfois profit à en posséder des actions.

D'une façon analogue, quand une société, constituée depuis déjà plus ou moins longtemps, émet des actions nouvelles, il est fréquent que, pendant une période de quelques mois et jusqu'à l'assimilation complète sous une même rubrique de bourse des deux catégories de titres, les titres nouveaux valent un peu moins que les titres anciens, et que cette différence n'est qu'insuffisamment expliquée par une différence de jouissance, c'est-à-dire des coupons à toucher pendant la période où les deux catégories de titres restent séparées. Les capitalistes attentifs doivent profiter de cet écart et se porter plutôt sur les titres nouveaux, plus bas cotés, que sur les titres anciens. C'est le cas surtout pour les capitalistes qui veulent faire un placement de longue haleine, car la spéculation peut être plus animée, pendant la période de transition, sur les titres anciens que sur les nouveaux.

C'est souvent par l'attention à des détails de ce genre que le capitaliste attentif peut, avec des gains en apparence modestes, mais sûrs, améliorer sa situation.

CHAPITRE VIII

La surveillance d'un portefeuille.

Nécessité de surveiller attentivement son portefeuille. — Les titres sortis aux tirages et leur remplacement. — Compte à tenir des conversions en vue et arbitrages utiles en ce cas. — Exemples de grosses pertes subies par négligence à ce sujet. — Nécessité de tenir compte de l'expiration des concessions et d'aviser à l'amortissement de la prime des cours au-dessus du pair : exemples à ce sujet; le cas des actions et parts de Suez. — Nécessité de se préoccuper de l'épuisement plus ou moins prochain des mines, surtout des mines métalliques, ainsi que des transformations industrielles et des concurrences probables. — Utilité, en général, d'exercer les droits de souscription aux titres nouveaux.

Un portefeuille doit être attentivement surveillé, surtout quand il se compose en partie de valeurs de spéculation ou même de valeurs d'appoint (voir plus haut, p. 80 et 84). Serait-il constitué uniquement en valeurs fondamentales (p. 76), il faudrait encore y porter une certaine attention. Nous ne parlons pas seulement des tirages pour les obligations amortissables par tirages périodiques et des remplois qu'ils nécessitent.

Il y a bien d'autres circonstances où la nécessité de la surveillance d'un portefeuille se révèle.

La plus grande partie du public, cependant, se

dégage de tout soin à ce sujet. Il arrive d'abord
que, même parmi les valeurs fondamentales, comme
les emprunts d'État de premier ordre, certaines sont
ou remboursables ou convertibles à brève échéance;
dans ce cas, surtout quand les titres dépassent sensiblement le pair, il y a presque toujours avantage
à devancer la conversion et à l'effectuer soi-même,
en arbitrant, c'est-à-dire échangeant par voie de
vente et d'achat, le titre prochainement convertible
contre un titre inconvertible au moins à date rap-
prochée.

On a vu, dans les années de 1876 à 1882, des
rentiers garder leurs titres 5 % français, cotés fort
au-dessous du pair, jusqu'à 117, tandis qu'ils eussent
dû, dès l'arrivée au pair ou même l'approche du
pair, les arbitrer contre de la Rente 3 %; de même,
dans la période de 1883 à 1893, on a vu des rentiers
s'obstiner à garder leur Rente 4 $\frac{1}{2}$, alors qu'elle
cotait 107 ou 108, et que l'arbitrage avec le 3 %
s'imposait.

Dans cette période, l'*Économiste français* ne cessait de conseiller aux rentiers cet arbitrage prévoyant. Ceux qui ne l'ont pas fait ont commis une
grosse maladresse, et notablement diminué leur avoir.
(Se reporter plus haut, p. 131.)

Des cas de ce genre se présentent souvent. La
généralité des rentiers a une telle inertie, que,
même quand une conversion est édictée plusieurs
années d'avance, ils restent plongés dans le sommeil et gardent leurs titres aux cours les plus élevés. Ainsi, les Consolidés britanniques 3 % furent
convertis, en 1888, en 2 $\frac{3}{4}$ %, avec la stipulation
que ce 2 $\frac{3}{4}$ serait de plein droit converti en 2 $\frac{1}{2}$ %

au mois d'avril 1903. Le public était donc averti bien des années d'avance : cela n'empêcha pas le 2 $^{3}/_{4}$ britannique, prochain 2 $^{1}/_{2}$, de coter 112 à 114 vers 1897 et 1898, ce qui était manifestement extravagant, puisque en 1903 on n'allait plus avoir que du 2 $^{1}/_{2}$, encore soumis à l'impôt sur le revenu.

Quand, au mois d'avril 1903, la conversion du 2 $^{3}/_{4}$ britannique en 2 $^{1}/_{2}$ s'effectua de plein droit, beaucoup de rentiers en éprouvèrent une vive surprise, quoique cette réduction eût été édictée quinze ans auparavant pour cette date et dût être connue de tout le monde. La cote tombe alors à 86 ou 87, soit une chute de plus de 20 $^{0}/_{0}$ depuis les plus hauts cours de 1897 et 1898. Sans doute une partie de ce recul fut due à la guerre sud-africaine; mais il n'eût jamais été aussi considérable si tous les porteurs de Consolidés britanniques avaient eu présente à l'esprit la réduction de revenu annoncée, décrétée et acceptée quinze ans d'avance.

Nombre de rentiers et de capitalistes se laissent ainsi surprendre par les conversions, quand il serait si simple souvent de prendre des précautions et de se garer à ce sujet.

Si la négligence est ainsi préjudiciable lorsqu'il s'agit de valeurs fondamentales, à plus forte raison l'est-elle pour les valeurs d'appoint ou de spéculation et pour les actions de toute nature.

Il importe notamment d'apporter la plus grande attention à la durée des concessions dont jouissent certaines sociétés, à celle aussi des brevets qui peuvent leur appartenir.

Ainsi, il était notoire que la concession de la compagnie parisienne du Gaz expirait le 31 dé-

cembre 1905, et étant donné, d'une part, la menta-
lité des conseils municipaux parisiens, de l'autre,
l'avortement successif de divers projets de prorogation, on pouvait longtemps d'avance, douze ou quinze
ans d'avance, prévoir que la concession ne serait
pas renouvelée ou ne le serait qu'à des conditions
très dures ; que, dans tous les cas, les actions de
cette société perdraient beaucoup de leur valeur.
Néanmoins, de 1881 à 1893, les actions du Gaz
parisien se cotèrent aux environs de 1 400 francs,
parfois même aux environs ou au-dessus de 1 500,
alors que le dividende net ressortait à peine à 4 %;
de 1894 à 1900, elles se tinrent encore entre 1 100
et 1 200.

Tous les capitalistes attentifs, tous ceux qui sur-
veillaient leurs portefeuilles, se défirent, en cette
période, des actions du Gaz parisien, devenues des
titres précaires, à horizon borné, à dépréciation
prochaine quasi-certaine. Ceux qui, au contraire,
par insouciance ou inertie, les conservèrent ont
perdu entre 20 et 40 % de leur avoir placé en ces
titres.

Des cas analogues se présentent constamment.

Pour les grandes compagnies de chemins de fer
français, la période des concessions est, dans l'ensemble, à moitié expirée, plus qu'à moitié même pour
l'une d'elles, celle du *Nord*, dont la concession
expire en décembre 1950 ; les dates d'expiration pour
les autres compagnies sont : 1954 pour l'*Est*, 1956
pour l'*Orléans* et l'*Ouest*, 1958 pour le *Paris-Lyon-
Méditerranée* et 1960 pour le *Midi*. A cette date,
les actionnaires auront été remboursés au pair du
titre ; ils auront, en outre, à se partager l'actif net,

16

s'il en existe, consistant dans les réserves, le domaine privé, le matériel roulant au cas où il ne serait pas engagé envers l'État. Un certain nombre des propriétaires actuels de titres pourront voir l'expiration de ces concessions, et, en tout cas, leurs enfants ou leurs petits-enfants la verront. Il conviendrait donc d'y penser un peu, puisque l'on n'est plus séparé de ce terme que par quarante-cinq ou cinquante ou cinquante-cinq ans au maximum. On peut se reporter, à ce sujet, aux observations que nous avons présentées plus haut (voir pages 179 à 185).

Les obligataires eux-mêmes, quoique leurs intérêts n'en doivent pas être, semble-t-il, sensiblement affectés, feront bien de ne pas oublier complètement les dates d'expiration de la garantie d'intérêts de l'État (voir plus haut, pages 179 à 185).

Un nombre chaque jour croissant de valeurs sont dans le même cas.

Prenons la perle des grandes entreprises françaises, celle du canal de Suez. La concession ayant été donnée pour quatre-vingt-dix-neuf ans et le canal ayant été ouvert en novembre 1869, elle expire au mois de novembre 1968, soit dans soixante-trois ans; le tiers de la concession est donc expiré. Les actionnaires et les divers participants n'auront à se partager qu'un actif d'importance tout à fait secondaire, qui ne semble pas devoir atteindre ou dépasser notablement 150 à 200 francs par titre. Or la prime au-dessus du pair (taux de remboursement) est actuellement (décembre 1905) de 3800 francs, et elle a un moment touché 4000 francs Il faut y penser.

Sans doute, la compagnie de Suez a certaines

charges qui disparaîtront avant l'expiration de sa concession : ainsi, ses obligations 5 %, au nombre de 333 333, seront toutes remboursées en 1918, ce qui laissera disponible une annuité d'environ 9 millions ; ses bons de coupons arriérés, au nombre de 400 000, seront tous remboursés en 1921, ce qui procurera une autre disponibilité d'environ 1 800 000 francs ; les obligations 3 % 1re série, au nombre de 73 026, n'existeront plus en 1934, d'où la libération d'une annuité d'environ 1 200 000 fr. ; quant aux obligations de la 2e série, elles n'auront disparu qu'en 1967, à la veille de l'expiration de la concession Ainsi, c'est une disponibilité totale de 12 millions en chiffres ronds, dont profitera la compagnie de Suez, la plus grande partie à partir de 1918, le reste en 1921 ou 1934, tandis que la concession expire seulement en 1968.

D'autre part, il semble qu'une partie de cette disponibilité soit déjà engagée, et, en tout cas, il n'est pas douteux qu'il ne faille faire des travaux d'amélioration qui exigeront l'émission d'obligations nouvelles et susciteront de nouvelles charges.

Il serait donc imprudent de compter sur un allégement de plus de 6 à 7 millions de francs, pendant un peu moins d'une cinquantaine d'années ; cela représente environ 10 à 12 francs par action (les 400 000 actions n'ayant droit qu'à 71 % des bénéfices au delà de l'intérêt).

Or la prime actuelle est de 3 800 francs ; en supposant que 150 à 200 francs, ce qui serait beaucoup, pût être, à la liquidation, fourni par les réserves, le domaine privé, le vieux matériel, etc., il resterait encore à amortir 3 600 à 3 650 francs. Pour amortir

3 600 fr. par action au taux de 3 % en un demi-siècle, soit à partir de 1918, il faudrait, par titre, un prélèvement annuel d'environ 33 à 35 francs ; les disponibilités ci-dessus de la compagnie fournissant 10 à 12 francs, il faudrait que l'actionnaire prélevât les 22 à 23 autres francs nets sur son dividende à partir de 1918 et les capitalisât, sinon il mangerait graduellement son fonds.

Cette nécessité de prélever un jour assez prochain 22 à 23 francs sur le dividende des actions de Suez pour en amortir la prime restreint assez sensiblement, au point de vue du placement, les perspectives actuelles de cette splendide entreprise, qui est l'œuvre la plus magnifique du XIXᵉ siècle.

On dira peut-être que, la plupart des hommes étant étourdis et imprévoyants, on ne pensera à cet amortissement de la prime des titres que quand on sera plus près de l'expiration de la concession, quand on s'en trouvera seulement à quarante ou même à trente-cinq ans.

Cela n'est pas impossible, étant donnée l'habituelle légèreté des capitalistes ; néanmoins il ne faut pas s'y fier, et il est bon que les gens prudents soient avertis, qu'ils sachent que, à la liquidation de la compagnie de Suez, en 1968, c'est tout au plus s'ils retrouveront 150 à 200 francs de répartition d'actif par titre, en face des 3 800 francs de prime que fait aujourd'hui l'action.

Les parts de fondateur et les parts civiles sont dans une situation analogue, sauf qu'elles ne recevront rien à titre de remboursement du capital, comme les actions de jouissance d'ailleurs ; mais elles conserveront leurs droits à l'excédent de l'actif en liquidation, lequel constitue un bénéfice.

Ce que nous venons dire de l'amortissement de la prime de l'action s'applique non seulement aux actions, parts de fondateurs et parts civiles de Suez, mais à une foule d'autres valeurs, aux actions du *Métropolitain,* par exemple, dont la prime de 300 à 330 francs, actuellement, au-dessus du pair, doit être amortie, par les soins de l'actionnaire, dans les trente-cinq années de la concession, durée dont une génération voit le terme.

D'autres dangers que l'expiration des concessions sont à prévoir par les capitalistes.

Il faut avoir l'œil ouvert sur les concurrences et les transformations industrielles. Dès l'ouverture du Métropolitain (de Paris), la faveur immédiate dont cette voie de transport nouvelle jouit auprès du public devait faire prévoir le déclin de la compagnie des Omnibus de Paris, d'autant plus que, en même temps, la ville et sa banlieue se couvraient de tramways. Cependant, le Métropolitain fut ouvert dans l'été de 1900; or le cours moyen de l'action des Omnibus fut de 1 814 francs en 1900 et encore de plus de 1 000 francs en 1901, alors que les dividendes dans les années les plus favorables avaient été seulement de 65 francs, ce qui ne les capitalisait pas, sur ces très hauts cours, à plus de 3 $\frac{1}{2}$ %.

Pour d'autres valeurs, comme les Voitures de Paris, les Messageries maritimes, la chute graduelle des dividendes depuis longtemps avertissait que l'entreprise était en déclin et qu'il était prudent de s'en retirer, ou tout au moins de ne pas s'y associer.

Parmi les valeurs industrielles, presque toutes

comportent un risque de concurrence ou d'élimination, de réduction tout au moins, par des procédés nouveaux. Il est rare que ces valeurs gagnent à beaucoup vieillir.

Un proverbe allemand dit que les arbres ne montent pas jusqu'au ciel. Une hausse ne peut être éternelle. Un organisme ne peut infiniment se développer ni même indéfiniment durer. Les très vieilles valeurs cessent, en général, sinon d'être séductrices, du moins d'être séduisantes pour les gens réfléchis.

A plus forte raison, cette réflexion est-elle vraie des mines. Sauf pour les gisements de charbon de tout à fait premier ordre, dans les bassins houillers les plus riches, une mine doit être regardée, en partie du moins, comme un placement à fonds perdu. Certaines, surtout parmi les mines métalliques, n'ont que dix ou quinze ans de durée très profitable, d'autres vingt ou trente, très peu un demi-siècle. Les compagnies minières avisées tâchent de se précautionner contre l'épuisement de leurs premières mines en en acquérant de nouvelles; mais cela n'est pas toujours aisé, et elles peuvent n'avoir pas la main aussi heureuse qu'au début.

La surveillance de son portefeuille, pour en éliminer les valeurs menacées de déclin, est donc l'une des tâches qui s'imposent au capitaliste.

A d'autres points de vue, cette surveillance est nécessaire. Nombre de sociétés augmentent leur capital en donnant aux actionnaires actuels un droit de préférence pour la souscription aux actions nouvelles. Celles-ci sont presque toujours émises à un cours sensiblement plus bas que le cours des actions anciennes. L'écart est parfois de plusieurs centaines de francs : citons les cas récents du Métropolitain, du Gaz Central (Lebon), des Tramways généraux, des actions Czéladz (charbonnages en Pologne-Russe). Dans ce dernier cas, l'écart était de plus de 2 500 francs, les actions anciennes cotant 3 200 à 3 300 francs, et les nouvelles étant émises au pair de 500 francs.

L'actionnaire primitif qui n'use pas de son droit de souscription encourt donc une perte sensible, parfois une perte énorme. Il en a été notamment ainsi pour diverses augmentations de capital de sociétés de mines d'or.

Il est donc opportun, en général, d'user du droit de souscription aux actions nouvelles, du moins quand il y a un écart sensible de cours entre celles-ci et les anciennes. Mais, comme on ne doit pas se charger exagérément d'une nature spéciale de titres, on peut, avant la souscription, vendre un certain nombre d'actions anciennes, correspondant totalement ou partiellement aux actions nouvelles auxquelles on a droit. Cette vente préalable d'une partie des actions anciennes peut alors d'autant mieux s'effectuer que, d'ordinaire, le groupe qui dirige la valeur ou qui s'y intéresse prend soin de la soutenir pendant la période de l'émission.

On voit que de causes diverses conseillent au capitaliste une surveillance attentive de son portefeuille.

CHAPITRE IX

Les mouvements d'un portefeuille.
L'opportunité pour les achats ou les ventes.
Les valeurs dépréciées. Les moyennes.

Si le spéculateur peut parfois avoir intérêt à suivre la veine ou la vogue, quoique cela comporte des dangers, le capitaliste qui fait un placement de longue haleine doit écarter complètement la vogue. — La plupart des valeurs ayant un germe de développement ne jouissent d'aucune vogue à leurs débuts et parfois pendant plusieurs années : exemples topiques. — Intérêt habituel pour les capitalistes qui sont au large à s'intéresser aux fonds d'État de grands pays en guerre ou en crise. — Les obligations peuvent parfois, du moins certaines obligations dépréciées, offrir autant de bonnes chances que les actions : exemples démonstratifs. — De l'échelonnement des ventes des titres qui ont beaucoup monté : utilité fréquente à ne pas s'en dessaisir complètement. — Le système des moyennes en cas de baisse de titres : énormes dangers de ce système ; il est préférable d'y renoncer. — Si l'on veut y recourir, méthode pour le régler.

Sans revenir sur les observations que nous avons présentées dans la première partie de ce volume, nous devons dire quelques mots sur l'opportunité pour les achats et les ventes, c'est-à-dire les moments où l'on doit faire des placements et ceux où l'on doit réaliser les titres.

Il se commet à ce sujet beaucoup d'erreurs.

Nous répétons d'abord l'avis qu'il est en général profitable de placer ses économies dès qu'elles sont formées, sans attendre des occasions réputées meilleures.

Cela dit, la plupart des gens achètent les valeurs qui sont en vogue et vendent celles dont la faveur publique se détourne.

Au point de vue purement spéculatif, on peut parfois gagner à suivre ainsi la veine, quand on a la bonne et rare chance de s'associer au commencement et non à la fin d'un mouvement.

Mais ici nous ne conseillons aucunement la spéculation, cause habituelle et, à la longue, quasi fatale de ruine. Nous recommandons, au contraire, les placements de longue haleine, en valeurs qui dévoilent, à l'examen attentif, un germe de développement.

Or la vogue n'a rien à faire avec ces valeurs. Le grand public, pas plus que les intermédiaires, ne sait discerner l'avenir un peu lointain d'une valeur. Ni les agents de change, ni les banquiers, ni les spéculateurs, ni la masse moutonnière des rentiers, n'a su, par exemple, apercevoir le germe d'épanouissement de l'entreprise de Suez, au moment où elle était le plus pleine de séduction et d'avenir, c'est-à-dire dans les cinq ou six années qui ont suivi l'ouverture du canal. Ils spéculaient alors sur le Péruvien, sur les actions Cail et autres titres destinés à un effondrement prochain.

Il ne faut donc pas prendre la vogue pour guide. Celui qui spécule ne doit pas sans doute se mettre à l'encontre de la vogue, parce que, faisant des opérations rapides et le plus souvent avec de l'argent emprunté, il ne peut longtemps attendre et courrait le risque d'être emporté.

Celui qui fait des placements de longue haleine, au contraire, avec ses propres fonds, n'a aucun compte à tenir de la vogue, sinon parfois pour en profiter en réalisant, s'il en possède, quelques-uns des titres sur lesquels elle se porte.

Il ne peut pas y avoir de formule d'une application universelle; mais on peut presque dire que les meilleurs placements se font en valeurs soit ignorées, soit dédaignées, des spéculateurs, du public de bourse, de la généralité des journaux financiers et des intermédiaires habituels, agents de change ou coulissiers.

Il vaut mieux, par exemple, acheter des actions de charbonnages ou de mines métalliques, quand les prix du charbon ou des métaux sont bas, quand les bénéfices de ces entreprises sont réduits, et que par conséquent les cours des titres sont stagnants ou déprimés. Il y a des cycles pour les prix des marchandises. Tous les huit à dix ans, il se fait une hausse des charbons et des métaux, puis un recul. Par conséquent, si l'on achète dans les périodes où les prix de ces denrées sont bas, il y a des chances pour que, quelques années après, ils se relèvent et les titres aussi.

De même pour les actions des sociétés métallurgiques, c'est quand cette industrie est un peu affectée de langueur que ses titres deviennent attrayants; il y a des chances pour que, plus tard, il y ait un réveil.

Nous supposons ici qu'il s'agit d'une dépression

générale affligeant toute une catégorie de grande industrie, et non pas des souffrances ou du déclin particulier d'une entreprise, alors que les entreprises similaires prospéreraient.

Il en est de même pour les fonds d'État. Quand un État, constituant un organisme suffisamment solide, est engagé dans une guerre; quand il subit des défaites, quand il est en proie à une révolution, quand ses titres ont fléchi de 25 à 30 $_0/^0$, sinon plus, il est souvent, généralement même, opportun d'acheter de ses titres. Cela s'est vu pour l'Italie en 1866, la France de 1870 à 1875, l'Espagne de 1897 à 1900, le Japon plus dernièrement; il y a des chances sérieuses pour qu'il en soit de même en ce qui touche la Russie.

Sans doute, on pourrait courir quelques risques à se lancer à fond de train. Mais un capitaliste riche et qui fait des économies a plus de bonnes chances que de mauvaises, s'il fait quelques achats en titres des pays qui sont en guerre ou en révolution.

Ici se pose la question des titres dépréciés. Nombre de valeurs, sans représenter un organisme pourri ou essentiellement mal constitué, auquel cas il ne faudrait jamais s'en occuper, traversent, particulièrement dans leurs premières années, des jours d'épreuve. Cela peut tenir soit aux difficultés naturelles des débuts, soit à certaines circonstances passagères défavorables, par exemple, à ce qu'elles sont en avance sur le développement du pays et les mœurs de ses habitants. Les titres, par la modicité ou l'absence du revenu, se trouvent alors discrédités; cependant, l'avenir de ces entreprises, tout en étant différé, n'est pas supprimé ou indéfi-

niment éloigné. D'autres fois, certaines sociétés
possédant un organisme industriel sain ont été
malmenées, compromises par des malversations ou
des spéculations.

Il peut, dans ces divers cas, pour les personnes
qui sont au large dans leurs revenus et qui font
des économies, être avantageux de s'intéresser à
ces titres, dont la faiblesse peut tenir moins à leur
constitution même qu'à des circonstances passagères.
Des chances de relèvement plus ou moins rapide,
en général lent, peuvent exister. Elles sont, sans
doute, malaisées à discerner et à mesurer exactement; il ne peut y avoir aucune certitude. Aussi
les personnes fort à leur aise sont les seules qui
puissent aborder ces valeurs paraissant injustement
ou exagérément dépréciées : on court, en effet, des
risques d'erreur.

Ce ne sont pas seulement les actions qui peuvent se
trouver dans ce cas; c'est aussi nombre d'obligations.

Il se fait parfois d'aussi bons placements en obligations qu'en actions. Ainsi ceux qui, dans les années
de 1892 à 1900, ont acheté à des cours oscillant
entre 120 et 200 francs, ou, dans les années 1901
à 1903, à des cours entre 200 et 400 francs, les
obligations concordataires des chemins de fer de
Santa-Fé (République Argentine), lesquelles valent
plus de 600 francs aujourd'hui (décembre 1905), ont
fait une aussi brillante affaire que ceux qui se sont
portés avec le plus de succès sur les actions des
entreprises les plus heureuses.

Il en est de même pour ceux qui ont acquis, dans
les années 1896 à 1901, à des cours variant de 50
à 90 francs, les obligations de seconde hypothèque

des chemins de fer portugais 3 %, et entre 50 et 110 francs les obligations 4 % 2e hypothèque de la même compagnie, ou qui même, de 1901 à 1903, ont acheté ces deux mêmes valeurs entre 90 francs et 200 francs pour la première et entre 110 et 240 francs pour la seconde; car elles valent maintenant (décembre 1905) respectivement 305 et 390 francs.

Ainsi, il arrive parfois que le capital opportunément placé en obligations, représentant un organisme sain, mais momentanément affecté par des circonstances adverses, soit quintuplé ou sextuplé.

L'on pourrait citer d'autres exemples analogues : les obligations des chemins de fer de Damas-Hamah, celles du Crédit foncier de Santa-Fé, à certains moments celles des principales compagnies de chemins de fer espagnols.

Le public agité et étourdi de la Bourse dédaigne ces valeurs; les capitalistes avisés et qui sont très à leur aise peuvent fructueusement, mais avec modération et prudence, s'en occuper.

Par ce mot de capitalistes ou rentiers très à leur aise, nous entendons ceux qui, quelle que soit leur fortune, sont au large dans leurs revenus et font des économies régulières. Les autres pourraient trop s'exposer en se portant sur ces valeurs, qui comportent toujours quelques aléas et ont un caractère, en partie du moins, spéculatif.

Il ne faut pas, en effet, s'imaginer que toutes les valeurs dépréciées doivent se relever : ce n'est qu'à l'exception qu'est réservée cette destinée.

Étant donné qu'un portefeuille bien surveillé et bien conduit comporte, dans sa composition, des

17

mouvements, non pas perpétuels ou quotidiens (car il faut se garder de la passion papillonne), mais cependant s'effectuant de temps à autre avec réflexion et maturité, quand doit-on juger que le moment est venu de vendre telle valeur et d'acheter telle autre? Comment doit-on, d'autre part, s'y prendre pour réaliser cette vente ou cet achat? Nous ne parlons pas ici des procédés techniques : ventes au comptant, à terme, au mieux, à cours limité, etc. Nous avons déjà traité plus haut de ces modalités (voir pages 213 à 223 et 259 à 266). Mais quelle est la mesure, la succession, le morcellement ou l'échelonnement des achats ou des ventes qui peuvent, en règle générale, procurer le maximum de profit ou limiter au minimum la perte?

Si une valeur que l'on possède apparaît comme entachée d'un vice organique grave ou soit atteinte et menacée d'un coup irrémédiable, il est clair qu'il convient de s'en défaire. Il faut, toutefois, ne pas céder à de simples impressions ou à de purs bruits de bourse; mais, après réflexion sérieuse, être bien arrivé à la conviction que le vice de la valeur est mortel ou du moins profondément morbide.

Si, au contraire, on se trouve en bénéfice important sur une valeur, est-il opportun de la réaliser?

Il peut y avoir ici deux excès : l'un consiste à garder éternellement des valeurs sur lesquelles on est en gain considérable, par l'attente d'une hausse indéfinie; l'autre est dans la précipitation à se défaire complètement d'une valeur qui peut être fort éloignée d'avoir épuisé sa force ascensionnelle.

L'un et l'autre de ces deux excès induit en perte, soit directe, soit par manque à gagner.

En ce qui concerne le premier, il faut bien se pénétrer qu'on ne peut jamais réaliser une valeur au plus haut. Une maxime d'un financier heureux est qu'il faut toujours se laisser quelque chose à regretter, c'est-à-dire ne pas craindre de réaliser, du moins partiellement, avant l'épuisement de la hausse. On courrait le risque de se tromper et de laisser passer l'occasion favorable.

Supposons que l'on ait acheté au cours de 600 francs une valeur représentant une entreprise qui paraît avoir de grandes chances de développement; il sera sage, dès que l'on aura un gain notable, quand elle cotera 750 ou 800, ou du moins 900, d'en vendre une partie, de réaliser, par exemple, 20 ou 25 % de ce que l'on en possède, et, si la hausse se développe encore, de réaliser graduellement, en procédant par fractions de 5 ou 10 %, autres 20 ou 25 %.

Mais il sera souvent sage de ne pas réaliser la totalité de la valeur, quand l'entreprise à laquelle elle se rattache paraît vraiment pleine de sève. Il sera d'autant plus aisé d'en retenir, sinon 50 %, du moins 20 à 25 %, qu'on aura gagné sensiblement sur les réalisations partielles effectuées.

Autrement, si l'on avait acheté, par exemple, des actions de Suez à 700 francs, vers 1875 ou 1876, on les eût toutes vendues à 1000 ou 1100; et de même pour les actions des grands charbonnages du Nord et du Pas-de-Calais, ou pour les grandes sociétés d'assurances, on s'en serait défait totalement d'une façon prématurée.

Ainsi, des réalisations graduelles, échelonnées à écarts assez sensibles, en cas de bénéfices considérables; mais la conservation d'une partie des titres, surtout quand ceux-ci, en y appliquant les gains réalisés sur la partie vendue, arrivent à ne plus coûter que peu de chose ou même à ne plus rien coûter du tout, voilà la méthode qui paraît la plus judicieuse et la plus sûre.

Il n'y a, sans doute, pas de règle absolue en pareil cas : les conseils ne peuvent qu'être approximatifs et généraux; ils comportent naturellement des exceptions.

Généralement, il ne faut pas, pour réaliser un bénéfice, se défaire de tous les titres que l'on possède d'une bonne valeur. La sagesse suggère qu'il ne convient ni de garder jalousement la totalité que l'on a des titres qui montent ni de se défaire de cette totalité; il est bon souvent, sinon toujours, d'y rester intéressé en partie.

Quant aux achats d'une valeur qui paraît avoir des germes de développement, il est prudent aussi de ne s'y livrer que d'une manière échelonnée : cela permet de l'étudier davantage et de la suivre. En l'acquérant au fur et à mesure de ses degrés de maturation, on peut, il est vrai, réduire, dans une certaine mesure, son gain; mais on élimine, autant que possible, les chances d'erreur, ce qui est un grand point.

Si l'on a une déception et qu'une valeur achetée qui paraît encore et que l'on croit bonne vienne à baisser, convient-il d'en acheter davantage, d'augmenter à chaque degré de baisse la quantité que l'on en possède?

C'est le système que l'on appelle des moyennes. Il est vanté et pratiqué par beaucoup de gens.

A notre sens, ce système et cette pratique sont des plus dangereux ; ils causent la ruine de beaucoup de gens.

La plupart des sinistres de bourse et des déconfitures sont dus à ce système des moyennes. On veut rattraper son argent ; au fur et à mesure qu'une valeur baisse, on en rachète : on veut améliorer ainsi son prix de revient, et l'on s'enfonce davantage. D'achats en achats, on arrive à posséder deux ou trois fois plus de la valeur qu'on n'en possédait avant de recourir à cette méthode des moyennes.

Quand un titre, surtout une action, même parfois une obligation, fléchit avec continuité, on doit se dire qu'il y a sans doute une raison que l'on ignore. Si, en effet, un titre était vraiment trop bas, il est probable que le mouvement de baisse s'arrêterait ; il y a généralement autour d'un titre sérieux un patronage ou une clientèle qui le connaît et le soutient, quand il se déprime, en en rachetant. A moins qu'il ne s'agisse d'un capital énorme, les achats ou rachats de cet entourage font que le déclin des cours cesse rapidement.

Cela ne veut, certes, pas dire que l'on ne doive jamais acheter des valeurs qui baissent. Nous avons indiqué plus haut (pages 286 à 289) divers cas où il est, au contraire, souvent avisé de le faire. Mais il ne faut pas s'acharner sur une valeur qui fléchit et en accumuler des quantités de plus en plus fortes.

Tout au moins faudrait-il alors avoir une certitude quasi absolue, par une connaissance très approfondie de l'entreprise, que celle-ci a un fond vraiment sain, qu'elle est seulement affectée par des circonstances temporaires, et qu'elle est méconnue du public. Mais cette certitude est difficile à obtenir.

Nous conseillons de renoncer au système des moyennes, comme surchargeant indéfiniment un portefeuille de valeurs similaires et risquées.

Si l'on tient, toutefois, à y recourir, encore conviendrait-il d'en limiter étroitement l'application. On pourrait, par exemple, augmenter de 10 % la quantité que l'on a d'un titre quand il a subi une dépréciation de 10 ou 15 % qui paraît injustifiée, et encore d'autres 10 % quand se produit, toujours paraissant injustifiée, une nouvelle dépréciation de 10 à 15 % et s'arrêter complètement dans ses achats quand la dépréciation atteint 50 % du cours auquel on aurait acheté la première quantité : quand la dépréciation s'accentue ainsi, il est clair, en effet, que la valeur doit être considérée comme suspecte.

En procédant comme nous venons de le dire, on n'augmente pas, au maximum, de plus de 50 % la quantité que l'on possédait primitivement du titre en voie de dépréciation.

Au surplus, tout capitaliste ou tout rentier doit se dire qu'il peut se tromper, qu'il peut être mal renseigné, que certains points et certains faits peuvent lui échapper; qu'une valeur saine peut être, par des actes inconnus, rapidement pourrie. Cette pensée, qui est étrangère au spéculateur, préserve des entraînements et sert de sauvegarde.

CHAPITRE X

Les assemblées d'actionnaires.
Les rapports. Les bilans.
La fréquentation de la Bourse.
Capitalistes parisiens et capitalistes provinciaux.

Utilité d'assister aux assemblées d'actionnaires. — Inutilité
d'envoyer des pouvoirs sans connaissance de cause. — La
lecture des rapports et des bilans. — Ceux-ci sont loin
d'être toujours instructifs et de mériter toujours confiance;
néanmoins, ils peuvent fournir parfois des indices utiles.
— La fréquentation de la Bourse est en général nuisible
aux non-professionnels; elle produit l'ahurissement et les
entraînements. — Les capitalistes provinciaux sont en plus
mauvaise posture que les capitalistes parisiens pour les
spéculations, mais non pour les placements de longue
haleine en titres sérieux.

Il est bon, quand on en a le loisir, d'assister aux
assemblées d'actionnaires des sociétés auxquelles
on est intéressé. Ce n'est pas tant pour exercer de
l'influence sur les résolutions, car en général, dans
les circonstances normales du moins, la majorité est
assurée d'avance au conseil d'administration, que
pour s'éclairer par les échanges d'observations qui
peuvent s'y produire.

Sans doute, il ne se fait, d'ordinaire, dans ces assemblées aucune révélation sensationnelle, surtout depuis que, par une tolérance habituelle, la presse y est admise. Mais des propos tenus sur interpellations d'actionnaires, quand il s'en élève, un esprit attentif, expérimenté et perspicace peut parfois tirer certaines inductions sur la situation réelle de la société et sur son avenir. Certains mots peuvent mettre en éveil l'auditeur sagace et jeter quelque lueur sur des points obscurs.

S'il est utile de participer aux assemblées, il l'est beaucoup moins d'envoyer des pouvoirs, à moins que l'on connaisse très bien le fond de l'affaire et que l'on ait des raisons d'avoir pleine confiance dans le conseil d'administration. La masse des pouvoirs qui lui sont envoyés d'avance par des actionnaires, d'ailleurs pour la plupart incompétents ou insouciants, annule, dans la plupart des cas, le vote des actionnaires présents et vigilants. Il n'y a donc pas lieu de se prêter, sans réflexion et sans raison bien pesée, à cette sorte d'étouffement préalable de l'assemblée.

Les rapports doivent être lus ou parcourus, les comptes et les bilans examinés par les actionnaires qui sont un peu au courant des affaires ou qui veulent s'y mettre.

Sans doute, ces rapports, rédigés en général dans des termes généraux, sont loin d'être toujours instructifs ou concluants. Néanmoins, un homme avisé y peut trouver des indices qui lui permettent de comprendre davantage l'état réel de la société et d'en pressentir mieux l'avenir.

Il en est de même pour les bilans : on ne doit

pas avoir le fétichisme des bilans, ni une foi absolue dans leurs chiffres. En dehors de toute falsification à proprement parler et de toute manœuvre constituant un délit, les bilans sont souvent dressés de manière à ne pas dévoiler tous les faits réels. Ils sont souvent obscurs, et il faudrait beaucoup d'expérience pour s'y reconnaître : parfois même l'expert le plus habile ne pourrait guère rien démêler dans des écritures aussi sommaires. Si l'on prend le bilan soit des grands magasins du Printemps, soit de la raffinerie Say, soit de la raffinerie d'Égypte, quelques semaines ou quelques mois avant les désastres qui les ont frappés et alors que ces organismes étaient déjà atteints et rongés d'un germe morbide, il est certain que l'on n'eût pu y trouver la situation exacte de ces sociétés. Le chapitre ou poste des débiteurs divers, par exemple, porté dans telle de ces sociétés pour 10 ou 15 millions, ou davantage même, contenait surtout une créance, nullement disponible, et qui par le fait fut irrécouvrable, sur le gérant ou le président du conseil, ou sur une autre société qu'il avait déjà, sinon ruinée, du moins compromise.

Ainsi, les bilans sont très souvent trompeurs. Néanmoins, il est bon de les observer : ils peuvent déceler l'état d'aisance ou l'état de gêne d'une société. Il ne suffit pas de savoir que tel dividende est distribué; il faut aussi se rendre compte, non seulement s'il est acquis, mais s'il est vraiment distribuable, c'est-à-dire si la société, sans réduire d'une façon fâcheuse sa trésorerie, ses amortissements, ses ressources d'avenir, peut vraiment se dessaisir des sommes qu'il comporte. Il faut se rendre compte également si le dividende a bien été gagné dans l'année et s'il n'est pas réparti par un prélèvement sur les reports des exercices précédents.

L'examen des bilans peut renseigner sur ces points, qu'il est nécessaire de connaître. Cet examen a souvent une utilité plus négative que positive, en ce sens que, s'il peut induire parfois en erreur sur le degré de prospérité d'une société, il est rare qu'il ne dévoile pas, dans une certaine mesure du moins et quand il a été dressé d'une façon normale, l'état de gêne ou de déclin où une société peut se trouver.

Parmi les capitalistes ou rentiers zélés, habitant Paris, il y en a qui croient utile de fréquenter la Bourse; ils pensent se tenir ainsi au courant des affaires. C'est, selon nous, une très mauvaise pratique. Les non-professionnels, c'est-à-dire ceux qui ne sont pas des banquiers ou des intermédiaires, n'ont rien de bon à attendre de la fréquentation de la Bourse. Nous avons dit plus haut (voir page 285) que la Bourse, en général, prévoit peu les événements à longue échéance et qu'elle ne pressent guère l'évolution lente et à lointaine échéance des entreprises. En revanche, le tumulte de la Bourse, la multitude des bruits et des nouvelles controuvées qui s'y colportent, l'incohérence des avis qui s'y émettent, les entraînements qui s'y produisent ne peuvent que jeter dans l'ahurissement les non-professionnels qui s'y rendent et leur suggérer des mesures imprudentes et fâcheuses.

Non seulement il n'est pas nécessaire de se rendre à la Bourse pour faire fortune, mais l'immense majorité des hommes qui ont considérablement augmenté leur avoir n'ont jamais mis le pied dans ce monument et probablement auraient vu leurs gains remplacés par des pertes s'ils avaient pris l'habitude de s'y rendre.

Les spéculateurs de province considèrent, cependant, comme une infériorité d'être éloignés de ce temple. Comme nous l'avons dit souvent, presque tous les spéculateurs sont destinés à perdre leur fortune. Les spéculateurs de province sont encore en plus mauvaise posture, à ce point de vue, que les spéculateurs parisiens; mais ce n'est pas parce qu'ils ne peuvent pas fréquenter la Bourse, c'est parce qu'ils reçoivent tous les avis d'une façon tardive et incomplète; parce que leurs ordres sont nécessairement transmis avec lenteur, parce que aussi, s'ils évitent l'ahurissement de la Bourse, ils s'échauffent solitairement, ce qui n'est pas plus profitable.

Pour les placements de longue haleine, au contraire, et sur titres sérieux, à la condition d'agir avec réflexion et mesure, de puiser aux bonnes sources de renseignements ou d'avis, les capitalistes et les rentiers de province ne sont guère dans une situation inférieure à ceux de la capitale.

CHAPITRE XI

Les dépôts de titres et d'espèces dans les établissements de crédit et chez les banquiers.
Les emprunts et les prêts en banque.

Avantages des dépôts de titres dans les maisons de banque. — Un grave inconvénient des chèques pour les personnes insouciantes. — Les grandes sociétés de crédit doivent être, en général, préférées pour les dépôts de titres aux banques particulières : preuves à l'appui. — Les placements en bons des sociétés de crédit à échéances déterminées. — Les emprunts sur titres aux sociétés de crédit; ils sont en général très onéreux et conduisent à l'appauvrissement.

On peut déposer ses titres dans un établissement de crédit ou chez un banquier : quand les titres que l'on possède ne sont pas nominatifs, il est sage d'effectuer ce dépôt. La charge, qui consiste en frais de garde, est légère : l'on a ainsi une garantie contre le vol, la perte, l'incendie; on bénéficie d'une comptabilité régulière de ses revenus et de ses dépenses; on est averti des titres remboursés au tirage, on est avisé pour profiter des droits aux émissions nouvelles, afférents aux titres que l'on possède.

Ce sont là des avantages sensibles et une simplification.

En recourant aux chèques pour ses payements, on doit veiller, toutefois, à ne pas subir les entraînements qui résultent de cette pratique pour les personnes insouciantes. Les établissements où l'on a des valeurs en dépôt ont pris l'habitude de payer les chèques de leurs déposants, même quand la provision, c'est-à-dire les sommes disponibles à leur compte, est insuffisante. On veut faire honneur à leur signature; cela ne laisse pas que d'avoir des inconvénients en engageant ainsi le client dans des sortes d'emprunts subreptices qui peuvent grossir et qu'il acquittera ensuite par des ventes de titres, ce qui mène à l'appauvrissement.

Autrefois, quand on touchait ses revenus et qu'on les gardait dans son secrétaire, on était retenu dans ses dépenses par la raréfaction, puis la disparition, de l'argent en caisse. Aujourd'hui, avec les chèques, que les établissements dépositaires des valeurs mobilières payent même sans provision suffisante, on n'a plus ce frein. On est ainsi plus exposé à s'appauvrir par insouciance.

Quoiqu'il y ait des banquiers particuliers méritant toute confiance, on doit préférer, en général, pour les dépôts de titres et d'espèces, les grandes institutions de crédit ou leurs agences. Si honorable, si riche et si bien conduite que soit une banque particulière, les entraînements cachés ou les fautes de son chef ou d'un des principaux agents peuvent plus rapidement et surtout plus profondément la plonger dans des embarras, peut-être même dans l'insolvabilité, que ce n'est le cas pour une institution de crédit de premier ordre.

Il y a, dans l'organisme complexe de ces insti-

tutions et la division des pouvoirs des chefs, plus de
chances d'éviter un gros et soudain mécompte. La notoriété qui les entoure fait que les actes qui peuvent
gravement les compromettre passent moins inaper-
çus. Tout au moins y a-t-il, quand ils viennent à
péricliter, certains indices ou signes précurseurs,
soit dans les cours, soit dans la renommée publique,
qui permettraient davantage de se garer à temps.

Les sinistres de grandes banques anonymes, ceux
de la Société des Dépôts et Comptes courants, par
exemple, ou de l'Union générale, n'ont pas porté
de préjudice aux personnes qui y avaient des titres
en dépôt. Il n'en a pas été ainsi pour nombre de
banquiers particuliers, réputés solides et ayant une
clientèle ancienne et étendue, qui s'est aperçue
soudain, lors du désastre, que les titres en dépôt
avaient été soit vendus, soit mis en report, ce qui
était équivalent, et qui a pâti ainsi de pertes considérables.

On ne doit jamais laisser des titres ou d'importantes sommes d'argent en dépôt dans des maisons
secondaires. Sans doute, il peut y en avoir de
bonnes; mais il est trop difficile de les discerner.

En dehors des revenus qu'on laisse dans les établissements où l'on a en dépôt ses valeurs, jusqu'à
ce qu'on les retire graduellement pour ses dépenses
ou qu'on les place à titre d'économies, peut-on déposer, comme placement, à un an, deux ans, quatre
ans d'échéance, des sommes importantes dans les
établissements de crédit? ceux-ci servent alors un
intérêt de 3 à 4 % l'an. L'avantage est assez sensible quand on peut obtenir ce dernier taux. D'autre
part, si l'on échelonne ses placements de ce genre;

si, par exemple, une personne ayant 1 million dépose 25 000 francs pour quatre ans quatre années de suite, elle est sûre d'avoir chaque année une rentrée de capital de 25 000 francs; s'il se présente une occasion de placement particulièrement propice, elle peut utiliser cette somme avec fruit, sinon elle renouvelle son dépôt à échéance pour une nouvelle période de quatre ans.

Ce genre de placements, pour une quotité secondaire de sa fortune, disons, par exemple, pour un dixième au plus, a donc de bons côtés, à la condition que l'etablissement soit de tout à fait premier ordre, et il y a en France un certain nombre de maisons qui offrent des garanties convenables à ce sujet. Pour plus de sûreté, on pourrait diviser ces dépôts à échéance de quatre ans, en deux ou trois établissements.

Une question, qui est l'inverse des précédentes, est celle des emprunts aux sociétés de crédit ou emprunts sur titres.

Il est commode, souvent trop commode, de se faire avancer des sommes sur dépôt de titres. Les sociétés ou les banquiers qui se livrent à ce genre d'affaires prêtent, en général, sur bons titres, 60 à 70 %, parfois 80 %, de la valeur. On ne doit recourir à ce genre d'emprunts que dans des cas d'absolue nécessité et pour très peu de temps. Autrement, il vaut beaucoup mieux vendre des titres pour se procurer les fonds dont on peut avoir besoin : c'est une situation infiniment plus nette, et qui expose moins aux entraînements.

La Banque de France fait des avances sur les rentes françaises et sur les titres garantis par l'État français (actions ou obligations des chemins de fer français), sur les obligations de la Ville de Paris et celles du Crédit foncier de France, à des taux modérés, généralement $3 \frac{1}{2}$ % calculé à l'année.

Sous une forme anodine et captieuse, les emprunts sur titres aux autres établissements de crédit sont, en général, beaucoup plus onéreux. Ils annoncent parfois qu'ils prêtent au taux de 3 %, avec commission variable suivant la nature des titres. Mais comme cette commission se perçoit au moins tous les trois mois et parfois chaque mois, il est rare que le taux réel de l'emprunt ne ressorte pas à 5 % au moins, parfois à $5 \frac{1}{2}$, sinon même à près de 6 %. Or c'est là une très lourde charge, excédant de 50 %, sinon de plus, le revenu moyen des bons titres, lequel n'est pas supérieur à $3 \frac{1}{2}$.

Les emprunts de ce genre sont insidieux. Ils sont une cause manifeste d'appauvrissement, surtout quand on les prolonge. La facilité de renouveler ces engagements pendant un, deux, trois ans parfois, achemine à un amoindrissement sérieux de la fortune. En quelques années on a perdu ainsi 8 à 10 % de la somme empruntée.

C'est le cas, notamment, quand on contracte de ces emprunts à ces taux réellement onéreux et dissimulés, pour acquérir des valeurs plus ou moins favorites de la spéculation et qui ne donnent que des intérêts modiques.

Les personnes prudentes et avisées doivent donc s'abstenir avec rigueur de ce genre d'emprunts; on se flatte qu'on les remboursera prochainement, et l'on se laisse entraîner à les renouveler.

La première condition d'une bonne gestion de fortune, c'est de maintenir celle-ci absolument nette, de vendre plutôt des valeurs, si l'on est dans la nécessité de se procurer des fonds, que d'emprunter.

CHAPITRE XII

Les dépôts de titres à l'étranger.
Les droits successoraux.
Utilité dans certains cas de faire constater
l'origine de son avoir.

Raisons diverses qui peuvent porter à des dépôts de titres
à l'étranger. — Les succursales à l'étranger des sociétés
de crédit françaises. — Les maisons de banque étrangères.
— Situation des titres ainsi déposés par rapport aux impôts sur le revenu et aux droits de succession. — Procédés
divers pour éluder ceux-ci : les comptes joints ; leur utilité
et leurs inconvénients. — Raisons qui font qu'en nombre
de cas il est utile de constater l'origine de la fortune du
déposant.

L'habitude s'est répandue, depuis une dizaine
d'années, de faire à l'étranger des dépôts de titres.
Les craintes qu'inspirent l'évolution socialiste, les
menaces fiscales et, en dernier lieu, les bruits de
guerre y ont beaucoup poussé.

Il est, sans doute, peu vraisemblable que la plupart des capitalistes ou des rentiers aient à quitter
la France, lors de mouvements révolutionnaires,
comme le firent les émigrés sous la première révolution. Ce ne pourrait être la destinée que de personnes tout à fait marquantes et en vue.

Celles-ci, grâce aux valeurs mobilières, ont à

leur portée un moyen de se mettre à l'abri du besoin dans une pareille éventualité. Il leur suffit de
déposer, en toutes conditions de sécurité, une partie
de leur avoir mobilier en dehors de France, par
exemple en Angleterre, en Belgique ou en Suisse,
sans exclure d'autres pays qui pourraient aussi
recevoir de tels dépôts.

En dehors de ce cas d'émigration, par craintes ou
menaces politiques, qui ne saurait guère être général, nombre de capitalistes et de rentiers se disent
qu'ils pourraient être frappés et gênés par des taxes
inquisitoriales et écrasantes, telles que des impôts
progressifs sur le revenu ou sur les successions,
et qu'ils auraient plus de chance d'y échapper en
plaçant à l'étranger une fraction plus ou moins
notable de leur avoir.

Ces appréhensions peuvent être exagérées, mais
l'on ne saurait dire qu'elles soient absolument chi-
mériques. De là vient que cette pratique s'est fort
répandue.

On ne voit pas qu'on puisse y faire de grave
objection, si l'on prend les précautions nécessaires.

La première, c'est de choisir à l'étranger, pour
ses dépôts de titres, un établissement tout à fait
solide.

Les grandes institutions de crédit françaises ont
toutes, à l'heure actuelle, des succursales à Londres,
et plusieurs des succursales à Bruxelles et à Ge-
nève, et elles y reçoivent, pour les Français rési-
dant en France, des dépôts de titres et d'argent.
Ces institutions étant responsables de leurs succursales, les titres qui y sont déposés jouissent des

mêmes garanties que ceux que l'on dépose au siège central à Paris.

Voilà une première catégorie d'établissements où les capitalistes qui veulent avoir des valeurs à l'étranger peuvent en effectuer le dépôt.

Certaines personnes, toutefois, redoutent que le gouvernement français et le fisc français exercent un jour (car ce n'est pas le cas aujourd'hui) une pression sur les institutions de crédit françaises, pour les amener à faire connaître soit les comptes des déposants français dans leurs succursales à l'étranger, soit tout au moins les successions qu'ils y laisseraient à leur décès. Rien de semblable à cette inquisition n'existe aujourd'hui, et il ne semble pas bien aisé de rendre effective et efficace celle qu'on pourrait ultérieurement établir.

Néanmoins, pour le cas où le gouvernement le tenterait et y réussirait, les capitalistes et les rentiers les plus défiants voudraient effectuer leurs dépôts à l'étranger dans des banques de nationalité étrangère, sur lesquelles le gouvernement français ne pût rien par contrainte, intimidation ou séduction.

Il ne manque pas plus à l'étranger qu'en France de banques solides, sociétés anonymes ou en commandite ou banques privées. Le tout est de les découvrir. En Angleterre, il y a une demi-douzaine de grandes institutions dites *Joint Stock Banks*, qui sont de tout premier ordre et ne le cèdent à aucune banque française. Il s'en trouve aussi en Allemagne.

En Suisse et en Belgique, il s'en rencontre également, quoique de moindre envergure : certaines

de nos grandes institutions de crédit parisiennes
ont fondé à l'étranger, en Belgique, en Suisse
ou ailleurs, des banques filiales qui ont des administrateurs communs avec elles-mêmes et dont
le nom parfois reproduit, sauf une légère variante,
celui de la société mère. Ces filiales de nos grandes
banques anonymes parisiennes diffèrent des agences
ou succursales à l'étranger en ce qu'elles constituent des organismes sur lesquels le gouvernement français ne peut avoir aucune action directe
ou indirecte : à ce titre, elles sont de nature à sé-
duire les personnes qui craignent une intrusion du
fisc français.

Diverses banques purement indigènes dans les divers pays voisins de la France sont recommandables :
les meilleurs indices que l'on puisse avoir à ce sujet sont les cours des actions, l'allure de ces cours
depuis un certain nombre d'années, le montant et
l'allure des dividendes, l'ampleur de l'institution,
la confiance que le public indigène, meilleur juge
que des étrangers, lui témoigne.

On peut déposer dans ces banques soit des titres
au porteur, ce qui est le cas le plus fréquent, soit
des titres nominatifs. Il y a, en effet, des valeurs
nominatives dans tous les pays. Le mieux est de
déposer ainsi à l'étranger soit des titres tout à
fait internationaux, soit des titres du pays,
cotés aux bourses locales, et non pas des titres
français.

Il ne manque pas de bonnes valeurs, en effet,
dans les pays voisins de la France, parfois même,
vu la différence du taux de l'intérêt (voir plus haut,
p. 101), donnant, à égalité de risques et de pers-

pectives d'avenir, un revenu un peu plus rémunérateur que celui des valeurs françaises.

Le dépôt de titres à l'étranger, quand on le fait
en s'entourant des précautions voulues, peut donc
s'effectuer avec de bonnes garanties.

Deux questions, toutefois, se posent : celle de l'impôt sur le revenu et celle des droits de succession.

En général, les valeurs appartenant à des étrangers non domiciliés ne sont pas assujetties à l'impôt
sur le revenu dans les pays qui nous touchent. L'Angleterre, toutefois, fait exception, et les titres en
dépôt dans ce pays ou les valeurs de ce pays, même
appartenant à des étrangers, sont soumises à l'*Income
tax* ou impôt sur le revenu : celui-ci est actuellement (1905) de 5 %; mais ce taux est considéré
comme élevé et passager, et il est probable que
l'on reviendra au taux de 4 %, sinon de 3, qui
était le taux habituel avant la guerre de l'Afrique
du Sud. Par contre, ces valeurs sont exemptes des
impôts français. L'*Income tax* britannique accorde
une immunité complète aux revenus ne dépassant
pas 4 000 francs, et des réductions de taxes pour les
revenus excédant 4 000 francs, mais inférieurs à
17 500 francs. On ne considère comme revenu des
étrangers non domiciliés en Angleterre que le
revenu qu'ils tirent de valeurs britanniques ou de
dépôts dans le Royaume-Uni. Le poids de l'*Income
tax* est ainsi atténué, dans un assez grand nombre
de cas.

En Allemagne et en Suisse, les étrangers non
domiciliés ne payent pas l'impôt sur le revenu.

Reste la question beaucoup plus grave des droits
de succession.

Il ne faut pas risquer, en cherchant à se sous-traire au fisc français, de devenir la proie d'un fisc plus vorace ou même d'être taxé à la fois par notre fisc et par le fisc du pays où l'on a des valeurs en dépôt.

La prétention du fisc français est que toute la succession d'un Français, y compris les titres qu'il peut avoir en dépôt à l'étranger, doit être soumise à nos droits successoraux. Il en résulte que les dépôts faits à l'étranger par des Français ne pour-ront échapper à notre fisc que si celui-ci les ignore. Autrement, on risquera de subir à la fois les droits de succession français et les droits de succession étrangers.

Certains pays étrangers n'ont pas à l'heure pré-sente (1905) de droits sur les successions en ligne directe (tel est le cas de la Prusse, par conséquent de villes comme Francfort, Hambourg, etc.), ou bien l'on n'applique pas ces droits aux étrangers non domiciliés (tel est le cas de nombre de cantons suisses). En ces circonstances, il n'y a pas de double droit à craindre. Mais, au moment où nous revoyons ces lignes (décembre 1905), il est question d'établir en Allemagne un impôt impérial sur les succes-sions.

En Angleterre, les droits de succession sont très élevés, plus élevés même qu'en France. Les An-glais ensuite ont une habitude qui peut être fort gênante : ils publient dans les journaux la liste de toutes les successions d'une certaine importance ou concernant des personnes connues. Il en résulte que l'attention du fisc français peut être attirée par cette publication, de sorte que la succession, après avoir acquitté les droits de succession anglais, doive subir par surcroît les droits français.

On peut recourir, il est vrai, à certains procédés pour tâcher d'éviter le payement de ces droits. Le plus simple est le dépôt de titres en comptes-joints, c'est-à-dire faits à deux ou trois noms en commun, simultanément au nom de la femme et du mari par exemple, ou du père et du fils. Au lieu de deux titulaires d'un compte-joint, on peut en mettre trois ou quatre ou davantage. Si l'un des titulaires d'un compte-joint vient à mourir, il ne s'ouvre pas de succession à proprement parler ; par conséquent, il n'y a pas de droits successoraux : l'autre titulaire ou les autres titulaires en restent possesseurs et sont investis, sans aucune déclaration ou formalité, de la part du décédé.

Cela ne va pas, toutefois, sans une contre-partie qui peut rendre perplexe : tous les titulaires du compte-joint ont les mêmes droits sur ce compte ; chacun peut retirer des titres ou des fonds sur sa seule signature. Si un mari crée un compte-joint avec sa femme, ou un père avec son fils, la femme et le fils peuvent faire des retraits de fonds et de valeurs à l'insu du mari ou du père qui a constitué le compte. Quand on crée un compte-joint, il faut donc être sûr de la loyauté et de la discrétion de la personne ou des personnes que l'on s'associe ainsi, et auxquelles on crée des droits absolument égaux aux siens propres. Dans un compte-joint, chacun des titulaires a la signature, et, d'ailleurs, le compte-joint n'aurait aucune utilité s'il n'en était ainsi.

Le compte-joint suppose donc une très grande et

indissoluble union entre les titulaires, une confiance absolue entre eux, une abstention persistante, du vivant du créateur de ce compte, des titulaires que celui-ci s'est joints. Autrement, ce peut être une ruine.

Il y a bien d'autres pratiques imaginées pour déjouer les convoitises du fisc : elles ne sont pas, en général, sans inconvénients. Il serait inutile ici de les énumérer.

Il est déplorable que la voracité du fisc, ses exigences illégitimes, car l'impôt qui dépasse certaines limites ne peut être regardé comme légitime, poussent parfois un certain nombre de rentiers ou de capitalistes parfaitement loyaux à recourir à ces pratiques.

Il faut dire qu'elles ne sont pas toujours applicables ni toujours efficaces. Il y a des cas nombreux, la majorité même, où une succession qui comprend des titres déposés à l'étranger doit, pour éviter des difficultés parfois inextricables, les déclarer en France. Tel est le cas, notamment, quand il s'agit de mineurs et d'incapables, ou d'héritiers qui ne sont pas d'accord entre eux.

D'autre part, dans bien des cas, l'héritier a un intérêt à faire constater authentiquement, en France, l'origine de la fortune qu'il recueille. Ainsi, chacun des deux époux, surtout quand le ménage est sans enfants, a intérêt à faire constater authentiquement dans notre pays les héritages qu'il recueille; autrement, le montant de ces héritages cesse de lui constituer des biens propres; il tombe dans la communauté d'acquêts, et si le mariage vient à être rompu par la mort ou le divorce, la moitié de l'hé-

18

ritage dissimulé va à l'époux qui n'y avait aucun droit : celui qui y avait droit ou ses héritiers sont ainsi frustrés de la moitié.

Toutes les dissimulations d'héritages comportent donc des risques ou recèlent des dangers qui peuvent se révéler ou ne se réaliser que longtemps après.

Il faut une famille en général peu nombreuse et singulièrement ainsi que constamment unie pour que ces diverses pratiques n'aient pas des inconvénients qui dépassent leurs avantages.

La ligne de conduite la plus prudente est encore, dans la plupart des cas, lorsque les droits de succession de son pays ne sont pas par trop élevés, de s'y soumettre. Mais il est clair que si, comme les socialistes y pensent, on arrive à transformer l'impôt successoral en une sorte de confiscation partielle, on amènera beaucoup de gens honnêtes et prudents à rechercher les pratiques qui peuvent soustraire leur avoir, de leur vivant et après leur mort, à la voracité du fisc, devenue réellement criminelle.

Quoique l'on pense de ces éventualités, le dépôt de titres à l'étranger est une opération en soi très correcte et souvent avantageuse, à laquelle les rentiers ou capitalistes attentifs peuvent légitimement recourir pour une partie de leur fortune.

CHAPITRE XIII

Les spéculations en marchandises.

Enormes dangers de ces spéculations. — Les " démarcheurs " ou courtiers allant à domicile solliciter des ordres
de ce genre.

Un fléau depuis quelques années s'est insinué
dans les cercles mondains et y cause des ruines,
c'est la spéculation en marchandises. Nous ne pouvons terminer ce volume sans en dire quelques
mots.

On doit éviter par-dessus tout les spéculations
en marchandises : grains, alcool, café, sucres, laine,
coton, etc. Elles sont encore infiniment plus dangereuses pour le public que les spéculations en valeurs
mobilières.

Elles exposent à une proportion de risques beaucoup plus forte que les spéculations en titres. Les
cours de ces denrées dépendent étroitement des circonstances atmosphériques que personne ne peut
prévoir : quelques pluies opportunes ou malencon-
treuses ou bien une sécheresse font varier les cours
de ces denrées de 50 ou de 100 %. Or personne ne
peut deviner ces circonstances atmosphériques; en
réalité, un spéculateur en denrées, comme celles
qui viennent d'être mentionnées plus haut, est un

astrologue. A la rigueur, le spéculateur en valeurs
mobilières, quoique destiné quasi fatalement, lui
aussi, à la ruine, peut se faire des raisonnements
sur l'essor de telle ou telle entreprise, sur le développement probable du trafic, etc. Mais le spéculateur en sucre, café, coton, etc., n'a absolument
aucune base pour, six mois d'avance, se faire une
opinion raisonnée sur la récolte.

Les oscillations de prix ont pour toutes ces denrées une amplitude, en même temps qu'une soudai-
neté, plus grandes que pour les valeurs mobilières.

Qu'on prenne parmi celles-ci le titre le plus spéculatif, l'action de *Rio-Tinto* par exemple; il n'arrive
guère qu'en six mois ou moins d'un an le prix en
double ou qu'il en baisse de moitié. Des variations
de 20 ou 25 % dans ce laps de temps sont, à la
bourse des valeurs, regardées comme énormes. Mais
à la bourse des marchandises elles sont fréquemment bien plus considérables.

L'ascension, puis la culbute des cours du sucre,
dans les années 1904 et 1905, en fournit l'exemple
récent le plus saisissant.

Le 29 juillet 1903, le sucre blanc n° 3, celui qui
constitue le bloc des affaires à la Bourse de Paris,
cotait 25 fr. 50 les 100 kilogrammes, cours considéré comme très bas, quoiqu'on ait vu celui de
22 à 23 francs. Un an plus tard, le 29 juillet 1904,
le prix des 100 kilogrammes de sucre à la Bourse
de Paris était de 27 fr. 50 à 27 fr. 75, cours déjà
en reprise de près de 10 % sur celui de juillet 1903.

A partir de l'été et surtout de l'automne de 1904,
les cours du sucre montèrent dans une proportion
excessivement forte. Le 30 novembre 1904, ils

s'élevaient à 40 francs ; le 4 janvier 1905 ils montaient à 43, ils touchèrent même un moment 46 fr. le sac de 100 kilogrammes. Ainsi, en une vingtaine de mois, de fin juillet 1903 au printemps de 1905, les prix du sucre étaient poussés de 25 fr. 50 à 45 ou 46 francs, et en sept ou huit mois de 27 fr. 50 (cours de fin de juillet 1904) à 45 ou 46. Ils avaient donc haussé de 70 et 80 % dans cet intervalle de sept ou huit mois et de vingt mois respectivement.

Quelle était la cause ou quelles étaient les causes de cet énorme changement dans les prix d'une denrée commune? A vrai dire, il y en avait une tellement prédominante, qu'il est presque superflu de rechercher les autres ; c'était la sécheresse de l'année 1904 qui avait notablement réduit la production du sucre. A cette cause, de beaucoup la principale, on pouvait joindre, cependant, deux causes secondaires : d'une part, la suppression des primes sur le sucre, en vertu de la Convention de Bruxelles, avait fait réduire dans une certaine mesure les ensemencements de betteraves sucrières en France; d'autre part, la diminution de 64 à 27 francs de l'impôt avait stimulé la consommation chez nous. Néanmoins ces deux causes n'étaient que secondaires, et la cause de beaucoup la principale se trouvait être la réduction de la production.

Celle-ci, à son tour, amena une réduction de la consommation, qui se manifesta notamment par une moins-value d'une dizaine de millions de francs dans le produit de l'impôt sur le sucre; cette réduction de la consommation avait elle-même pour cause principale la hausse des prix.

Si l'ascension des cours avait été énorme et rapide : de 25 fr. 50 dans l'été de 1903 à 46 francs au début de 1904, leur chute fut tout aussi considérable et encore plus rapide.

Pour que les hauts prix se maintinssent, il eût fallu que la récolte de 1905, également, s'annonçât mal. Pendant quelque temps on augura mal de celle-ci ; puis des pluies opportunes survinrent, et la récolte se présenta comme devant être fort belle.

Alors commença la débâcle, lente d'abord, puis accélérée.

Les cours du sucre, qui, le 5 juin 1905, étaient encore de 35 francs les 100 kilogrammes, tombèrent le 30 juin à 33 fr. 50. La baisse était modique ; elle s'est sensiblement accentuée en juillet, parce que c'est, au cours de ce mois, comme on l'a vu, que l'on s'aperçut de la grande amélioration de la récolte prochaine. De 33 fr. 50 le 30 juin, on est descendu à 31 francs le 8 juillet, puis à 29 fr. 50 le 13 juillet ; on est resté aux environs de 30 francs jusqu'au 25 juillet, puis l'on a fléchi à 28 le 29 juillet et, quelques jours après, aux environs de 27. Jusqu'aux tout derniers jours de juillet, le fléchissement constant paraît bien dû seulement aux apparences de la récolte. Dans les tout derniers jours, il est possible que la connaissance d'une grosse position à la hausse très embarrassée et obligée de se dégager, celle de M. Jaluzot, ait pesé sur les cours et les ait fait descendre de 1 franc à 1 fr. 50 au-dessous du niveau où ils se fussent tenus sans cette circonstance.

On commençait à croire que le terrain était ferme quand, au mois d'août, survint un sinistre, beaucoup plus vaste, celui de M. Cronier, président des

Raffineries et Sucreries Say et des Raffineries d'Égypte. Cet homme, qui depuis trente ans était à la tête de la plus grande raffinerie de France et qui dirigeait le groupe d'établissements sucriers, y compris ceux d'Égypte, probablement le plus important du monde entier, venait de se suicider en laissant un déficit de 100 ou 120 millions de francs dérobés aux sociétés qu'il dirigeait et à une famille de millionnaires dont il avait la confiance.

Ce fut pour le sucre une nouvelle chute. Il tomba, en septembre 1905, à près de 24 francs, puis plus tard, aux environs de 23.

Voici les péripéties des prix de cette denrée en deux ans : 25 fr. 50 les 100 kilogrammes en juillet 1903, 27 fr. 50 fin juillet 1904, 46 francs en janvier ou en février 1905, 28 à 24 francs en août et septembre 1905. En treize mois, de fin juillet 1904 à fin août 1905, les prix avaient monté de 27 fr. 50 à 46, puis étaient redescendus de 46 à 25.

Sans doute, ce double mouvement a pu être affecté par les spéculations folles de M. Jaluzot et par les opérations criminelles de M. Cronier; mais, indépendamment de ces manœuvres extravagantes, le prix de cette marchandise et de toutes autres denrées qui dépendent des récoltes est infiniment variable.

Si des spécialistes, des hommes très expérimentés, dirigeant d'énormes établissements, pouvant dans une certaine mesure influencer les cours, ayant des fortunes ou des revenus d'une grande importance, un septuagénaire comme M. Jaluzot, un sexagénaire comme M. Cronier, ont si mal discerné l'avenir prochain de la denrée et y ont laissé non seulement leur fortune, mais celles de beaucoup d'autres qui avaient confiance en eux, comment un simple particulier, un rentier, un désœuvré, un mondain y verraient-ils plus clair et agiraient-ils avec plus de sûreté ?

Ce qui s'est passé avec tant de fracas pour les sucres en 1904-1905 arrive constamment pour les autres denrées : grains, cafés, alcools, laines, etc. Il suffit de rappeler la catastrophe du jeune Américain Leiter, appartenant à l'une des familles les plus opulentes des États-Unis, qui, après avoir acheté une grande partie de la récolte de blé sur le marché de Chicago il y a quelques années et en avoir ainsi poussé les prix, subit presque aussitôt une débâcle retentissante.

Les énormes écarts de prix du coton dans les années 1900 à 1905, lesquels ont doublé en quelques mois, puis ont redescendu rapidement, puis beaucoup remonté, sont encore un exemple de l'énorme amplitude des mouvements de prix des marchandises.

On doit donc s'abstenir rigoureusement de toute spéculation de ce genre.

Et cependant des courtiers en sucre, en café, en alcool, gravissent les escaliers des gens du monde réputés riches, dont ils ont relevé les noms dans le « Tout Paris », et leur proposent gravement, avec des boniments insensés, des spéculations sur ces marchandises.

Il faut éconduire rapidement ces " démarcheurs ", ces vilains messieurs, sorte de *bookmakers*, instruments de ruine, et il n'est même aucunement besoin d'y mettre de la politesse.

CHAPITRE XIV

Les assurances sur la vie.

Avantages et inconvénients des assurances sur la vie. — Elles s'imposent à toutes les personnes ayant peu de capital et étant à l'aise dans leurs revenus. — Elles sont beaucoup moins avantageuses aux personnes ayant de grands capitaux. — Les compagnies françaises et les compagnies étrangères. — Une variété de compagnies qu'il faut absolument écarter : celles dites « par assessments ».

On ne peut écrire un livre sur l'*Art de gérer sa fortune* sans y mentionner les assurances sur la vie et en faire l'objet de quelques réflexions.

Ces assurances sont de deux natures : 1º ou bien elles doivent procurer soit à l'assuré, soit à une personne à laquelle il s'intéresse, ou simultanément à l'un et à l'autre, une rente viagère immédiatement ou à partir d'une date déterminée; c'est alors un placement à fonds perdu et une destruction de capitaux ; 2º ou bien, au contraire, elles doivent fournir au bout d'un temps déterminé, ou à la mort de l'assuré, ou d'une personne désignée par lui, un capital qui profite soit à l'assuré lui-même, soit à ses héritiers, soit aux personnes qu'il a indiqués dans l'acte; c'est alors une constitution de capital.

Dans le premier cas, on transforme un capital en rente viagère sur une ou plusieurs têtes.

Dans le second cas, on transforme des annuités à temps ou prélèvements successifs sur le revenu en un capital.

Ces deux opérations, en quelque sorte contraires, conviennent à des situations diverses et à des besoins opposés.

Nous ne nous arrêterons pas à la première : la constitution de rentes viagères et le placement à fonds perdu. Il n'y a que les personnes sans famille, sans amis, sans intérêt au monde et ne disposant que de moyens restreints, qui soient justifiés à y recourir. Encore feront-elles bien de ne consacrer à cette constitution de rente viagère sur une ou plusieurs têtes qu'une partie de leur modeste avoir : 50 000 ou 60 000 francs par exemple, si elles possèdent 100 000 francs, et de garder le reste en capital, placé avec soin et de la manière la plus sûre. De cette façon elles ne seront pas dépourvues de tout fonds pour des emplois éventuels un peu importants. Elles pourront, d'autre part, s'attacher quelques personnes dans la vie, éveiller ou entretenir quelque intérêt autour d'elles, ce qui n'est pas le cas de gens laissant à peine de quoi se faire enterrer.

L'autre mode d'assurance, celui qui, par des prélèvements successifs sur le revenu, constitue un capital au bout d'un temps déterminé, vingt ans par exemple, ou à la mort de l'assuré pour sa famille, est beaucoup plus sociable et plus recommandable.

Les assurances sur la vie constituent l'un des

modes d'épargne les plus habituels dans les pays anglo-saxons, en Angleterre et aux États-Unis; tout en étant moins répandus en France, ils tendent à s'y propager.

Toutes les personnes qui ont peu de capital et qui recueillent des revenus assez abondants devraient contracter de bonne heure une assurance sur la vie. Les commerçants et les industriels peu fortunés, les avocats, les médecins, les artistes, les fonctionnaires et employés, tous ceux qui, sans un avoir accumulé, sont assez au large par des gains professionnels, doivent recourir à cet acte de prévoyance. Ils font bien de commencer de bonne heure, autant que possible vers trente à trente-cinq ans, quoique les gains professionnels soient alors assez modiques, tout au moins avant quarante ans ou aux environs de cet âge, alors que la prime à verser n'est encore que de 2 $\frac{1}{2}$ à 3 $\frac{1}{4}$ % du capital assuré. Si l'on débute plus tard, le taux de la prime s'élevant sensiblement peut devenir assez lourd.

L'assurance sur la vie est pour ces catégories de personnes, surtout pour celles qui fondent une famille, la meilleure épargne et le plus impérieux des devoirs.

Ce n'est pas à dire qu'il faille consacrer à l'assurance le total de ses économies annuelles. On fait mieux de n'y en affecter qu'une partie, la moitié ou les deux tiers par exemple, et de pratiquer simultanément des placements en bonnes valeurs mobilières. L'assurance sur la vie, en effet, qui a le très grand mérite de garantir l'avenir de la famille en cas de mort prématurée du chef, n'est pas pour les personnes qui atteignent la longévité un mode de placement aussi rémunérateur que divers autres.

C'est pour cette raison que l'on peut se demander si les personnes qui ont des fortunes assez amples et qui vivent avec ordre, faisant des économies régulières, ont avantage à se faire assurer sur la vie. Les compagnies d'assurances placent les fonds qu'elles reçoivent soit en rentes sur l'État et en obligations de premier ordre rapportant 3 à 3 $\frac{1}{4}$ %, soit en beaux immeubles qui rapportent 3 $\frac{1}{2}$. Le taux moyen de leurs placements actuels ne dépasse guère 3 $\frac{1}{3}$. D'un autre côté, les commissions qu'elles payent aux agents, leurs propres frais généraux et enfin les bénéfices qu'elles distribuent à leurs actionnaires représentent, sinon 40 %, tout au moins 33 % de la masse des primes. Il en résulte que le taux moyen d'intérêt dont profitent les assurés sur les primes versées ne dépasse pas 2 $\frac{1}{4}$ à 2 $\frac{1}{2}$ % au grand maximum. Par conséquent, il est sensiblement inférieur, d'un tiers environ, au taux d'intérêt que touche la personne qui fait directement ses placements elle-même en valeurs de même nature que celles qu'achètent les compagnies d'assurances.

L'avantage de l'assurance sur la vie est quadruple : il procure en cas de mort prématurée un capital qui n'aurait pu être formé intégralement par l'épargne; il induit, s'il ne contraint pas, à une épargne régulière, continue et méthodique; il facilite la capitalisation à intérêts composés, une grande société, outillée à cet effet, pouvant mieux la pratiquer qu'un simple particulier; il garantit l'épargne contre les mauvais placements.

L'inconvénient de l'assurance sur la vie, c'est que, à cause des commissions, des frais généraux, des bénéfices distribués aux actionnaires, le taux de l'intérêt dont bénéficie l'assuré sur les primes versées est sensiblement moindre que celui qu'il se procurerait par des placements directs bien conçus.

Les quatre avantages, surtout le premier, sont si importants pour les personnes qui n'ont pas de fortune et recueillent des gains professionnels notables, qu'elles auraient tort de s'arrêter à l'inconvénient. Cette catégorie de personnes doit contracter une assurance sur la vie.

Pour les personnes amplement riches, ce devoir s'impose beaucoup moins ; l'assurance sur la vie conserve toutefois, même pour elles, l'avantage de les induire à des économies régulières et méthodiques, à une capitalisation facile, et de prévenir les risqués des placements.

Certains pères de famille opulents agiraient avec prudence en constituant à leurs enfants, pour un âge déterminé, cinqnante ans par exemple, une rente viagère, dite alimentaire, qui peut être insaisissable, de 3 ou 4 000 francs, laquelle les mettrait à l'abri de la détresse, en cas d'infortune.

Nous n'entrerons pas dans le grand débat entre les compagnies d'assurances françaises et les compagnies d'assurances étrangères, notamment les compagnies américaines.

Il est incontestable que les grandes et anciennes compagnies d'assurances françaises, qui ont acquis un très haut degré de prospérité et dont la gestion et les comptes sont tout à fait publics, donnent aux assurés des garanties de sécurité quasi absolue.

19

Ceux qui recherchent avant tout la sécurité complète doivent s'adresser à elles.

Les grandes compagnies d'assurances américaines font des conditions un peu plus avantageuses; il y a un tiers ou un quart pour cent de différence entre la rente qu'elles assurent pour la même somme et celle qu'assurent les compagnies françaises : ou bien, ce qui revient au même, le capital assuré s'obtient avec une prime d'un dixième ou d'un huitième moindre chez elles que dans nos compagnies nationales. Sans être énorme, cet écart n'est pas indifférent.

Il est dû surtout à la différence du taux de l'intérêt pour les placements de première sécurité, aux États-Unis et en France (voir plus haut, p. 101 à 108). Comme compensation de cet avantage, la gestion des compagnies américaines est plus occulte que celle de nos compagnies, la législation qui les régit est moins connue. Leur administration a donné lieu, au cours des années 1904 et 1905, à des incidents regrettables, qui, sans compromettre la situation des principales compagnies, a jeté sur elles quelque suspicion. Le gouvernement même des États-Unis s'en est ému, et le président Roosevelt a déclaré, dans son message de 1905, que le gouvernement fédéral devait se préoccuper des abus révélés dans la gestion de ces sociétés Il ne paraît pas, toutefois, que, pour les toutes grandes compagnies américaines, il puisse y avoir des craintes d'insolvabilité. Néanmoins, tout en offrant, semble-t-il, des garanties suffisantes, elles seraient, pour les Européens, un peu inférieures sur ce point aux compagnies françaises.

Ce n'est pas à dire qu'il faille absolument les écarter, notamment en ce qui touche les personnes qui veulent consacrer une somme considérable en assurances sur la vie : celles-ci peuvent alors diviser cette somme en deux assurances, l'une à une compagnie française de premier ordre, l'autre à une compagnie américaine de premier ordre ; elles unissent ainsi l'avantage du plus haut degré de sécurité, dans le premier cas, avec celui, dans le second cas, d'un placement un peu plus rémunérateur.

Il est cependant une nature de compagnies d'assurances sur la vie qu'il faut absolument écarter : c'est celle dite par *assessments* ou encore coopératives ; on a introduit en France des compagnies américaines, d'ailleurs de second ordre, de ce genre. Leurs tarifs sont sensiblement moins élevés que ceux, non seulement des compagnies françaises, mais même des très grandes et anciennes compagnies américaines. Ces sociétés ne demandent pas une prime absolument fixe pour toute l'existence : elles arrivent à faire monter la prime ou à dénoncer l'assurance quand l'assuré devient âgé. Ces sortes de sociétés, sans tomber sous le coup de la loi, trompent en général l'assuré en lui dissimulant la nature exacte de ses engagements, et, dans la pratique, elles frisent l'escroquerie.

CONCLUSION

Nous nous sommes efforcé, en ce petit livre, de guider le capitaliste et le rentier dans ses placements, de lui fournir aussi une méthode qui lui permette de faire fructifier raisonnablement son avoir et qui lui évite, autant que possible, les graves mécomptes.

Nous ne nous flattons nullement d'enseigner le secret de faire fortune : il n'est pas de secret de ce genre.

Une grande prudence s'impose à tous ceux qui ont des capitaux et qui tiennent à ne pas les gaspiller.

On répète souvent ce mot qu'il est plus facile de faire une fortune que d'en conserver une; c'est là, sans doute, une grande exagération. Mais la fortune, soit qu'on l'ait faite, soit qu'on l'ait reçue, est exposée à tant de risques qu'on ne saurait trop s'appliquer à la maintenir, sinon à la grossir.

Il ne faut pas trop remuer et modifier son portefeuille de valeurs; il convient, d'autre part, de le surveiller et, de temps à autre, d'y faire quelques changements, avec réflexion et modération.

On doit se garder des charlatans qui pullulent et des promesses mirifiques qui, si elles ne sont pas des escroqueries, ne peuvent être que des chimères.

Nous avons distingué les valeurs fondamentales, les valeurs d'appoint, les valeurs soit totalement soit partiellement spéculatives.

La part à faire à chacune d'elles dans un portefeuille dépend de la situation de chacun. Mais la généralité des capitalistes et des rentiers doit, dans son avoir, faire la part la plus large aux valeurs fondamentales.

Les personnes qui sont fort à leur aise et qui font des économies régulières peuvent étendre la part des valeurs d'appoint et même faire quelque place aux valeurs partiellement spéculatives. A vrai dire, on ne devrait consacrer à celles-ci qu'une partie de ses économies annuelles, non de son capital acquis ; et si l'on ne fait pas d'économies régulières, il conviendrait de s'abstenir complètement des valeurs de spéculation ou même des valeurs partiellement spéculatives ; on n'est pas alors en état d'affronter des risques et de supporter des pertes.

Le principe de la grande division, et même de la répartition géographique, des placements s'impose d'une façon rigoureuse.

La règle de ne pas contracter d'emprunts, soit en reports, soit sur titres dans les sociétés de crédit, soit par tout autre moyen, est aussi un principe élémentaire dont on ne peut s'écarter sans grandes probabilités de perte.

Le lecteur trouvera peut-être que nous avons trop souvent, au cours de cet exposé, répété le mot banal d'économie ; mais c'est l'alpha et l'oméga de toute formation de fortune et même de toute conservation prolongée de fortune.

On peut dire qu'il est impossible qu'une fortune, si grande soit-elle, se maintienne pendant plusieurs générations sans la pratique rigide d'économies régulières, si nombreux sont les risques auxquels l'exposent notre état social et aussi notre état mental.

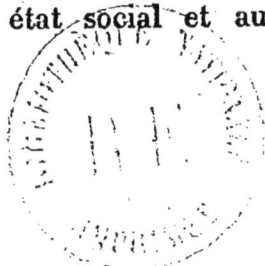

FIN

TABLE DES MATIÈRES

PREMIÈRE PARTIE
LES PLACEMENTS

LIVRE PREMIER
LES PLACEMENTS ANCIENS

CHAPITRE PREMIER
LES PLACEMENTS EN TERRES.

CHAPITRE II
LES PLACEMENTS EN MAISONS.

CHAPITRE III

LES TERRAINS DANS LES VILLES OU LEUR BANLIEUE

CHAPITRE IV

LES PLACEMENTS HYPOTHÉCAIRES. — LES PRÊTS AUX PARTICULIERS.

CHAPITRE V

LES PARTICIPATIONS DIRECTES DANS LES ENTREPRISES INDUSTRIELLES, COMMERCIALES OU AGRICOLES.

TABLE DES MATIÈRES

LIVRE II

LES PLACEMENTS MODERNES

—

CHAPITRE PREMIER

GÉNÉRALITÉS SUR LES VALEURS MOBILIÈRES.

CHAPITRE II

LES DIFFÉRENTES CATÉGORIES DE VALEURS MOBILIÈRES.

CHAPITRE III

LES VALEURS FONDAMENTALES.
LES VALEURS ACCESSOIRES OU D'APPOINT. — LES VALEURS SPÉCULATIVES.
LES VALEURS RÉSERVÉES AUX SPÉCIALISTES.

Les valeurs fondamentales offrent le maximum de sécurité quant au revenu, de stabilité quant au capital. — On les appelle

CHAPITRE IV

LE PRINCIPE DU MORCELLEMENT DES PLACEMENTS.
LA DIVISION ET LA DISTRIBUTION GÉOGRAPHIQUE DES PLACEMENTS.

CHAPITRE V

UNE AUTRE RAISON DE LA DIVISION GÉOGRAPHIQUE DES PLACEMENTS.
L'ÉCART ENTRE LES TAUX D'INTÉRÊT
EN DIFFÉRENTS PAYS POUR DES VALEURS DE MÊME SÉCURITÉ.

——►—★—◄——

DEUXIÈME PARTIE

LA MÉTHODE

———

CHAPITRE II

LES OPÉRATIONS AU COMPTANT ET LES OPÉRATIONS A TERME.

CHAPITRE III

LES REPORTS, LES DÉPORTS.

CHAPITRE IV

LES OPÉRATIONS A PRIMES. — LES OFFICINES LOUCHES.
LES CATÉGORIES PRINCIPALES DE PIGEONS VISÉS.

CHAPITRE V

LES CONSEILS FINANCIERS. — LES « TUYAUX », LES CIRCULAIRES, LES JOURNAUX, LES RÉCLAMES, LES OPTIONS.

CHAPITRE VI

LES DIVERSES MÉTHODES D'ORDRES DE BOURSE. LES ACHATS ET VENTES AU MIEUX, AU COURS MOYEN, A COURS LIMITÉ. INCONVÉNIENTS DU COURS LIMITÉ. L'ÉCHELONNEMENT DES VENTES ET DES ACHATS. LES PETITES ET LES GROSSES COUPURES.

CHAPITRE VII

L'ATTENTION A APPORTER AU PAIR DES TITRES. LES ACTIONS DE 500 FR., DE 250 FR., DE 200 FR., DE 100 FR. ET AU-DESSOUS. LES TITRES NON LIBÉRÉS.

CHAPITRE VIII

LA SURVEILLANCE D'UN PORTEFEUILLE.

CHAPITRE IX

LES MOUVEMENTS D'UN PORTEFEUILLE. — L'OPPORTUNITÉ POUR LES ACHATS OU LES VENTES. — LES VALEURS DÉPRÉCIÉES. — LES MOYENNES.

CHAPITRE XIII

LES SPÉCULATIONS EN MARCHANDISES.

CHAPITRE XIV

LES ASSURANCES SUR LA VIE.

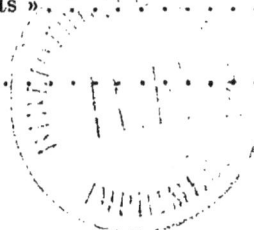

PARIS. — IMPRIMERIE F. LEVÉ, RUE CASSETTE, 17.